세금, 알아야 바꾼다

세금, 알아야 바꾼다

초판 1쇄 | 2018년 7월 23일 발행
초판 2쇄 | 2018년 8월 13일 발행

지은이 | 박지웅 김재진 구재이

펴낸이 | 김현종
펴낸곳 | (주)메디치미디어
등록일 | 2008년 8월 20일 제300-2008-76호
주소 | 서울시 종로구 사직로 9길 22 2층(필운동 32-1)
전화 | 02-735-3315(편집) 02-735-3308(마케팅)
팩스 | 02-735-3309
전자우편·원고투고 | medici@medicimedia.co.kr
페이스북 | medicimedia
홈페이지 | www.medicimedia.co.kr

출판사업본부장 | 김장환
편집장 | 정소연
책임편집 | 이경민
디자인 | 곽은선
마케팅 | 성기준 이지희 김신정
미디어홍보 | 고광일
경영지원 | 김소영 김다나

인쇄 | 천광인쇄사

ⓒ 박지웅 김재진 구재이, 2018

ISBN 979-11-5706-125-9 03320

세금,
알아야
바꾼다

깨어 있는 시민을 위한
세금교과서

박지웅·김재진·구재이 지음

메디치

추천사

대한민국은 지난 70여 년간 고도성장을 이룩해왔습니다. 1945년 해방 이후 동족상잔의 비극을 겪으며 보릿고개를 간신히 넘겼던 우리 대한민국은 이제 반도체, 자동차, 조선 등 각 산업 분야에서 두각을 나타내며 세계 10위권의 경제강국으로 우뚝 섰습니다.

그러나 급속한 성장 과정에서 소홀했던 부분도 많았습니다. 국민 개개인의 삶을 돌보지 못했던 것은 아닌지, 급급한 현안에 치여 미래의 위기에 대처하지 못하고 있던 것은 아닌지 돌아보게 됩니다. 특히 나날이 구조화되고 있는 양극화와 저출산, 고령화 흐름은 빛나는 성취에 가려진 어두운 이면입니다.

이제 대한민국은 당면한 문제를 하나하나 풀어가야 합니다. 우리 산업이 다시 경쟁력을 확보할 수 있도록 지원하고, 국민 한 분 한 분의 삶을 행복하게 하는 데 관심을 기울여야 합니다. 그러한 길로 나아가면서 마주치는 첫 관문이 바로 조세문제입니다.

복지국가라는 목표는 시대정신입니다. 북유럽의 복지를 부러워만 할 것이 아니라 우리 스스로 길을 찾아야 합니다. 문제는 재정을 확대하지 않으면 복지국가의 꿈은 현실화되기 어렵다는 점입니다. 재정을 확대하기 위해선 세 부담 역시 현재보다 높아질 수밖에 없습니다.

모두가 동의하는 과제는 모두가 기피하는 과제이기도 합니다. 재정건 전성과 성장 잠재력을 해치지 않으면서 삶의 질을 높이는 복잡한 고차방 정식을 풀어야 하기 때문입니다. 이는 국민 여러분의 연대의식과 폭넓은 이해와 지지 없이는 불가능합니다. 저 역시 이러한 고민 아래 쉽지만 깊이 있는 세금 교양서를 갈망해왔습니다.

이 책에는 학계와 현장에서 조세 분야의 다양한 지식과 경험을 축적해 온 저자들의 고민과 열정이 고스란히 녹아 있습니다. 내용을 찬찬히 따라가다 보면 세금 문제에 대한 상식과 이해의 폭을 넓히는 데 크게 도움이 될 거라 믿습니다. 우리의 미래를 좌우할 세제개혁이 성공하는 데 이 책이 작지만 든든한 디딤돌이 되길 기대합니다.

2018년 7월

전 국회의장 정세균

종합부동산세

왜 종부세는 세금폭탄이 되었나

 상속세 및 증여세

운동장이 기울어져도 절세는 필수인가

부가가치세
자영업자의 적? 세금 도둑? 부가가치세의 참모습은 무엇인가

주세·담배세
술과 담배를 즐기는 순간에도 당신은 세금을 납부하고 있다

7 세정기관

국세청, 국민을 위한 기관인가

8 탈세

살아 있는 지하경제, 탈세하는 대한민국

9 복지증세

과연 증세 없이 복지국가 진입은 가능한가

세금의 주인은 국민이다

"세상에 좋은 세금이란 없다."

영국의 수상이었던 윈스턴 처칠Winston Churchil이 한 이 말은 세금의 속성을 잘 보여준다. 아무리 좋은 의도로 만들어진 세금이라도 이를 납부하는 국민으로서는 가처분소득이 감소하니 고통스러울 따름이다. 더군다나 세금부과가 공정하지 않다는 인식 탓에 사람들에게 환영받기도 어려운 게 현실이다. 성실하게 세금을 납부하는 사람들일지라도 세금은 늘 아깝고, 두렵고, 어려운 존재다.

하지만 그럼에도 불구하고 우리의 삶은 태어나서 죽는 순간까지 세금과 함께한다. 하루의 일과가 세금과 함께 시작해서 세금으로 끝난다고 해도 과언이 아니다. 주택을 구입할 때는 취득세·등록세를 납부해야 하고, 거주하는 동안에는 재산세와 종합부동산세를 낸다. 우리가 사 먹는 식사와 커피 한 잔에는 부가가치세가, 출퇴근에 이용하는 대중교통비에는 유류세가, 휴식시간에 피우는 담배 한 개비에는 담배소비세를 비롯한 각종 세금이 포함되어 있다. 급여생활자의 월급은 매월 근로소득세가 원천징수되고 있으며, 자영업자는 부가가치세와 종합소득세를 납부해야 한다.

이렇게 우리의 모든 생활이 세금과 함께하지만 정작 우리는 세금에 대해서 잘 모르고 있다. 최근 들어 국민의식이 향상되어 일부 국민들은 자신이 낸 세금이 어떻게 사용되는지 궁금해한다. 그러나 여전히 국민 대다수는 세금에 대해서 잘 모르고 있으며 불만도 많다. 한 설문조사에 따르면 우리나라 국민의 세금에 대한 만족도는 매우 낮은 것으로 나타났다. 그 이유는 무엇일까? 정말로 이 세상에 좋은 세금이란 없기 때문일까?

인류가 공동체생활을 시작한 이래로 세금은 늘 어떤 형태로든 존재해 왔다. BC 3,000~2,800년경에 이집트에서 시행된 코르베이corvee와 십일조를 인류 최초의 세금이라 볼 수 있다. 코르베이란 세금을 납부할 능력이 없던 소작농들이 세금 대신 국가에 제공한 강제노역을 말한다. 세금이란 공정하게 부과하고 징수하지 않으면 사람들의 원성을 사게 마련이다. 특히 과거에는 세금부과 행정의 수준도 형편없었거니와 기준도 공정하지 못했다. 정도의 차이는 있었지만 어느 국가에서나 불공정한 세금에 대한 국민의 불만이 많았다. 통치자들은 국가 운영에 필요한 자금을 조달하기 위해 조세제도를 개혁해 국민의 원성을 최소화하고자 노력하였다. 하지만 세금의 부과와 징수가 불투명하고 공정하지 못한 탓에 국민의 불만이 가중되고 결국 민중봉기로 이어져 왕조가 바뀐 사례는 세계역사에서 흔히 찾아볼 수 있다.

전 세계 모든 혁명의 근저에는 불공평하고 잘못된 세제稅制와 세정稅政이 자리 잡고 있다. '국가의 주권은 국민을 대표하는 의회에 있다'고 선언한 영국의 권리장전에는 "의회의 승인 없이는 과세할 수 없다"는 내용이 들어 있다. 미국 독립전쟁의 시발점이 되었던 보스턴 차 사건도 '대표 없는 곳에 과세할 수 없다'는 식민지정책에 대한 항거에서 비롯되었고, 프랑스대혁명도 세금을 둘러싼 계급 간 갈등이 주요한 원인이 되었다.

이와 같이 1700년대 후반의 역사적 대전환기를 거쳐 오늘날 서구국가에는 '국가의 주인은 국민'이라는 주권재민主權在民 사상이 뿌리내렸다. 이로써 국민 개개인은 신분과 상관없이 인간으로서의 존엄과 가치, 개인의 자유, 평등·행복추구권을 누릴 수 있게 되었다.

오늘날의 대한민국도 이러한 이념을 근간으로 하고 있다. 대한민국 헌법 제1조 제1항 및 제2항은 대한민국은 민주공화국이며, 대한민국의 주권은 국민에게 있고, 모든 권력은 국민으로부터 나온다고 천명하고 있다. 또한 제38조에서는 국민은 법률이 정하는 바에 따라 납세의 의무를 진다고 규정하고 있다.

경제학의 아버지로 불리는 애덤 스미스Adam Smith는 1776년 출간한 그의 저서《국부론The Wealth of Nations》에서 세금은 부富를 가계나 기업으로 부터 정부로 이전하는 역할을 하며 좋은 세금이란 네 가지 기준을 만족해야 한다고 주장하였다. 첫째, '공정해야(equality)' 한다. 둘째, 자의적이어서는 안 되며 '명확해야(certainty)' 한다. 셋째, 납세자가 '편리한 방법으로 세금을 납부할 수 있어야 한다(convenience).' 넷째, '관리 및 징수비용이 낮아야 한다(economy).'

지금으로부터 약 250년 전, 애덤 스미스가 주장한 좋은 세금의 이 4가지 기준은 오늘날에도 여전히 유효하다. 후세 학자들이 일부 용어를 달리해 개념을 재정리했지만 근본적인 기준은 동일하다. 이처럼 전 세계 모든 국가의 국민은 세금 납부의 의무를 지고 있고, 그 원칙 또한 변하지 않고 공유되고 있으나 문제는 현실에서 정치논리와 여러 가지 이해관계 등으로 인해 그 가치가 제대로 구현되지 못하고 있다는 점이다.

민주주의는 논쟁 없이 발전하지 않는다. 민주주의는 비판과 성찰을 통해 스스로를 교정矯正한다. 지난 수년간 세제 관련 논쟁의 수위는 이전보다 훨씬 높아졌고 정치영역에서 가장 활발하게 이루어지고 있다. 특히 법인세 인상 논쟁이 그러하다. 하지만 아쉽게도 이러한 논쟁 대부분은 당리당략에 따른 정치적 공방으로 그칠 뿐, 좀 더 생산적인 논의로 발전되지 못하고 있다.

이를 보다 핵심적인 수준의 논의로 끌어올리는 것이 이른바 세제개혁의 시작이다. 요컨대 세금의 주인은 이를 납부하는 국민이다. 이 책을 집필하게 된 가장 중요한 이유도 국민주권의 하나인 '세금주권稅金主權'에 대한 이해를 돕기 위해서이다. 국민이 세금의 주인 노릇을 올바르게 하려면 그 실상과 문제점을 정확히 알아야만 한다. 이 책은 대한민국 국민들이 자신들의 권한을 위임받은 정부가 그 세금을 올바르게 거두고, 그 세금을 다시 국민의 행복과 복지증진을 위하여 낭비 없이 사용하는지 감시함으로써 주권자의 역할을 충실히 할 수 있도록 하자는 작은 소망에서 시작되었다.

우리나라의 세금은 국세 세목 14개, 지방세 세목 11개, 총 25개 세목으로 구성되어 있다. 하지만 이 모든 종류의 세금에 대하여 논하는 것은 지면상 한계가 있으므로 이 중 가장 중요하고 국민들의 일상생활에 많은 영향을 미치는 세금을 위주로 살펴보고자 한다.

총론으로는 세제의 수준이 적절한지, 세제는 공평하게 이루어지고 있는지, 세제가 재분배 역할을 충실하게 수행하고 있는지 등을 다루려 한다. 각론으로는 소득세, 법인세 등 개별 세제가 이러한 역할을 충실히 수행하고 있는지, 그렇지 못하다면 앞으로 어떻게 해야 하는지를 다루려고 노력했다. 소득세, 법인세, 종합부동산세, 상속·증여세 등 직접세를 먼저 다루고 그다음으로 부가가치세, 주세, 담배세 등 간접세에 대해 다룬다. 그리고 국세청 등 세정기관의 역할, 언제나 심각한 사회문제인 탈세, 우리 사회에서 가장 중요하고 가치 있는 논쟁인 복지증세를 중점적으로 다룬다. 또한 이 책의 내용은 저자들이 속한 기관의 공식적 견해가 아님을 미리 밝혀둔다.

앞에서 밝혔듯이 미국의 독립전쟁, 영국의 권리장전, 프랑스대혁명 등의 역사적 사건은 세금의 불공정 문제가 중요한 원인이 되었지만 그 근저에는 '국가의 주인은 국민'이라는 가장 중요한 원칙을 지키라는 국민의 외침이 자리하고 있다. 지난해 우리 사회가 겪은 촛불혁명 또한 대한민국 헌법 제1조에 나와 있는 '주권재민'의 기본 원칙이 지켜지지 않았기 때문에 발생한 것이다.

'세금주권' 또한 마찬가지다. 국민들은 자기가 납부하는 세금이 과연 공정한지, 그리고 어떻게 사용되는지 제대로 알아야 주인 노릇을 잘할 수 있다. 국가의 주인인 국민이 우리 사회 각 영역의 주권을 제대로 인식하고, 올바로 행사하려는 노력이 선행될 때 비로소 '주권재민'은 우리 사회에 튼튼하게 뿌리 내릴 것이다. 아무쪼록 이 책이 국민들이 자신의 '세금주권'과 그 중요성을 인식하고 세금 문제에 관심을 갖게 되는 자그마한 계기가 될 수 있다면 더 바랄 것이 없겠다.

2018년 7월
저자를 대표하여
김재진

1

소득세

**근로자 절반이
세금을 내지 않는 나라**

연말정산, '유리지갑'의 행복한 시간?

대한민국 근로자들은 춘삼월을 손꼽아 기다린다. 엄동설한 추운 겨울을 넘기고 따뜻한 봄바람이 불어오기 시작해서이기도 하지만 연말정산으로 지난 한 해 피 같은 월급에서 떼어낸 세금을 돌려받을 수 있기 때문이다. 매월 빠듯한 월급을 받아 드는 봉급생활자에게 '공돈'이라니 얼마나 행복한 일인가? 사실 엄밀히 따지고 보면 공돈은 아니지만 말이다.

이처럼 연말정산 환급은 일단 액수와 상관없이 마음을 뿌듯하게 해준다. 지난해 아웃렛에서 살까 말까 망설인 패딩 점퍼, 자녀들이 사달라는 신형 휴대전화, 부모님께 못해드린 휴대용 안마기 등 내내 머릿속에 담아둔 선물 리스트가 현실이 되는 달콤한 꿈을 꾸게 해준다. 설사 환급금이 결국 아이들의 신학기 학원비로 나갈지라도 기다리는 시간만큼은 마치 로또 복권을 사고 추첨 시간을 기다리는 것처럼 설렌다.

그러나 반대로 오히려 돈을 토해내야 한다면 괴롭기 그지없다. 봄철에 계획해놓은 모든 것이 물거품이 됨은 물론 부족한 돈을 어디서 메워야 할지 전전긍긍하게 된다. 결국 피 같은 적금을 깨고 갚아야 할 마이너스 통장 액수만 높아지는 것을 보면서 '차라리 지난해에 여행을 가지 말걸. 자동차를 바꾸지 말걸'이라고 속으로 되뇌면서 눈물을 머금는다.

연말정산은 봉급생활자가 매월 간이세액표에 따라 대략 납부한 세금을 연말에 정확하게 정산하는 과정으로 주로 서민과 중산층이자 1,500만 명에 달하는 봉급생활자인 '유리지갑'들에게 큰 영향을 미친다. 누군가에 겐 행복한 시간이지만 누군가에겐 참으로 불편한 시간이 되기도 한다.

근로자의 절반만 세금을 내는 나라

당연하지만 소득세는 말 그대로 벌어들인 '소득'에 대한 세금이다. '소득 있는 곳에 세금 있다'는 말도 있지 않은가. 만약 소득이 있는데도 세금을 물리지 않는다면 공평한 일일까? 반대로 작은 소득에도 무조건 세금을 물리는 건 정당한 일일까?

국민의 삶과 기본권인 재산에 미치는 영향이 큰 조세제도에는 꼭 지켜야 할 원칙이 있다. 첫째, 모든 국민이 세금을 부담해야 한다는 원칙, 즉 국민개세주의國民皆稅主義다. 세금을 납부하는 사람이 국민 일부에 불과하고 대다수가 내지 않는다면 성실히 납부하는 사람들의 세 부담이 더 증가하게 되고, 불공평하다고 느끼면서 세금을 납부하려고 하지도 않을 것이다. 둘째, 누구나 가진 만큼 능력에 맞게 세금을 부담해야 한다는 응

능과세원칙應能課稅原則이다. 마지막으로 세금은 국민의, 국민에 의해, 국민을 위해 만든 세법에 따라서만 부과되어야 한다는 조세법률주의租稅法律主義가 있다.

이러한 원칙이 버젓이 존재하고 있는데도 어째서 대한민국은 근로자 절반이 소득세를 내지 않는 나라가 되었을까? 과연 우리나라의 소득세제는 공평하고 정의로운가?

2015년 KBS 뉴스에서는 '근로자 절반 근소세 안 내, 세법개정 어떻게?'라는 기사를 보도했다. 기사는 국회 기획재정위원회 조세소위의 풍경을 다룬다. 근로소득세액 전액을 돌려받는 면세자 비율을 축소하는 정부 방안을 당시 최경환 기획재정부장관이 보고하는 자리였다. 근로자 면세 비율이 2013년 32%에서 2015년 46%까지 올랐다는 사실은 큰 화제가 되었다. 문제는 2015년 초 연말정산 파동이 터지자 정부가 여기에 더해 자녀 관련 공제 항목을 확대하는 등의 보완책을 내놨는데, 문제는 이렇게 할 경우 그 비율이 48%까지 육박하게 된다는 점이었다. 근로자 1,619만 명 중 절반에 가까운 777만 명이 근로소득세를 한 푼도 안 내게 되는 것이다. 이는 2013년 말 소득세법 개정으로 저소득층의 세액공제 혜택이 늘어났기 때문이며, 경기 부진으로 임금인상까지 주춤하면서 면세자들이 크게 늘어난 탓이었다.

이런 정부 보고에 여야 정치권은 정부의 문제의식에 대체로 동의했다. 하지만 막상 세법개정에는 여야 모두 난색을 표했고 이날 소위에서도 여야 의원들은 세금 인상보다는 경제활성화를 통해 자연스럽게 세금이 더 걷히도록 하자고 주장했다. 사실상 국민의 세금 부담을 가중시키는 데

찬성할 수 없다는 논리였던 셈이다.

근로자의 무려 48%나 세금을 내지 않는다는 사실은 매우 충격적이다. 성실하게 납세해온 국민들로서는 허탈감과 분노를 느낄 만한 일이다. 이런 기사를 보고 '탈세가 많은 자영업자에게서 세금을 더 걷어야 하는 것 아니냐'고 주장하는 독자들이 있을 것이다. 자영업자의 상당수가 현금매출을 누락하고, 회삿돈으로 고급 외제 승용차를 구입해 타고 다니니 이들에게 더 많은 세금을 부과하라고 말이다.

부자들과 고액 연봉자에게서 세금을 더 걷어야 한다고 주장하는 사람도 많다. 재벌은 말할 것도 없고 변호사, 회계사, 세무사 등 고소득 자영업 직종 종사자는 어떻게든 방법을 찾아 절세를 하니 이들에게서 세금을 더 걷자고 한다. 실제로 우리는 고위 공직자 인사청문회 과정에서 일반인들은 상상조차 하기 어려운 고액 연봉을 받아 문제가 된 후보자가 낙마하는 것을 목격하기도 한다.

그렇다면 여론은 어떠할까? 2015년 2월 시사인-미디어리서치가 성인 남녀 1,000명을 대상으로 한 여론조사 결과, 세금이 불공평하다는 여론은 78.8%에 달한 반면 '내가 낸 세금과 복지혜택 중 무엇이 더 많은가?'라는 질문에는 71.6%가 낸 것보다 적은 복지혜택을 받고 있다고 답변했다. 대부분 한국 사람은 세금이 불공평하게 부과되고 있고, 그나마 낸 것마저도 제대로 돌려받지 못한다고 생각하는 것이다.

세금 내는 것을 좋아하는 사람은 없다. 하지만 소득이 있는 모든 국민이 세금을 내고, 소득이 적은 사람은 단돈 만 원이라도 적게, 재산이 많은 사람은 더 많이 세금을 내는 것은 국민개세주의와 평등의 원칙상 당연하다. 도대체 2013년 대한민국에서 무슨 일이 벌어졌기에 이런 비정상적인 불균형이 발생한 것일까. 이 기이한 현상을 이해하려면 먼저 소득세가 무엇인지 간략히 짚어볼 필요가 있다.

소득세란 무엇인가?

소득세란 말 그대로 납세자 개인의 소득에 부과되는 세금이다. 소득세의 기원을 고대 이집트에서 찾기도 하지만 근대적 의미의 소득세는 영국에서 시작되었다. 1798년 12월 영국 수상이었던 윌리엄 피트William Pitt는 예산안 처리 당시, 대혁명을 거치고 있던 프랑스와 벌일 전쟁에서 사용할 무기를 구입하기 위하여 누진소득세progressive income tax를 주장해 가결시켰다. 소득 60파운드부터 세금을 부과하여, 200파운드를 넘는 소득에는 최대 10%의 세금을 부과했다. 이 세금은 3년간 한시적으로 도입되었다가 폐지되었는데 그 이유는 오로지 전쟁 수행 목적으로만 쓰여야 한다는 의회 내 반대파 때문이었다.

소득은 다양한 형태에서 발생한다. 가장 쉽게 생각할 수 있는 소득은 일을 함으로써 얻는 근로소득이다. 근로소득세는 고용주에게 노동력을 제공하고 받는 대가에 부과하는 세금이다. 초기에는 특정 고소득자에게만 부과되었지만 근대에 징세가 용이한 원천징수제도withholding tax가 도입되면서 보편적인 세금이 되었다. 만약 수많은 근로자에게 자신의 근로소득세를 직접 납부하라고 하면 매우 번거로울 뿐만 아니라 세 부담을 축소하기 위하여 소득을 축소 신고하는 등 탈세가 빈번하게 발생할 가능성이 크다. 따라서 매월 납부할 세금만큼의 금액을 떼고 급여를 지급하는 것을 나쁘다고 할 수는 없다. 하지만 납부 기한이 되기도 전에 이자도 없이 세금을 최장 12개월 선납하는 것은 근로자로서 분명 기분 좋은 일은 아니다.

또 다른 보편적 소득인 사업소득은 사업을 독립적으로 운영하는 사람이 얻는 소득이다. 통상 사업소득은 원천징수하지 않지만 물적시설 없이 인적용역을 제공하는 부가가치세 면세사업자의 경우 3.3%를 원천징수한다. 예를 들면 보험 모집인이나 학원 강사가 그러하다.

은행에 저축해 이자를 받거나 주식에 투자해 배당받는 경우는 어떨까? 당연히 이것도 소득이다. 세법에서는 이를 각각 이자소득과 배당소득이라고 하며, 이 둘을 합해 금융소득이라고 한다. 이 경우 지방소득세를 포함한 15.4%의 소득세를 원천징수한다. 하지만 배당소득을 합해 연간 소득이 2,000만 원이 넘는 소득자는 원천세뿐만 아니라 근로소득이나 사업소득 등 다른 소득과 합산하여 6~42%의 초과누진세율로 과세되어 더 많은 세금을 납부해야 한다. 이 외에도 고령층이 받는 연금소득세, 강연료나 원고료 등 일시적 소득은 기타소득세로 과세된다. 또한 2018년부터 종교단체의 목사, 신부, 승려 등 종교인이 얻는 소득도 기타소득이나 근로소득으로 과세하는 것으로 바뀌었다.

많은 국가에서 그러하듯이 한국도 개인이 얻은 소득의 크기에 따라 퇴직소득과 양도소득을 제외한 모든 소득을 종합하여 누진과세하는 것을 원칙으로 하고 있다. 세법에 열거한 소득에 대하여만 과세하는 '열거주의'를 채택하고 있는 한국에서 개별 소득이 종류별로 나뉘어 과세될 경우 고소득자의 세 부담이 지금보다 크게 줄어들어 그만큼 조세부담이 증가하여 수직적 형평성이 훼손되기 때문이다. 종합소득이 있는 사람은 다음 해 5월 31일까지 종합소득세 과세표준 확정신고를 하도록 되어 있다. 반면 근로소득만 있는 근로자는 원천징수의무자인 고용주가 다음 해 3월 10일까지 신고하면 따로 종합소득 신고를 하지 않아도 된다.

일을 하지 않고 얻는 불로소득도 있지만 일반적으로 소득을 얻기 위해서는 일정한 비용을 투입해야 한다. 특히 근로소득이나 사업소득의 경우 필요경비가 매우 큰 비중을 차지한다. 근로자는 자신의 육체적·지적 능력으로 일하고 사업자는 자신의 인적·물적 자산을 동원하여 소득을 올리기 위해 노력한다. 따라서 근로자는 능력을 유지하기 위해 매일 기초생활비를 쓰고, 사업자는 사업을 운영하기 위해 사업비를 쓴다. 이러한 투입비용은 당연히 과세소득 계산 시 차감해야 한다.

근로소득을 위해 직접적으로 사용한 비용이라고는 할 수 없지만 사회 정책적인 이유로 의료비, 교육비, 보험료는 물론 기부금이나 월세 등 생활 관련 경비를 지출한 경우에도 세금에서 일정액을 빼준다. 사업자의 경우는 원칙적으로 사업과 관련된 지출 외에 이러한 생활 관련 경비를 세금에서 빼주지는 않지만 세무당국이 정한 기준에 해당하는 성실 사업자의 경우 의료비, 교육비, 월세 일부를 공제받을 수 있다.

소득세는 자신의 총소득에서 소득공제나 필요경비 등을 뺀 금액에 누진세율을 곱하여 산출한다. 여기서 정책적으로 공제해주는 의료비, 교육비 등에 대한 세액공제를 다시 하면 오롯이 납부할 소득세가 나온다.

소득세 결정세액

[(총소득 – 필요경비) – 소득공제] × 세율 – 세액공제

근로자 연말정산 개편, '거위 깃털 뽑기'일까?

다시 본론으로 돌아가자. 일반적으로 과세표준 구간, 각종 소득공제 및 세액공제제도를 현행대로 유지한다고 하더라도 경제성장 정도에 따라 소득세를 내는 사람은 꾸준히 증가하게 되어 있다. 물가가 오르고 노동생산성이 향상되면 노동자들의 소득액도 꾸준히 늘어나기 때문이다.

그렇다고 해서 모든 근로자가 소득세를 내는 것은 아니다. 저소득 근로자는 세법이 인정하는 각종 소득공제나 세액공제를 적용받을 경우 납부할 세금이 없어진다. 면세점免稅點 이하의 낮은 소득을 얻는 사람에게 소득세 부담을 지우지 않는 것은 선진국을 비롯한 대부분의 나라도 마찬가지다. 우리나라에서도 소득양극화가 심화되면서 생계유지조차 어려운 저소득자의 소득세 부담을 경감해주는 일은 이제 사회적으로 당연하게 받아들여지고 있다. 문제는 면세점의 적정 수준이다.

헌법 제38조에서 밝힌 국민개세주의, 즉 "모든 국민은 법률이 정하는 바에 의하여 납세의 의무를 진다"는 원칙은 최저생계비에도 못 미치는 소득자에게까지 세금을 부과한다는 의미는 아니다. 국가마다 차이가 있지만 선진국의 경우 근로소득세를 내지 않는 면세자 비율은 전체 근로소득자의 20~30% 수준이다.

하지만 소득세의 면세점이 지나치게 높아 적정 수준을 초과할 경우에는 많은 부작용이 나타난다. 세금을 내지 않는 사람의 수가 많아지면서 세금을 내는 다른 사람들의 부담이 그만큼 증가한다. 또한 면세점이 중산층의 소득수준까지 확대되는 것은 사회 통합 관점에서도 바람직하지 않다. 세금을 부담할 능력이 있는데도 내지 않고 무임승차하는 것은 윤리적으로 바람직하지 않다.

마지막으로 정부재정의 건전성을 해치게 된다. 경제성장을 할수록 소득세가 전체 세수에서 차지하는 비중이 높아지는 것이 자연스러운데 면세점이 높으면 이 흐름을 거스르기 때문이다. 그러므로 국민개세주의를 유지하면서 재정수입도 적정하게 유지하기 위해서는 소득세 면세자 비율을 보수적으로 적정하게 설정하는 게 바람직하다.

중산층 근로자의 마음을 저격한 2013년 세법개정안

우리 사회에서 근로소득자에 대한 면세점 수준과 면세자 비율이 쟁점이 된 것은 2013년 박근혜 정부가 출범한 후 첫 세법개정안이 발표되고서부터다. 박근혜 대통령은 대선후보 당시 증세는 하지 않는 대신 효율적인 예산 집행과 '지하경제 양성화'로 134조 원의 공약 재원을 조달하겠다는 '공약가계부'까지 내놓았다. 이른바 '증세 없는 복지'론이다.

하지만 약속과 달리 박근혜 정부가 출범하자마자 내놓은 첫 세법개정안의 핵심은 근로자가 적용받는 의료비, 교육비, 보험료 등 특별공제 소득공제 항목을 12~15%의 세액공제로 전환한다는 것이었다. 사실상 증세방안이었다. 고소득자들이 소득공제를 통해 저소득자에 비해 상대적으로 더 많은 세금 혜택을 누리는 것을 막아 소득계층 간 세금 부담의 형평성을 되찾겠다는 야심찬 구호와 함께였다.

우리나라의 소득세 계산 방식은 그동안 주로 소득공제를 중심으로 운용되었기 때문에 세율이 높은 고소득자에게 유리한 구조였다. 소득공제는 교육비·의료비·보험료 등 사용액을 총소득에서 공제한 다음 소득구간에 따라 정해진 세율을 곱한 액수를 납부할 세금으로 산출하는 방식이다. 고소득자는 돈을 많이 쓰는 데다가 세율이 높으니 그만큼 소득공제액이 높아진다. 반면 세액공제를 적용하는 경우에는 총소득 수준과 상관없이 자신이 사용한 금액에 일정 공제율을 곱하여 산출한 세액을 공제하기 때문에 소득이 높으면 오히려 불리해진다. 따라서 세액공제로 전환하면 소득수준에 따라 혜택이 달라지는 것이 아니라 누구나 동일한 지출액에 대하여 동일한 혜택을 받게 된다. 다음 산식을 보면 이해가 좀 더 빠를 것이다.

소득공제 방식	세액공제 방식
(소득금액 − 지출액) × 세율(6 ~ 42%*) = 산출세액	[산출세액: 소득금액 × 세율(6 ~ 42%)] − [(지출액) × 12 ~ 15%] = 결정세액

* 2017년 개정 세법 기준.

예를 들면 보험료공제가 소득공제인 경우와 세액공제인 경우를 비교해보자. 보험료공제가 소득공제인 경우, 연간 소득 1,000만 원인 저소득자와 연간 소득 1억 원인 고소득자 모두 노후를 위해 개인연금보험에 가입해 연간 총 200만 원의 보험료를 납입하였다고 가정하자. 저소득자는 200만 원을 소득공제할 경우 6%를 적용받아 소득공제 효과는 12만 원에 불과하다. 하지만 고소득자의 경우 35%인 70만 원의 소득공제를 받는다. 고소득자가 6배 정도 혜택을 보는 것이다. 하지만 세액공제일 경우 소득 수준에 상관없이 동일한 보험료에 대해서는 공제 혜택이 같아진다. 비록 근로자가 지출하는 교육비, 의료비, 보험료 등의 경비가 '필요경비必要經費' 성질을 지녀서 소득공제 대상이라는 반론도 있지만 위에서 지적한 문제점 때문에 보험료공제를 소득공제에서 세액공제 방식으로 전환한 것이다.

이처럼 근로자의 소득공제제도를 세액공제제도로 전환한 '개혁'은 재분배 정책 측면에서 바람직한 변화였다. 문제는 갑작스러운 전환으로 중산층의 세금 부담이 늘어난 것이다. 연간 급여가 5,500만 원 이하인 중산층·서민이 전체 근로자의 80%가 넘는다. 이들은 근로소득공제를 제하면 대부분 15% 소득세율을 적용받게 된다. 하지만 세액공제제도로 전환하면서 공제율을 12% 수준으로 정했고, 그 결과 중산층 소득자는 15%가 아닌 12%의 세액공제율이 적용되어 불리해졌다. 중산층·서민 봉급생활자들의 세금이 늘어났으니 조세저항이 생긴 것이다.

선진국에서는 소득공제제도의 역진성 문제 때문에 소득공제 대신 세액공제를 주로 활용한다. 일부 나라에서는 소득공제한도액을 설정하거나, 소득이 일정 규모 이상일 경우에는 혜택을 받지 못하도록 점진적 소멸제도Phase-out를 둠으로써 혜택이 고소득자에게 과도하게 집중되는 것을 방지한다. 고소득자에게 세금 혜택이 편중되면 소득계층 간 형평성을 저해하기 때문이다.

증세 없는 복지? 중산층 세금폭탄론의 발단

2015년 8월 8일 박근혜 정부는 세법개정안을 발표할 때 3,450만 원 이하 소득자의 세금 부담이 늘어나지 않게 하겠다고 했다. 3,450만 원이라는 기준도 이른바 중위소득으로 중산층을 판단하는 기준이다. 따라서 3,450만 원이라는 금을 그어 중산층 이하에 세 부담이 없게 하겠다는 메시지를 전하고 싶었던 것이다. 당시 정부는 이에 따라 친절하게 시나리오까지 제시했다.

정부의 시나리오(《표 1》)에 따르면, 총급여 3,450만~4,000만 원 소득자는 1만 원, 4,000만~7,000만 원 소득자는 약 16만 원의 세금 부담이 늘어나는 반면, 총급여가 1억 원이 넘는 소득자는 연간 120만 원 이상, 3억 원을 넘는 초고소득자는 연간 865만 원 정도 세금 부담이 늘어날 것으로 추정되었다. 즉 소득에 따라 세금 부담도 증가하는 '조세정의'를 구현한 세법개정안이었던 셈이다. 하지만 숫자 속 이면의 현실은 달랐다.

세금 관련 경제기사를 쓰는 언론사 기자들의 소득은 일부 고위직을 제외하면 1억 원이 넘지 않았고 초임은 약 2,500만~5,000만 원 수준이다. 경력과 급여 수준을 감안해도 대부분 평균적으로 7,000만 원 정도의 급여를 받던 현장의 기자들은 이 세법개정안에 따라 자신들의 세금 부담이

〈표 1〉 세법개정안 내용 일부 수정·보완

총급여액	인원	비중	현행	원안 세 액	원안 차액	수정안 세 액	수정안 차액
1,000만 원 이하	435.8	28.2%	0	0	0	0	0
1,000만 ~ 2,000만 원	362.5	23.4%	5	0	△5	0	△5
2,000만 ~ 3,000만 원	231.5	15.0%	17	6	△11	6	△11
3,000만 ~ 4,000만 원	158.9	10.2%	36	37	1	36	0
4,000만 ~ 5,000만 원	112.4	7.3%	83	99	16	83	0
5,000만 ~ 5,500만 원	41.6	2.7%	147	163	16	147	0
5,500만 ~ 6,000만 원	37.6	2.4%	200	216	16	202	2
6,000만 ~ 7,000만 원	57.7	3.7%	285	301	16	288	3
7,000만 ~ 8,000만 원	35.4	2.3%	412	445	33	445	33
8,000만 ~ 9,000만 원	22.1	1.4%	540	638	98	638	98
9,000만~ 10,000만 원	16.4	1.1%	741	854	113	854	113
10,000만 ~ 11,000만 원	11.2	0.7%	942	1,065	123	1,065	123
11,000만 ~ 12,000만 원	7.3	0.5%	1,160	1,294	134	1,294	134
12,000만 ~ 15,000만 원	9.3	0.6%	1,586	1,842	256	1,842	256
15,000만 ~ 3억 원	6.7	0.4%	3,669	4,011	342	4,011	342
3억 원 초과	1.6	0.1%	17,600	18,465	865	18,465	865

출처: 기획재정부 보도자료, 2013. 8. 13.

높아지는 것에 분노했고 "박근혜 정부의 '증세 없는 복지'는 거짓말"이라고 직격탄을 날렸다. 중산층의 기준을 지나치게 도식적으로 해석한 결과였다.

이러한 언론의 대서특필로 분개한 국민과 정치권은 박근혜 정부의 새 법개정안을 두고 "유리지갑 봉급생활자에 대한 증세"라며 들끓었다. 당시 야당은 정부의 세법개정안을 비난하기 위하여 '유리지갑 퍼포먼스'까지 펼쳤고 "부자감세 철회를 피하려다 일반 근로자들의 주머니를 털게 되었다"며 맹비난하였다.

박근혜 정부의 보도 해명에도 불구하고 당시 언론사 데스크에서는 세법개정안에 따른 중산층의 세 부담이 가중되는 몇몇 시나리오까지 추가로 제시했다. 2014년 6월 지방선거를 앞두고 주 유권자인 봉급생활자에게 '세금폭탄'을 안겨주는 근로소득세 개정안은 당시 박근혜 정부와 여당에게 큰 부담이 되었다. 봉급생활자인 유권자 1,439만 명이 등을 돌리면 선거 참패는 불 보듯 뻔한 일이었기 때문이다.

상황이 이러한데도 박근혜 정부의 조원동 초대 청와대 경제수석은 "세금은 거위 깃털을 뽑는 방식으로 해야 한다"고 발언해 불난 집에 기름을 부었다. 국민들은 "과연 국민이 거위처럼 깃털을 뽑혀야 할 대상인가?"라며 더욱 격앙되었다. '거위 깃털 뽑기'란 표현은 프랑스 루이 14세 절대왕정 시대의 재무상 콜베르가 한 말에서 유래했다. 그가 "세금을 예술적으로 부과하는 방법은 거위의 비명을 최소화하면서 가능한 한 많은 털을 뽑아내는 것"이라고 말했던 것을 재인용한 것이었는데 매우 부적절한 발언이었다.

면세자 비율 급증, 2013 세법개정안의 실패

'중산층 세금폭탄론'의 파문이 갈수록 커지자 당시 정부는 세법개정안을 발표한 지 5일 만에 5,500만 원 이하 근로자에 대한 근로소득세액공제제도를 개정하여 "총급여 3,450만 원에서 5,500만 원 이하 소득자는 세부담 증가가 없고 5,500만 원~6,000만 원, 6,000만 원~7,000만 원 소득자의 세 부담이 각각 연 2만 원, 3만 원 정도만 늘어날 것"이라 하였다.

하지만 개정안을 발표한 지 얼마 되지 않아 이례적으로 다시 보완대책을 발표했음에도 언론과 국민의 불만은 잠잠해질 기미가 보이지 않았다. 이에 정부는 다시 부랴부랴 1,700만 근로자에 대한 전수조사에 나섰다.

중산층의 세 부담이 늘어난 것도 문제였지만 근로소득에 대한 원천징수제도를 기존의 '많이 걷고 많이 돌려주는 방식'에서 '적게 걷고 적게 돌려주는 방식'으로 변경한 것 또한 중산층의 불만을 가중시켰다. 이는 2014년 근로소득부터 적용되어 그 효과가 2015년 초 연말정산 때 나타나게 되었는데 연말정산 결과 정부의 약속과 달리 세금이 늘어난 소득자가 부지기수로 증가했다. 박근혜 정부는 2015년 5월 '연말정산 보완대책'이라는 전대미문의 세법개정안을 내놓았다. 자녀를 낳았거나 입양한 근로자는 출산·입양공제를 소급적용하여 1인당 30만 원을 돌려받게 하였고, 근로소득자의 표준세액공제 금액도 12만 원에서 13만 원으로 올렸으며, 연봉 5,500만 원 이하 소득자의 연금저축 세액공제율을 12%에서 15%로 3%p올렸다. 그리하여 근로소득자 약 638만 명이 5월 월급을 받을 때 평균 7만 1,000원을 추가로 돌려받을 수 있었다. 또한 연말정산 보완대책의 일환으로 납세자가 원천징수 비율을 80%, 100%, 120% 중에서 선택할 수 있게 하였다. 매달 적게 걷고 나중에 많이 내거나 매달 많이 걷고 나중에 적게 내는 방식 중에서 납세자가 택일해 선택하라는 뜻이다.

사실 '연말정산 파동'이 일어난 것은 여론이 왜곡된 탓도 크다. 총급여가 3,000만 원 이하인 1,030만 근로소득자의 경우 세 부담이 기존보다 같거나 감소하는데도 언론이 이러한 사실은 묻어놓고 3,000만 원 이상 근로소득자의 부담이 증가하는 것만 부각했기 때문이다. 어쨌든 이 조치로 2013년에서 2014년 사이 면세자 비율은 전체 근로소득자(1,636만 명) 대비 32.4%(530만 명)에서 48.1%(802만 명)로 급증하였으며, 불과 1년 사이에 면세자(과세미달자)가 자그마치 270만 명 늘어나는 기형적인 세제가 되었다.

면세자 비율의 급증, 누구의 책임인가?

면세자 비율이 근로소득자의 절반 이상 된다는 사실 자체는 분명히 문제가 있다. 하지만 정작 이 기형적인 구조의 원인을 다루는 언론은 거의 없다. 오히려 유용한 정치적 프레임을 제공한다. 부자증세를 외치는 정당을 포퓰리즘으로 공격할 수 있고, 세 부담 형평성을 내세워 반대 전선을 명확하게 할 수 있다.

더불어민주당은 2012년 총선 전후 한국의 세제가 소득계층 간 불평등을 심화시키고 있다며 문제를 제기해왔다. 초고소득자의 소득세 부담이 다른 나라에 비해 지나치게 낮은 점을 들며 계층 간 부의 불평등을 완화

〈표 2〉 총급여 수준별 면세자 분포 현황

총급여	면세 인원	비중 (단위: %)
합계	8,104,230	100.0
1,000만 원 이하	3,610,162	44.55
1,000만 ~ 1,500만 원	1,799,191	22.20
1,500만 ~ 2,000만 원	808,667	9.98
2,000만 ~ 3,000만 원	1,010,047	12.46
3,000만 ~ 4,000만 원	584,068	7.21
4,000만 ~ 4,500만 원	143,822	1.77
4,500만 ~ 5,000만 원	79,796	0.98
5,000만 ~ 6,000만 원	52,777	0.65
6,000만 ~ 8,000만 원	13,098	0.16
8,000만 ~ 1억 원	1,125	0.001
1억 원 초과	1,477	0.02

출처: 기획재정부, 2015.

하는 장치로 소득세율 인상을 주장했다. 이에 따라 2016년 세법개정으로 2017년부터 5억 초과 소득자의 세율을 38%에서 40%로 인상하였고, 다시 2017년 세법개정으로 2018년부터는 42%로 인상하였다.

이 과정에서 보수언론은 면세자 비율부터 축소해야 한다고 주장했다. 모든 국민이 단돈 1만 원이라도 부담하는 것이 국민개세주의 원칙에 부합하며 이 원칙을 저버리고 재벌·고소득자에 대한 과세를 강화하는 것은 포퓰리즘이라고 비판했다. 하지만 이와 같은 주장엔 결정적 허점이 있다. 〈표 2〉를 보자.

이 표를 보면 근로소득세가 한 푼도 과세되지 않는 인원이 810만 명으로 그중 총급여 3,000만 원 이하 소득자가 723만 명(89.2%)에 달한다. 이 중 1,000만 원 이하 소득자는 360만 명으로 전체의 44.5% 수준이다. 결국 근로소득세 면세자 90%는 납세 능력이 매우 낮은 저소득층, 좀 더 정확하게 이야기하면 근로소득세 과세미달자이다. 이는 소득양극화가 심하다는 반증이자 정부의 소득재분배 정책의 실패를 의미한다. 따라서 과세미달자인 저소득층에게 소득세를 거두는 것은 긍정적인 효과보다 부정적인 효과가 더 크다. 오히려 세금을 돌려주는 편이 낫고, 이를 위한 것이 바로 근로장려세제Earned Income Tax Credit다.

노무현 정부는 재정 부담을 최소화하면서 점차 증가하는 근로빈곤층 문제를 해결하기 위한 방안으로 근로장려세제를 도입하기로 결정하였다. 그러나 2007년 국회에서 법안을 처리하지 못했고 2009년 이명박 정부 초기에야 시행되었다. 현재 몇 차례 변천 과정을 거쳐서 2018년 소득부터는 맞벌이가구 기준 총급여 2,500만 원 이하 저소득층에게 최대 250만 원까지 근로장려금을 지급하기로 했다. 초기에는 봉급생활자에게만 적용하고 추후에 사업자에게도 확대되었다.

점차 증가하는 근로빈곤층working poor에게 국민기초생활보장제도를 확대 적용하는 것은 재정 부담이 크고, 특성상 '빈곤의 함정poverty trap'에 빠질 위험이 있다. 근로장려세제는 이러한 문제를 해결하고, 국민기초생활보장제도의 사각지대에 있는 차상위계층을 보호하기 위한 조치다. 이들 근로빈곤층에게 소득세를 부과하기보다 근로장려세제를 통하여 소득을 지원하여 근로 의욕을 북돋우고, 그 소득을 소비에 활용하게 하여 생계를 돕고 경제를 활성화하는 것이 낫다는 판단에서다. 대부분 선진국이 근로장려세제를 도입하는 이유도 이 때문이다.

그다음으로는 국민 모두 이미 소득세와 별도로 간접세를 납부하고 있다는 사실이다. 우리의 일상생활은 세금의 연속이다. 식당에 가서 식사하거나 상점에서 물건을 구입할 때는 부가가치세, 담배를 피울 때는 개별소비세를 비롯한 각종 담배세, 술을 마실 때는 주세를 비롯한 각종 세금을 낸다. 실제 전체 세금 대비 소비과세의 비중은 2015년 기준으로 39.7%나 된다.

마지막으로 면세자의 비율은 시간이 지날수록 낮아지게 되어 있다는 것이다. 앞서 언급한 대로 인플레이션에 따른 명목임금 상승으로 면세자 비율은 점차 축소될 수밖에 없다. 문재인 정부는 '소득 주도 성장' 정책의 하나로 최저임금을 1만 원까지 인상하겠다고 공약했고, 이에 따라 2018년 최저임금을 7,530원으로 전년 6,470원 대비 16.4% 인상하였다. 이토록 임금 수준이 높아지면 자연스럽게 면세자 비율도 축소된다. 최저임금은 시간제·일용직 노동자 임금을 향상시키는 가운데 중소기업의 임금 산정 기준 역할도 수행한다. 급격한 최저임금 인상에 대해 자영업자를 비롯해 경제주체들의 우려가 많지만 세수 차원에서만 본다면 이는 긍정적으로 작용한다.

이런 점을 감안할 때 근로소득세 면세자 비율을 인위적으로 축소하기보다는 박근혜 정부 들어 늘어난 면세자 구간의 비율을 소폭 조정하거나 고소득자군에서도 발생하는(연 수입 8,000만 원을 초과하는 면세자는 약 2,600명) 면세자 비율을 축소하는 것이 바람직하다.

신용카드 소득공제, 무엇이 문제인가?

잠시 쉬어가는 차원에서 연말정산 이야기로 논의를 이어가 보자. 여러분은 올해 연말정산으로 얼마나 환급받거나 추가 납부했는가? 연말정산을 하는 데 힘들지는 않았는가? 공제항목에 하나하나 체크하면서 절세 설계가 필요하다고 생각했는가?

매년 12월엔 연말정산 절세 '재財테크'가 항상 신문 경제면의 한 꼭지를 장식한다. 공제항목은 상당히 많다. 근로소득공제, 자녀 세액공제, 연금저축, 보험료, 의료비, 기부금 세액공제 등… 이 중 가장 인상적인 것은 신용카드 소득공제 항목이다. '내가 올해 이렇게 돈을 많이 썼나?' '이 돈을 저축했으면?' 하는 사람이나 신용카드와 체크카드의 소득공제 비율이 다르니 체크카드로 쓰겠다고 생각하고 실천하는 사람도 있을 것이다. 또한 전통시장에서 물건을 사거나 대중교통에 카드를 이용한 금액에 대한 공제율이 일반적인 카드사용액에 비해 높다는 것을 알고 일부러라도 전통시장에 가서 소비해야겠다고 생각한 독자도 있을 것이다.

소득세법에 정해진 명목세율대로라면 소득의 상당 부분을 세금으로 내야 한다. 우리 세법은 6~42%까지 소득구간별로 명목세율을 달리하고 있는데, 이를 그대로 적용하면 총급여가 1억 수준을 넘는 고소득자의 경우는 지방소득세분(소득세 명목세율의 10%, 40% 세율을 적용받는 경우 4%), 사회보험료(연금보험료 자기부담분 4.5%, 건강보험료 및 장기요양보험료 약 3.2%, 고용보험료 0.65%, 계 8.35%)를 포함하여 50%를 초과하는 세금을 내야 한다.

사람들이 자신의 소득 절반 이상을 아무런 저항 없이 세금으로 납부하길 기대하기는 어렵다. 또한 과도한 세금은 근로자의 근로의욕이나 거래의 효율성을 해칠 수 있다. 자신의 주머니에 얼마라도 더 들어와야 그만큼 소비를 더 많이 하지 않겠는가? 주류경제학에서는 세금의 구축효과를 전제로 세 부담 인하를 통한 경제적 효율성을 강조한다.

이에 정부는 합리적인 경제생활을 유도하고, 정부의 정책 방향에 순응한 소득자에게는 세금을 감면해준다. 노후에 필요한 연금, 건강을 유지하기 위해 사용한 의료비, 주택경기 활성화를 위하여 주택 구입에 사용한 자금, 임대생활자를 위한 월세 등 다양한 비용에 대하여 세금을 경감해준다.

그중 한국 특유의 제도는 신용카드 소득공제다. IMF 외환위기 이후 출범한 김대중 정부는 자영업자의 과표를 양성화하고 근로소득자의 카드 사용을 통한 소비를 증진하기 위해 근로소득자의 신용카드 사용금액 소득공제제도를 도입한다. 봉급생활자가 급여의 10% 이상을 신용카드로 사용했을 경우, 300만 원 한도로 소득에서 공제해주었다. 이를 공제문턱 Threshold이라 한다.

최초 도입 당시에는 공제문턱을 총급여의 10% 수준으로 하였으나 도입 초기부터 기대 이상의 효과가 나자, 이 제도를 이용하여 소비를 진작하려는 목적으로 소득공제율을 20%까지 상향 조정하였다. 정부의 신용카드 활성화를 위한 소득공제제도, 카드영수증복권제도, 카드사의 무분별한 신용카드 남발 등으로 카드 사용금액이 단기간에 급격하게 증가하였고, 그 결과 제도 도입 목적인 자영업자의 과표양성화도 크게 개선되었다. 통계청의 민간소비지출 통계와 한국은행의 카드사용액 통계에 따르면, 2015년 민간소비지출 771.2조 원 중 685.4조 원(88.9%)이 신용카드로 결제되었다. 신용카드 소득공제제도를 도입해 이루고자 했던 목표인 경기진작과 자영업자의 과표양성화는 대성공을 거두었다.

반면 부작용도 있었다. 신용카드 발급이 남발되고 사용이 빈번해지자 신용불량자와 가계부채가 급증했다. 정부는 이러한 부작용을 막기 위해 2010년부터는 직불카드·체크카드 및 선불카드 결제 시 20%에 더하여 5%p 추가 공제 혜택을 주었고, 2013년에는 신용카드의 공제율을 5%p 낮춰 15%로 조정하여 직불카드·체크카드와 차등화하였다. 반면 현금영수증 거래를 포함한 직불카드·체크카드 결제에는 혜택을 10%p 추가로 부여해 30%까지 공제율을 상향 조정하였다. 2012년에는 전통시장 활성화를 목적으로 전통시장에서 사용한 금액에 별도로 100만 원의 공제한도를 주었고, 2013년에는 대중교통 사용액에 대해서도 추가 혜택을 적용하였다.

그 결과 신용카드 소득공제액은 2015년 기준으로 20조 6,000억 원, 세금감면액만 1조 9,000억 원에 달하게 되었다. 같은 해 기준 전체 조세지출액 약 36조 원의 5% 수준으로 적지 않은 규모임을 알 수 있다. 정책목적을 달성하기 위하여 한시적으로 도입된 제도가 이해관계가 복잡해지면서 점점 폐지하기 어렵게 되어가고 있다. 신용카드 소득공제제도는 지금까지 총 8회 연장되었고, 주된 수혜자인 봉급생활자들은 이 제도를 폐지하는 것에 상당히 반대하고 있다.

문제는 신용카드사용액공제든, 연금보험료공제든, 주택구입자금공제든 소득공제제도는 고소득층에게 혜택이 많이 돌아갈 수밖에 없다는 것이다. 앞에서 보았지만 소득공제로 세제 인센티브를 주는 경우에는 소득구간의 명목세율에 따라 고소득자의 세금 효과가 크게 나타날 수밖에 없다. 물론 '신용카드 등 사용금액에 대한 소득공제제도'는 공제한도가 설정되어 있기 때문에 고소득자라도 그 혜택을 무한정 받을 수 없도록 설계되어 있기는 하다. 박근혜 정부는 이러한 문제를 바로잡고자 한 것인데 결과가 엉뚱한 방향으로 전개된 셈이다.

고소득자 증세 vs 보편적 증세

토마 피케티Thomas Piketty와 이매뉴얼 사에즈Emmanuel Saez의 2003년 연구에 따르면 소득 기준 상위 1%가 차지하는 비율이 1970년대에는 10%에 미치지 못했지만, 최근 20%를 초과하였다. 우리나라도 소득양극화 현상이 나날이 심화되고 있다. 하지만 이를 해결하려고 소득세 등 직접세를 국민 모두에게 무작정 올릴 수는 없다. 세율이 너무 높으면 탈세, 근로의욕

저하 등으로 사중손실이 증가하는 등 효율성이 떨어지기 때문이다.

그렇다면 세금을 공평하고 효율적이게 더 거두는 방법은 무엇일까? 어느 누구에게 물어봐도 대답은 비슷할 것이다. '고소득자가 더 부담하고, 저소득자는 덜 부담하는 것'이라고 말이다. 그럼 고소득자가 어느 정도까지 더 부담해야 할까? 물론 정답은 없지만, 누진성累進性의 정도를 어떻게 할지에 대해선 애덤 스미스 이래 많은 연구가 있다.* 대체로 소득세가 고용에 미칠 영향을 고려하여 급격하게 누진율을 적용해서는 안 되지만 소득불평등 정도가 심해질수록 이를 완화하기 위해 고소득층의 누진성을 강화해야 한다는 주장에는 대체로 큰 차이가 없다. 소득 기준 상위 1% 소득자에게서 최대 56%까지 세금을 걷어 세수를 극대화할 수 있다고 주장하는 연구도 있다.

우리나라의 경우는 어떠한가. 세 부담의 기준으로 통상 사용하는 실효세율(결정세액/과세표준)을 통해 살펴보자. 고소득자 실효세율은 외국과 비교해도 낮은 편은 아니다. 〈표 3〉에 나타난 것처럼 1,200만~4,600만 원 구간에 해당하는 근로소득자의 실효세율은 2.8%(명목세율은 15%), 4,600만~8,800만 원 구간 실효세율은 8.6%(명목세율은 24%) 수준인 반면, 5억 원을 초과하는 근로소득자의 경우 31.9% 수준이다. 일반 국민들은 명목세율(법에서 정한 세율로 이해하면 빠르다)을 기준으로 세 부담을 생각하는데, 실제로는 각종 공제·감면제도 때문에 실효세율은 명목세율보다 훨씬 낮다. 더

---

* 노벨경제학상 수상자인 제임스 멀리스James Mirrlees가 1971년 발표한 논문 〈An Exploration on the Optimum Income Taxation〉과 그 이후의 스턴Stern(1976), 최근에는 브류어Brewer · 사에즈Saez · 셰퍼드Shephard (2010), 피케티Piketty · 사에즈Saez · 스탠체바Stantcheva(2011) 등 수많은 학자가 관련 논문을 발표하였다.

〈표 3〉 과세표준 구간별 실효세율 및 1인당 세 부담액

(단위: 천 명, 조 원, %)

과세표준	근로소득				종합소득				명목세율[2]
	인원	결정세액	실효세율[1]	1인당 세부담액 (만원)[4]	인원	결정세액	실효세율[1]	1인당 세부담액 (만원)	
합계	17,740 (100)	30.9 (100)	5.3	200	5,875 (100)	25.7 (100)	14.6	437	-
1,200만 원 이하	9,9033) (55.8)	0.2 (0.8)	0.2	3	3,654 (62.2)	0.3 (1.2)	1.2	8	6
1,200만 ~ 4,600만 원 이하	6,187 (34.9)	7.7 (25.0)	2.8	125	1,535 (26.1)	2.7 (10.5)	5.9	175	15
4,600만 ~ 8,800만 원 이하	1,300 (7.3)	9.9 (32.2)	8.6	765	385 (6.6)	3.2 (12.4)	11.4	827	24
8,800만 ~ 1.5억 원 이하	261 (1.5)	5.4 (17.5)	14.9	2,073	162 (2.8)	3.4 (13.3)	17.1	2,105	35
1.5억 ~ 5억 원 이하	82 (0.5)	5.1 (16.6)	23.9	6,280	118 (2.0)	7.7 (29.8)	25.3	6,510	38[5]
5억 원 초과	7 (0.04)	2.4 (7.9)	32.0	32,973	22 (0.4)	8.4 (32.8)	31.6	39,016	38[5]

주: 1) 실효세율은 결정세액에서 각각 총 과세대상 근로소득금액(총소득), 종합소득금액을 나눠준 값.

2) 명목세율은 2016년 귀속연도에 적용되는 세율을 기준으로 기입하였음.

3) 과세표준이 없는 2,320천 명 포함.

4) 과세표준 규모별 1인당 평균 세액의 평균값을 의미한다.

5) 현재 3억 원 초과 5억 원 이하 소득자의 초과누진세율은 40%, 5억 원 초과 소득자의 초과누진세율은 42%로 각 개정.

출처: 국세청, «국세통계연보», 2017.

구나 과세표준 구간별로 명목세율과 실효세율 간의 격차가 일정하지도 않고, 동일한 과세표준 구간에서도 종합소득자(종합소득의 개념은 엄밀하게는 개인사업자의 사업소득과 정확히 일치하지는 않지만, 일반적으로 자영업자를 해석하는 기준으로 사용한다)와 근로소득자 간 실효세율에 차이가 있다.

이 표에 나타난 수치만 봤을 때는 8,800만 원 이하 소득자, 즉 우리가 중산층이나 서민이라 생각하는 근로소득자들의 세 부담을 늘릴 필요가 있다고 판단할 수 있다. 명목세율과 실효세율의 격차가 5억 원 초과 소득자는 6.1%p 수준이다. 4,600만~8,800만 원 소득자는 15.4%p, 1,200만~4,600만 원 소득자는 12.2%p로 격차가 매우 크게 나타나기 때문이다.

게다가 1인당 세 부담액도 근로소득자·종합소득자(자영업자)의 경우 모두 4,600만~8,800만 원 소득자(각 125만 원, 175만 원)보다 5억 원 초과 소득자(각 3억 2,973만 원, 각 3억 9,016만 원)가 각 264배, 222배 더 부담하고 있다. 요컨대 "고소득자가 이미 많은 세 부담을 하고 있는 반면, 중산층·서민은 공제·감면을 많이 받아 세 부담을 너무 적게 하는 것이 아니냐"라고 생각할 만하다.

물론 중산층과 서민도 세금을 부담해야 하는 것은 당연하다. 다만 세 부담을 늘리는 데는 원칙이 있다. 우선 국민의 동의를 기반으로 해야 하고, 국민을 기만해서도 안 된다. 하지만 박근혜 정부는 '증세 없는 복지'라는 대통령 공약을 믿었던 국민들의 신뢰를 저버렸다. 애당초 '부자증세'를 공약으로 내걸었다면 이런 문제는 없었을 것이다. 그 결과, 소득공제나 세액공제제도 개편으로 달성하려는 애초 목적은 무시되고, '중산층 세금폭탄론'만 부각되지 않았는가.

하지만 '중산층 세금폭탄론'이 박근혜 정부와 당시 여당인 새누리당을 집요하게 괴롭혔지만 고소득자의 세 부담이 늘어나는 바람직한 세법개정안이었던 것은 분명하다. 과세표준 1억~3억 원 구간 소득자의 실효세율은 2014년 12.6%에서 2015년 16%로, 3억~5억 원 구간 소득자는 24.2%에서 27.1%로, 5억 원 초과 소득자는 29.7%에서 32.5%로 늘어났다. 고소득자의 소득세 부담을 강화하며 세 부담 형평을 추구하였음에도 이를 주목하는 언론은 별로 없었다.

반면 더불어민주당은 영리한 노선을 취했다. 2016년 '고소득자 우선 증세 원칙'을 바탕으로 5억 원 초과 소득자의 소득세율을 38%에서 40%로 2%p 올리는 여야 합의를 주도했다. 더불어민주당은 여당이 된 이후, 2017년 세법개정에선 최고세율 과표 구간을 당초 5억 원에서 3억 원으로 낮추고, 5억 초과 소득자의 경우 40%에서 42%로 2%p 올렸다. 우선 고소득자의 세 부담부터 늘어나고 일반 국민의 세금을 더 거둘 수 있는 여건이 형성된 것이다. 이런 세수여건하에 아동수당, 기초연금 확대 등 복지혜택도 많아지고 있다. 이렇게 시민들의 만족도가 조금씩, 서서히 높아진다면 국민개세주의 여론도 힘을 받게 될 것이다.

자영업자, 과연 탈세의 온상인가?

다시 처음으로 돌아가 보자. 대한민국 근로자는 과연 봉인가? 다수 언론에서 근로자는 유리지갑이고 자영업은 탈세의 온상인 것처럼 다룬다.

실제로 음식점 계산대에 '현금 사용 시 10% 할인'이라고 써놓은 가게도 보이니 시민들 상당수는 '현금을 좋아하는 자영업자는 상당수 탈세를 한다'고 생각할 것이다. 정당하게 세금 내고 장사하는 자영업자들로서는 억울한 노릇이지만 시민들의 일반적인 시각이다.

이런 인식은 최근 보험 모집인 등 프리랜서 자영업자들 사이에서 문제가 된 '유ㅇㅇ세무사 사기사건'에서 잘 드러난다. 보험 모집인, 학원 강사, 자동차 판매원 등 프리랜서 업종은 일터에 소속되어 있지만 계산상으로는 독립된 사업소득자이다. 이들은 통상 보험사, 학원, 자동차 판매 대리점 등에서 보수를 받을 때 3.3%를 원천징수하되, 추후 종합소득세 신고로 다시 정산해야 한다.

유ㅇㅇ 세무사는 이러한 프리랜서 자영업자들을 상대로 2011~2012년 소득세를 획기적으로 줄여주겠다는 광고를 했다. 그는 '수입의 80% 정도를 경비처리하여 소득세 추가 납부 없이, 낸 세금까지 돌려받게 해주겠다'고 했다. 이에 거의 5,000명 가까운 프리랜서 자영업자들이 그를 찾아가 세무신고를 맡겼다.

그의 절세 방법은 합당한 것이었나? 업계에서 그가 떼돈을 벌었다는 소문이 돌기 무섭게, 세무당국은 '80% 경비처리'에 의심을 갖고 세무조사에 나섰다. 사업자는 인건비, 임대료, 원재료 등 실비를 세금계산서 등 객관적인 자료로 증빙할 때 필요경비로 인정받을 수 있으며, 매출이 일정 규모 이하일 경우는 '기준경비율'과 '단순경비율' 같은 간편한 제도로 비용을 인정받는다. 그는 프리랜서 사업자들 매출의 80% 정도를 증빙 없이 필요경비로 일괄 처리했던 것으로 보인다. 이에 과세당국은 개별 프리랜서 사업자들이 가공의 경비처리를 한 것으로 보아 종합소득세 부과를 예고했다. 날벼락을 맞은 프리랜서들이 유 세무사를 찾았지만 이미 그의 사무실은 폐쇄됐고, 그는 소득세 탈루 혐의로 구속·기소됐다.

졸지에 수백만 원에서 수천만 원의 세금을 얻어 맞은 프리랜서 사업자들은 경비 입증이 불가능하다며 국세청에 가서 대대적으로 시위를 벌였다. 유 세무사가 신고한 대로 경비를 인정해달라고 요구하거나 '과소신고 가산세를 납부할 수 없다', '세무사를 믿고 맡겼을 뿐인데, 왜 책임은 우리가 부담해야 하느냐'고 따지기도 했다. 고객에게 선물구입비 등으로 실제 지급한 경우도 상당한데, 이를 반영하지 않는 것은 억울하다는 것이다. 한편으로는 신고 업무를 대행한 유 세무사를 사기죄로 고소했지만, 눈덩이같이 늘어난 세금은 어찌할 수 없었다.

이 사건에서 우리는 무엇을 읽을 수 있을까? 우선 세제에 대해서 잘 알지 못하는 일반 자영업자는 종합소득세 신고를 세무전문가에게 맡길 수밖에 없다. 반면 근로자들은 원천징수를 하다 보니 탈세를 하고 싶어도 거의 불가능하다. 즉, 탈세 유인은 세제를 운영하는 방식의 차이이고, 자영업자의 경우는 그와 같은 유인이 훨씬 더 많을 뿐이다. 자영업자가 부도덕해서가 아니다. 따라서 이를 막기 위한 제도적 장치는 물론 세무대리인의 도덕성을 담보할 장치 또한 함께 마련해야 한다. 나아가 자영업자의 납세 협력비용에 따른 부담을 낮추기 위한 노력도 필요하다.

자영업자들의 성실신고를 유도할 장치로는 무엇이 있을까? 기장記帳 사업자에 대한 성실사업자제도나 성실신고확인제도가 있다. 일정한 규모 이상의 사업자는 종합소득세나 법인세 신고를 하기 전에 성실신고확인서를 제출하도록 강제하여 성실신고를 유도하고, 그 대신 신고 기한을 한 달 연장해준다. 봉급생활자처럼 의료비나 교육비 세액공제 인센티브도 부여한다. 제조업은 10억, 부동산 등 서비스업은 5억 이상 소득을 올리는 경우, 세무사 등 세무대리인으로 하여금 사업자의 매출 누락이나 비용 측면에서 탈세 여부를 사전에 체크하여 확인서를 대리 제출하게 한다. 세무사가 제대로 성실신고 확인을 하지 못하는 경우 세제당국은 직무를 정지시키거나 과태료를 부과한다.

2005년 도입된 현금영수증제도도 자영업자의 현금매출 탈세를 막기 위한 제도다. 자영업자가 현금매출을 탈루하면 국세청으로서는 세무조사를 하지 않는 이상 이를 잡아내기 어렵다. 따라서 현금 수입액이 많은 업종은 현금영수증을 의무적으로 발급하게 하고 소비자들의 소득공제에 반영하여 크로스체크를 할 수 있게 하였다.

2014년부터는 고소득 전문직종의 현금영수증 발급을 의무화했고 일정한 금액 이상인 경우에는 소비자의 의사와 상관없이 현금영수증을 의무적으로 발급하도록 했다. 위반하면 해당 거래 금액의 50%를 과태료로 부과한다. 이러한 현금영수증 의무발급 대상 사업자는 71만 명에 달한다.

이렇게 자영업자를 대상으로도 조밀하게 세정을 운영하자 자영업자가 불리해지는 부작용도 나타났다. 사업자-소비자 간(B2C) 거래에서 신용카드, 체크카드, 직불카드, 현금영수증 사용 비율이 89%에 달하는 등 카드 사용이 급속도로 보편화되었는데, 이러한 현상의 확산에 우리나라의 특이한 신용카드 시장구조가 영향을 미쳤다. 신용카드 회사는 소비자에게 신용카드 사용료를 부과하지 않는 대신 카드가맹점에게 수수료를 부과한다. 그 수수료가 제품과 서비스 가격 상승을 일으키는 바, 추후 소비자에게 전가되었다고 보아야 하지만, 대부분 우리나라 소비자는 2000년대 이래 외상 거래, 포인트 적립 등 신용카드사가 제공하는 당장의 혜택에 끌려 신용카드 사용량을 늘렸다.

자영업자들은 이래저래 불만이다. 신용카드 가맹점 수수료 부담은 계속 커지는데 법적으로 신용카드로 결제하는 것을 거부하거나 불리하게 대우하는 것은 금지되어 있다. 위반할 경우 1년 이하의 징역 또는 1,000만 원 이하 벌금으로 처벌받을 수 있다. 자영업자로서는 카드 수수료를 부담하게 되어 경영에 큰 부담이 되는데도 카드 수취를 거부할 수 없으니 억울한 노릇이다. 이러한 문제 때문에 세법은 일정한 소규모 개인사업자에게는 신용카드 거래액의 최대 2.6%까지 세금에서 빼주도록 하였다. 하지만 소비자의 신용카드 결제를 거부할 수 없는 자영업자로서는 여전히 불만이 많다. 카드 수수료 인하를 요구하는 영세 자영업자들의 볼멘소리가 계속되자, 정부와 카드사는 협상을 벌여 영세사업자의 카드 수수료율을 지속적으로 인하해왔다. 2017년에는 매출 3억 원 이하 영세사업자에 대하여 0.8%, 3억~5억 원까지의 영세사업자에 대해서는 1.3%까지 가맹점 수수료율을 인하하였다.

자영업자는 '봉'인가?

자영업자의 탈세 유인을 줄이기 위한 노력 등으로 자영업의 세 부담이 근로소득자 못지않게 높아졌다. 〈표 3〉에서 보듯이 실제로 근로소득자와 자영업자의 소득세 부담을 비교해보면, 모든 과세표준 구간에서 자영업자의 세 부담이 근로소득자보다 오히려 크다. 전체적으로 보면 평균적으로 자영업자의 세 부담은 근로소득자보다 약 237만 원 더 많다. 5억 원을 초과하는 소득자의 1인당 세 부담은 평균 3억 9,016만 원으로서 근로자의 3억 2,973만 원보다 약 6,043만 원이 더 많다.

즉 일반인들의 통념과 달리 자영업자의 세 부담이 훨씬 높다는 뜻이다. 근로자가 유리지갑이라면 자영업자는 진짜 '봉'인 셈이다. 자영업자의 소득 탈루를 막기 위해 자영업자에게 적용하는 세액공제나 감면제도는 제한해 적용한 반면, 자영업의 소득 노출은 신용카드 사용이나 현금영수증제도 도입, 각종 성실신고제도로 높아진 탓이다.

소득세는 소득계층 간 형평을 최우선으로 고려하되, 국민개세주의 원칙에 따라 모두가 분담하는 것이 가장 이상적이다. 우리나라의 소득세제는 누진성은 어느 정도 확보했을지라도 보편성을 확보했다고 보기는 어렵다. 게다가 소득세제가 더 기형적으로 바뀐 데에는 박근혜 정부의 잘못된 정치공약이 한몫을 했다. '증세 없는 복지'를 감추려다 중산층의 세 부담을 늘리는 실수를 했고, 이를 바로잡겠다고 중산층과 서민 봉급생활자의 세 부담을 외려 줄여버렸다. 명목세율과 실효세율의 차이를 줄여 고소득자의 세 부담을 강화하려는 목적이 더 중요했으나 반대로 '중산층 세금폭탄론'을 낳고 말았다.

소득계층 간 소득세 부담을 정상화하기 위해서는 소득공제나 세액공제를 그만큼 축소하거나 명목세율을 인상하는 방안이 필요하다. 다만 그

순서는 고소득자를 우선시하되 차후 국민적 동의에 따라 중산층도 일부 부담할 수 있게 하는 것이 바람직하다. 국민적 동의 없는 소득세 증세는 불필요한 세금폭탄론을 낳을 뿐이다.

근로소득자는 유리지갑이고 자영업자는 세 부담을 적게 한다는 일반의 인식과 달리, 자영업자의 세 부담이 상대적으로 더 높고 과세 미달자 비율도 더 낮다. 외려 근로소득자와 자영업자의 세 부담을 균형 있게 조정해야 하는 상황이다. 자영업자의 탈세는 자영업자의 윤리의식이 낮아서가 아니라 세제와 세무행정이 미비하기 때문이다. 자영업자 과표양성화는 탈세 유인을 방지하는 장치만 제대로, 촘촘하게 마련되면 충분히 달성할 수 있다.

2

법인세

**갈라진 국론과
절반의 진실**

가난한 가계, 살진 기업

2016년 10월, 대한민국은 받아들이기 힘든 진실의 폭풍과 마주쳤다. 우리가 뽑은 대통령이 국민이 아니라 권력의 이면에 숨겨진 비선秘線 실세를 위해서 존재한다는 사실 말이다. JTBC 기자들은 비선 실세의 국정 농단 현장을 뒤져 태블릿 PC를 찾아냈고, 그 안에서 최순실의 국정농단 자료가 무더기로 발견됐다. 이른바 최순실-박근혜 게이트의 시작이다.

최순실은 박근혜가 대통령에 당선되기 전부터 오랫동안 깊은 관계를 맺어왔고, 대통령이 된 뒤에는 대통령 연설에서부터 의상까지, 일거수일투족을 뒤에서 조종했다. 그리고 민원을 해결해주는 대가로 재벌대기업에 K스포츠, 미르재단 설립 비용을 요구했다. 그야말로 대통령은 허수아비에 지나지 않았다.

재벌대기업의 민원은 가지각색이었다. 경영권 3세 승계를 위한 국민연금의 기업 합병 승인 청탁, 면세점 사업의 특허권 청탁 등 다양했다. 재벌대기업이 지원한 재단 설립 비용은 자발적 기부금이 아니라 청탁의 대가인 뇌물이었다. 시민 수백만 명이 권력과 재벌의 밀착을 개탄하면서 한겨울 추위에도 거리로 나와 '대통령 탄핵'과 '재벌 총수 구속'을 외쳤다.

그 결과, 2017년 3월 박근혜 대통령은 헌정 사상 최초로 탄핵되었다. 그리고 얼마 지나지 않아 검찰에 구속되었고, 2018년 4월 1심에서 징역 24년형을 선고받았다. 대통령의 권력남용과 뇌물 수수, 권력에 밀착된 재벌 기업주들의 뇌물 공여를 보면서 우리는 다시 한번 우리 사회에 뿌리 깊게 박혀 있는 정경유착을 확인하였다. 촛불시민들은 우리 사회 곳곳의 적폐청산과 정경유착 철폐 등 새로운 사회질서 확립을 외쳤다.

세금 이야기에 앞서 정치권력과 재벌의 유착을 이야기한 이유는 무엇일까? 우리나라 법인세제 문제를 이해하려면 한국의 경제 상황을 먼저 이해해야 하기 때문이다. 21세기 대한민국의 성장통은 대부분 재벌 중심의 낡은 경제·사회구조에서 비롯되었다. IMF 외환위기 이후, 10대 재벌 대기업의 부富는 비약적으로 늘어난 반면에 경제의 한 축인 가계경제는 심각하게 무너졌다.

2001년부터 2010년까지 10년간 가계 부문 소득은 6%씩 성장한 반면, 같은 기간 기업 소득은 11.6% 성장했다. 즉 기업 부문의 성장은 가계 부문의 약 2배였다. 이러한 기업소득의 성장은 재벌대기업이 주도한 것이다. 한국신용평가정보(KIS-Value)에 따르면 2015년 말 기준으로 상위 100대 기업의 사내유보금은 611조 9,000억 원으로 늘어났으며, 이 중 상위 10대 대기업이 보유한 사내유보금은 약 350조 8,000억 원에 달한다.

반면 자영업자와 임금근로자에 대한 소득배분의 척도인 조정노동소득분배율(국민소득 대비 노동소득)은 1997년 77.8%이던 것이 2008년 금융위기 이후 70% 이하로 떨어졌고 2015년에는 66%까지 떨어졌다. 기업의 발전이 가계소득으로 연결된다는 이른바 낙수효과trickle-down effect가 작동하지 않았다는 것을 의미한다.

2017년 한국은행 가계신용조사에 따르면 가계부채는 2013년 1,000조 원 시대를 맞이했고, 2018년에는 1,500조 원을 초과하여 분기마다 30% 가까이 늘어났다. 가계부채는 2016년 말 기준 GDP 92.8% 수준인데, 이는 선진국인 미국(79.5%)이나 일본(62.5%)보다 훨씬 높다. 또한, OECD 국가별로 가처분소득 대비 가계부채 비율을 비교해보면, 2015년 기준 우리나라는 170%를 기록했는데, 이는 OECD 평균인 132.1%보다 훨씬 높은 수준이다.

결국 경제성장의 과실이 기업에서 가계로 연결되지 못한 가운데 가계소득 간 빈부격차는 더 심해졌다. 통계청이 실시한 가계동향조사에 따르면 2006년만 해도 소득을 5분위로 나누어 최하위 집단이 1이면 최상위 집단은 6.6배 정도 이익을 얻은 반면 10년이 지난 2016년, 최상위 집단은 9.3배의 이익을 얻어갔다. 세대 간 빈부격차도 심각하다. 우리나라의 2014년 기준 노인빈곤율은 무려 48.8%로 OECD 국가 중 최하위인 33위를 기록했다. 노년층 인구의 거의 절반이 노후소득의 충분한 보장 없이 은퇴한 저소득층이다.

하지만 이처럼 심각한 빈곤 및 소득양극화 문제를 개선하기 위한 노력은 미흡하였다. 빈곤의 개선 정도를 짐작해볼 수 있는 지니계수 개선율은 2007년부터 2016년까지 10년 넘게 거의 제자리다. 2017년 통계청의 가계동향조사에 따르면 시장소득 기준으로는 0.34이던 것이 0.353으로 높아져 오히려 빈부격차가 심화된 것으로 나타났으며, 가처분소득 기준으로 보아도 0.29에서 0.28까지 소폭 감소하는 데 그쳐 거의 개선되지 않았다.

즉 재벌대기업으로 경제력 집중은 더 심해진 반면 가계는 더 빈곤해졌다. 경제의 선순환 구조가 무너졌다. 가계소득이 늘어야 가정은 기업의 생산물을 소비하고, 기업은 늘어난 매출액을 바탕으로 생산과 고용을 늘려 경제가 선순환한다. 반대로 기업이 이를 주도할 수도 있다. 하지만 현재는 이도 저도 아닌 채 대기업의 고용만 줄고 있는 모습이 완연하다.

2017년 11월에 발표된 통계청의 〈2016년 기준 일자리 행정통계 결과〉를 살펴보면, 2015년 전체 일자리 2,301만 개 중 대기업은 377만 개(16.4%), 중소기업은 1,518만 개(66.6%)였다. 하지만 2016년 기준 전체 일자리 2,323만 개 중 대기업 일자리는 368만 개(15.8%), 중소기업 일자리는 1,550만 개(66.8%)로 나타났다. 나머지는 비영리법인이 404만 개로 전체의 17.4%를 차지했다. 대기업 일자리는 9만 개 줄어든 반면 중소기업 일자리는 32만 개 늘어난 것이다.

흔히 한국 경제를 지칭해 '9988'이라고 한다. 99%의 중소형기업이 88%의 고용을 책임지고 있다는 뜻이다. 이런 경제구조상 대기업만의 성장으로는 일자리가 늘어날 수 없다. 문재인 정부가 중소벤처기업부를 처음으로 정부부처로 승격한 것은 중소기업, 혁신 벤처기업의 성장을 바탕으로 경제를 성장시키고 일자리를 늘리겠다는 의지를 보여준 것이다.

법인세, 정치적 결정의 산물

한국 경제의 현실을 우선 이야기한 이유는 바로 법인세의 정치·사회적 성격 때문이다. 법인세가 미치는 정치·사회적 효과는 어느 다른 세목稅目보다 강하다.

미국의 도널드 트럼프Donald Trump 대통령은 대선 공약으로 '법인세 인하'를 내세웠다. 2016년 기준 미국의 법인세 최고세율은 35%, 지방세를 포함하면 38.9%로 전 세계 평균 이상으로 높았다. 하지만 트럼프 대통령은 이를 무려 20%p나 낮춰 15%로 만들어 국외로 빠져나간 미국 기업을 자국으로 유턴시켜 미국 내수 경기를 활성화하겠다고 주장하였다. 미국의 러스트 벨트rust-belt 지역인 디트로이트, 피츠버그 등의 지지를 의식한 탓이다. 그리고 극적으로 대통령에 당선된 그는 공약처럼 녹슨 산업에 다시 기름을 쳐줄 기업을 유치하기 위하여 법인세율을 인하하였다. 결국 감세법안은 미 상·하원을 통과했고, 미국의 법인세율은 21%까지 낮아졌다. 최근엔 철강·자동차 산업 분야에 추가 관세까지 부과하여 대한민국을 비롯한 동맹국마저 당혹스러운 상황이다. 심지어 중·미 무역전쟁, 나아가 전 세계 무역전쟁이 우려되기도 한다.

반면 대한민국의 상황은 사뭇 다르다. 촛불혁명으로 당선된 문재인 대통령은 '소득 주도 성장'을 기치로 내걸고 과거 보수정권이 주창한 낙수효과 대신 분수효과, 즉 중산층·서민의 가처분소득을 늘려 내수경기를 활성화하겠다는 야심찬 계획을 발표했다. 이러한 목표를 달성하기 위해선 최저임금 인상 등과 함께 기초연금, 아동수당, 근로장려금 등 공적 이전소득을 늘릴 수밖에 없다. 모두 예산이 많이 드는 일이니 정부재정 확충은 필수불가결하다. 이를 위해 정부는 우선 법인세 과세표준 3,000억 원을 초과하는 초고소득 법인에 대한 3%p(22%→25%) 법인세율 인상을 선택하였다. 이 초고소득 기업에는 60여 개 대기업군, 즉 대부분의 재벌대기업이 포함됐다.

과거 '비즈니스 프렌들리Business Friendly'를 기치로 내건 이명박 정부는 2008년 금융위기 이후 경기 활성화를 위하여 법인세율을 3%p 인하하였다. 법인세 최고세율을 25%에서 22%로 낮추고, 과세표준 2억 원 이하 기업에 대한 세율은 13%에서 11%로 낮춘 뒤 다시 추가로 10%까지 낮췄다. 이렇듯 법인세는 경기 활성화 및 조절 수단으로 사용되기도 하고, 기업을 제재하거나 지원하는 효과가 있어서 정치적 선전에 활용하기에도 좋다.

수익의 잣대, 법인세

법인세는 문자 그대로 법인의 소득에 매기는 세금이다. 그렇다면 상법상 회사인 법인은 무엇을 위하여 설립되는가? 당연히 영리행위를 위해서 존재한다. 물론 공익 목적으로 설립된 비영리법인도 있지만 이들 공익법인의 경우 수익사업을 하지 않는 한 법인세를 거의 납부하지 않는다. 따라서 법인세를 내는 것은 주로 주식회사, '영리법인'이다.

주식회사는 법적으로는 개인과 회사의 책임을 분리한, 인류 역사상 위대한 제도 중 하나이다. 혹자는 주식회사의 기원을 로마시대에서 찾기도 하지만 최초의 근대적 의미의 주식회사는 1600년 설립된 동인도회사로 볼 수 있다. 몇몇 개인의 출자만으로는 대규모 자본 조달이 불가능하므로 다수로부터 출자를 받기 위해 개인과 분리된 별개의 '인격체'가 필요했다. 경제적 이익행위를 추구할 수 있는 권리와 의무의 주체로 '법인'의 개념을 만든 것이다. 법인이 계속 유지된다면 증자增資해서 사업을 확대하며, 사채社債를 발행해 개인이나 다른 법인으로부터 자본을 조달할 수도 있다.

개인은 사업의 위험을 분산할 수 있고, 법인과는 독립된 주주가 되어 한정된 책임만을 부담하는 장점이 있다. 개인은 법인의 수익이 발생할 때 투자금을 배당받는다. 이 때문에 법인은 돈을 벌었다고 해서 개인이 자기 호주머니에 있는 돈을 빼쓰듯이 쓸 수 없다. 법인 수입에서 지출을 뺀 만큼만 가져갈 수 있다.

과세당국이 법인의 수익에 관심을 갖는 것은 당연하다. 수익을 발생시키려면 자본을 투하하고 인건비, 임대료, 자재비를 투여해야 한다. 그러나 법인의 모든 지출을 영리행위를 위해 사용한 것이라고 단정할 수 있을까? ① 예를 들어 임직원 인건비 중 복리후생비 같은 항목은 영리행위와 직접적 연관성은 없지만 비용으로 처리한다. ② 법인이 기부행위를 한다면? 이 경우는 지출행위는 있었지만 영리행위와는 무관하다. 하지만 사회적으로 긍정적 효과가 있다고 보아 손금으로 인정해준다. ③ 법인이 벌과금이나 과태료를 물었다면? 이로써 분명히 법인의 자산은 줄어들었지만 사회정책상 손금으로 인정하지 않는다. ④ 법인이 특수관계인으로부터 다른 회사의 주식을 시가보다 싸게 사들였다면 익금으로 보아 과세소득에 포함한다.

이렇듯 기업회계상으로는 수익이지만 세무회계상 익금에서 제외하거나 명백한 비용이지만 세무회계상 손금으로 인정하지 않는 경우도 많다. 또한, 법인세법은 법인의 수익을 '익금'이라 하고 지출은 '손금'이라 하여 회계용어와는 다른 표현을 사용한다. 어쨌든, 법인세의 기본 틀은 세법상 익금에서 손금을 제하여 과세소득을 계산한다는 것만 염두에 두고 넘어가자.

법인세

(익금 − 손금) × 법인세율

접대비는 법인세에 해당할까?

어느 나라의 기업이든지 기업의 매출을 늘리기 위한 중요하고 일상적인 업무활동 중 거래처나 정부기관을 상대로 한 접대가 있다. 접대 업무에 사용하는 비용이 바로 접대비이며, 너무 높을 경우 문제가 된다. 고객을 접대하여 기분 좋게 해주는 것은 매출에 꼭 필요한 일이지만, 이를 무제한 허용하게 되면 기업의 기득권을 굳히기 위한 '지대추구rent-seeking'적 행위에 사용하게 되어 사회경제에 부정적 영향을 미친다. 따라서 어느 나라든지 이를 통제하기 위해 지출한 접대비의 일정 부분만 손금에 산입해주거나 접대받는 상대방의 증빙 내역을 첨부해야 인정해주는 경우가 많다. 미국은 특히 지출액이 75달러 이상이면 지출액, 일자, 장소, 상대방 정보 등의 증빙을 엄격하게 보관하게 한다. 독일이나 캐나다도 비슷하다.

2015년 우리나라 기업들이 사용한 총접대비는 9조 9,600원으로서 매년 평균 6%가량 늘어나고 있는 추세다. 11만 개 대기업이 사용한 접대비는 4조 1,600억 원, 48만 개 중소기업은 5조 8,000억 원을 사용했다. 총액으로만 보면 중소기업이 더 많이 사용한 것처럼 보이지만, 기업 1개당 사용한 접대비는 대기업이 훨씬 더 많다.

우리나라도 마찬가지로 기업의 접대비에 한도를 두고 손비 인정 범위를 정한다. 기업의 매출액(수입금액)에 따라 약 0.03~0.2%만 접대비로 인정된다. 100억 원 이하는 0.2%, 100억~500억 원 이하는 0.1%, 500억 원 초과는 0.03%만 인정한다. 2004년 노무현 정부에서 최초로 '접대비 실명제'를 도입하여 접대비 지출 내역을 기록하고 보관하게 하였지만 이는 2009년 1월 이명박 정부의 '비즈니스 프렌들리' 정책으로 폐지되었다.

법인세, 인상이냐 인하냐?

법인세 인상을 둘러싼 최근 몇 년 사이의 논쟁에 대해서 살펴보자. 현재 여당인 더불어민주당은 2012년 국회의원 총선부터 법인세 인상을 지속적으로 주장해왔다. 대략의 논지는 이러하다.

이명박 정부 이후 '낙수효과'는 관찰되지 않았다. 이명박 전 대통령은 경제를 활성화하기 위해 건국 이래 최대 감세를 단행했지만 5년간 약 63조 원의 세수 손실만 낳았을 뿐 경제를 살리지 못했다. 국가부채만 늘어났고, 대기업은 고용과 투자를 모두 하지 않았다.

이명박-박근혜 정부 보수정권 동안 계속되고 있는 부자감세를 철회하고, 이제라도 재벌 등 대기업 법인세를 2008년 이전으로 다시 정상화해야 한다. 현재 과세표준 200억을 초과하는 법인의 최고세율 22%를 25%로 환원하면 매년 3조 원 넘는 세수를 다시 확보할 수 있다.

이에 대해서 자유한국당의 전신인 새누리당은 지금까지 다음과 같은 주장을 펼치고 있다.

만일 이명박 정부 시기에 감세를 하지 않았더라면 2008년 이후 금융위기를 빨리 극복하지 못했을 것이다. 감세를 통해 기업의 투자가 촉진됐고, 대부분의 국가가 2009년 마이너스 성장세를 보일 때에도 대한민국은 0.7%의 실질 GDP 경제성장률을 기록했다.

법인세는 전 세계적으로 인하 추세인데, 이런 흐름에 역행한다면 국가경쟁력이 떨어질 수 있다. 만일 이런 흐름에 동떨어져 법인세를 인상하게 된다면 국제정세와 동떨어진 특정 지역에만 있는 이른바 '갈라파고스 규제'를 하는 셈이다. 정부가 법인세를 인상하면 기업은 투자를 꺼리게 되고, 기업이 투자를 꺼리면 고용도 줄어들게 된다. 최고 법인세율을 인상하면 OECD 평균을 넘게되고, 국제 간 조세경쟁에서도 열등한 지위에 놓이게 된다.

상반되는 양쪽의 주장 중 어느 것이 사실인가? 우선 전 세계적으로 법인세율이 인하되는 추세라는 자유한국당의 주장이 전혀 틀린 이야기는 아니다. OECD 통계에 따르면 OECD 국가의 1985년 평균 법인세율은 42.7% 수준이었으나 2016년 평균은 24.8%까지 내려갔다. 또 21개 국가가 법인세율을 인하한 반면 인상하거나 유지하고 있는 나라는 14개 정도다. 수치로만 보면 법인세율을 인하한 국가가 더 많긴 하다.

<표 4> 최근 10년간 제조업/비제조업 유형자산 증가율(2005~2014)[1][2]

(단위: %)

		2005	2006	2007	2008	2009	2010	2011	2012	2013	2014
제조업	전체	-	-	4.89	15.47	8.04	11.22	9.80	6.39	4.75	3.24
	대기업	-	-	3.63	13.86	6.57	11.65	9.45	5.32	3.09	1.21
	중소기업	-	-	7.85	18.26	10.65	10.19	10.66	9.40	9.33	8.58
비제조업	전체	-	-	4.87	13.29	9.19	7.58	8.60	6.50	6.22	4.90
	대기업	-	-	4.16	13.61	8.30	7.00	8.95	5.93	5.66	3.97
	중소기업	-	-	6.70	12.57	11.07	10.46	7.09	9.14	8.78	9.20

주: 1) 2007년부터 제조업·비제조업 및 대기업·중소기업을 구분.
　　2) 2009년 이전은 표본조사 추정치, 2010년 이후는 전수조사 집계치.
출처: 한국은행 기업경영분석.

하지만 수치상으로 볼 때, 이명박 정부에서 단행한 법인세 인하의 경제적 효과는 그리 크지 않았던 것으로 나타난다. 2014년 오제세 의원의 요청으로 국회예산정책처가 분석한 〈MB정부 감세에 따른 세수효과 및 귀착효과〉에 따르면 법인세 감세효과는 37.2조 원 중 27.8조 원이 대기업·중견기업에 돌아갔고, 중소기업에는 9.4조 원이 돌아갔다. 그렇다면 대기업은 감세 규모에 상응하는 만큼의 투자나 고용을 중소기업보다 많이 했을까? 반대 결과들이 더 눈에 띈다.

기업의 투자를 가늠할 수 있는 설비투자지표에서 중소기업은 대기업보다 앞선다. 〈표 4〉의 2016년 한국은행 기업경영분석에 따르면, 대기업의 설비 투자지표는 지속적으로 하락하고 있으며 대기업 유형자산 증가율은 2008년 제조업은 13.8%, 비제조업은 13.6%에서 2014년 각각 1.2%, 4%로 감소하였다. 중소기업 유형자산 증가율 역시 감소했으나 대기업보다는 여전히 높은 투자증가율을 보였다. 2008년 제조업은 18.3%, 비제조업은 13.6%였던 것이 2016년 각각 8.6%, 9.2%로 감소했다.

고용 역시 마찬가지다. 중소기업중앙회의 2016년 중소기업위상지표에 따르면 전 산업 종사자 수는 2009년 1,339만 8,000여 명에서 2014년 1,596만 3,000여 명으로 256만 4,000여 명 증가(19.1%)했다. 이 중 중소기업 고용증가 인원은 227만 7,000명(19.4%)으로 5년간 고용증가분의 88.8%를 기여한 반면, 대기업 고용인원은 17.5% 증가한 28만 8,000명으로 고용증가에 11.2% 기여했다.

여러 자료에 비추어 이명박 정부의 최고 법인세율 인하는 대기업의 투자나 고용촉진에 유의미한 효과를 주지 못했음을 알 수 있다. 오히려 자동화설비의 확대로 인한 단순 기능·사무직 감소의 영향, 글로벌 경기회복 불확실성, 정부규제 등의 요인이 복합적으로 투자나 고용에 더 큰 영향을 주고 있다고 보는 것이 일반적이다.

반대로 법인세율 인하로 명확하게 늘어난 것은 따로 있다. 바로 대기업의 사내유보금이다. 코스피, 코스닥 등 상장기업의 사내유보금은 2011년 636조 1,000억 원이었던 것이 2016년에는 876조 원으로 매년 5~8%p의 비율로 증가했다. 한국신용평가정보에 따르면 같은 기간 자산총액 상위 100대 기업의 사내유보금은 455조 9,000억 원에서 627조 3,000억 원으로 매년 7~8%p대의 성장을 기록했다. 그러므로 법인세 감세효과는

(단위. 조 원, %)

구분		2011	2012	2013	2014	2015	2016
상장기업	사내유보금 (증가율)	636.1	679.5 (6.8)	723.8 (6.5)	770.6 (6.5)	835.8 (8.5)	876.0 (4.8)
상위 100대 기업	사내유보금 (증가율)	455.9	487.5 (6.9)	526.6 (8.0)	557.7 (5.9)	604.0 (8.3)	627.3 (3.9)

출처: 한국신용평가정보.

대기업들의 유보금 등 특정 기업군의 자금 여력만 높여주었고 감세로 인한 낙수효과는 매우 낮았다고 보아야 한다.

또한 법인세율 인상이 기업경쟁력을 약화시킨다는 주장은 성급한 일반화의 오류로 보인다. 세계경제포럼WEF에서 매년 조사하는 국가경쟁력에서 우리는 137개국 중 26위를 기록했다. 우리나라 경제 규모에 비해 국가경쟁력 순위가 상대적으로 떨어지는 이유는 노동, 금융 부문의 후진성과 국가신뢰성지표, 이른바 사법 중립성과 관료의 청렴성이 낮기 때문이다. 우리보다 국가경쟁력 순위가 높은 독일(5위)의 지방세를 포함한 법인세율은 30.2% 수준으로 우리보다 훨씬 높고, 일본(9위)의 법인세율 역시 30% 수준이다. 한 나라의 경쟁력은 그 나라의 총체적인 사회지표가 얼마나 선진화되어 있는지와 정부정책에 대한 기업의 신뢰도에 달려 있는 것이지 법인세율 하나만으로 결정되지 않는다.

양날의 검, 비과세·감면 조세특례

우리나라 법인세율이 적정한지를 살펴보기 위해서는 먼저 우리나라 대기업이 납부하는 법인세의 규모가 얼마나 되는지 알아야 한다. 2016년 결산 기준으로 총국세는 242조 6,000억 원 걷혔는데, 이 중 법인세는 52조 1,000억 원으로 국세 대비 비중은 약 21.5%에 달한다. 이는 법인세가 우리나라 조세 중 매우 중요한 위치를 차지하는 이른바 기간세목基幹稅目임을 알 수 있다.

2017년 국세청《국세통계연보》를 보면 2016년 기준으로 12만 7,000개 대기업, 51만 8,000개 중소기업이 법인세를 신고했다. 대기업과 중소기업 중 누가 더 세금을 많이 낼까? 당연히 이익이 집중된 대기업의 법인세 납세 규모가 더 크다. 2015년 신고소득 기준 대기업은 약 35조 원으로 전체 법인 세수의 약 80%, 중소기업은 약 9조 원으로 약 20%를 납부했다. 이 중 재벌기업은 약 17조 원을 납부하여 전체 법인세의 약 40%를 차지하였다.

그러므로 법인세 세수만 놓고 보면 대기업이 중소기업보다 4배가량 많은 법인세를 납부한다. 번 돈이 많으니 당연한 일이다. 같은 해 법인세 과세표준이 대기업은 약 194조 원인 반면 중소기업은 70조 원에 불과하였다. 그런데 실제 납부한 세액을 과세표준으로 나누어 산출되는 실효세율〈표 6〉을 비교해보면, 일반기업은 18% 수준인 반면, 재벌기업은 17.1% 수준으로 재벌기업의 실효세율이 일반기업의 실효세율보다 더 낮은 결과가 나타난다. 이런 결과는 대기업에 적용되는 각종 비과세·감면

<표 6> 기업 규모별 법인세 과세 현황

(단위: 만 개, 조 원, %)

| 구분 | 전체 | 일반기업 | | | 중소기업 |
		중견	상호출자	기타	
신고 법인 수	64.5	12.7	0.3	0.2	12.3	51.8
흑자 법인 수	42.1	7.7	0.2	0.1	7.4	34.4
과세표준	264.1	193.8	17.0	100.0	76.9	70.2
산출세액	52.6	41.1	3.5	21.8	15.8	11.5
공제·감면액	8.8	6.2	0.5	4.7	1.0	2.6
총부담세액	43.9	35.0	3.0	17.1	14.9	9.0
실효세율	16.6	18.0	17.5	17.1	19.3	12.8

주: 실효세율(%)=(총부담세액/과세표준)×100.

출처: 국세청의 2017 «국세통계연보» 자료로 국회예산정책처 가공.

제도 때문에 발생한다.

정부는 기업들의 영리활동을 장려한다. 기업이 잘되어 고용이 창출되고 세수가 증가하는 것은 국민경제 전체를 관장하는 정부로서도 좋은 일이기 때문이다. 이를 위해 정부는 기업들에게 여러 가지 인센티브를 준다. 제일 좋은 것은 사업을 할 수 있도록 허가해주는 것이다. 예를 들어 이동통신사업의 경우 정부가 주파수를 할당해주지 않으면 사업을 할 수 없다. 정부는 사업을 허가해주고 기업으로부터 주파수 할당 대가를 받는다. 또 면세점사업의 경우 정부가 보세판매장(면세점) 특허권을 기업에 할

당해줘야만 사업이 가능하다.

다른 하나는 기업들로부터 거둬야 할 세금을 특정한 목적을 위해 거둬들이지 않는 것이다. 그 대신 투자를 얼마만큼 하면 그 금액의 몇 %를 세금에서 깎아준다거나, 투자하면 금액과 상관없이 세금을 20% 깎아준다는 조건을 붙인다. 전자를 세액공제라 하고, 후자를 세액감면이라 한다.

기업들은 벌어들인 수익을 가지고 여러 가지 판단을 한다. 고용을 늘릴지, 신규사업에 투자할지 아니면 생산성을 향상하기 위해 설비를 바꿔볼지, 기업의 향후 미래가치를 높이기 위해 연구개발비를 더 쓸지 궁리한다. 기업은 돈을 더 많이 벌기 위해 새로운 투자나 고용을 하며, 정부는 이를 장려한다. 따라서 정부는 소득공제, 세액공제 등 각종 비과세감면제도, 이른바 조세지출제도를 활용하여 기업들의 여러 경제적 행위를 유도한다.

대표적인 조세지출제도로는 고용창출투자세액공제제도가 있다. 기업들이 투자를 확대하는 가운데 고용을 유지하거나 늘릴 경우 투자금액의 0~3%, 고용을 늘리면 최대 9%까지 세제혜택을 준다. 청년실업률이 심각해지다 보니 청년고용증대세제도 등장했다. 기업이 청년 정규직 근로자를 고용하면 고용인원 1인당 300만~1,000만 원의 세금을 깎아주는 것이다. 또 오래전에 도입되어 지금껏 유지해온 비과세·감면제도로 '연구인력개발비세액공제'가 있다. 기업의 연간 연구개발비 지출액에 대하여 전년 대비 투자가 증가할 경우 최대 25%까지 세금을 깎아준다.

이렇게 정부는 다양한 정책목적을 달성하기 위해 법인세뿐만 아니라 소득세, 부가가치세 등 각종 세목에서 비과세, 세액공제, 감면 등의 제도를 운영한다. 이를 통칭해 조세특례 또는 비과세·감면제도라 하는데, 기획재정부의 2017년 조세지출예산서에 따르면 2016년 조세특례 규모는 약 37조 4,000억 원으로 GDP의 2.3%에 달한다. 경제가 성장함에 따라 세입 규모도 늘어나지만 조세감면액 또한 적지 않게 늘고 있는 것이다. 2000년 초반만 해도 국세 감면액은 총수입액 92조 9,000억 원 중 약 13조 3,000억 원에 불과했지만 15년 동안 거의 3배 가까이 늘어난 셈이다.

비과세·감면제도가 지속적으로 확대된다면 정부로서는 그만큼 조세수입이 줄어든다. 더구나 비과세·감면에 익숙해진 기업이나 단체들은 이를 계속 유지하고 싶어 하고, 영향력을 동원해 국회와 정부를 압박한다. 당초 정책목적을 달성했어도, 복잡한 이해관계 속에 계속해서 비과세·감면혜택이 연장되는 경우가 부지기수다. 신용카드 소득공제 하나만 해도 그렇다. 대학생까지 신용카드를 사용하는 시대여서 존치 필요성이 낮은 데도 제도를 폐지하기 쉬운가? 이를 방지하기 위해서 정부는 조세감면율 법정한도제도를 두고 있다. 국가재정법 제88조에 따라 최근 3년간의 평균 국세 감면율[국세감면액/(국세수입액+국세감면액)×100%]보다 0.5%p 이상 높일 수 없다.

또 다른 하나는 일몰제도sunset clause와 조세특례평가제도이다. 일몰제도는 3~5년 정도 시한을 두어 이를 넘기면 자동으로 제도가 폐지되게 한 조치다. 해가 뜨면 반드시 지듯이 말이다. 조세특례평가제도는 현재 시행되고 있는 다양한 조세특례제도의 3분의 1을 매년 외부 전문기관인 한국조세재정연구원에 의뢰해 성과를 평가하고, 그 결과를 세법개정안에 반영하는 제도다. 국세감면액이 300억 원이 넘는 조세특례는 제도 도입 전에 조세특례 예비타당성 평가를 통해 사전평가하고 일몰이 도래하는 300억 이상의 조세지출제도는 심층평가를 거쳐 제도의 폐지 여부를 다시 판단하도록 하는 등 과도한 조세감면을 제한하고 있다.

재벌대기업이 전체 대기업보다 내는 세금이 적다고?

요컨대 이익이 더 많은 재벌대기업이 전체 대기업보다 평균적으로 세금을 더 적게 내는 이유는 무엇일까? 바로 비과세·감면 때문이다. 대기업은 중소기업보다 투자 규모도 크고 범위도 넓다. 연구개발 인력 규모도 훨씬 크고 단위당 고용 규모도 중소기업보다 훨씬 크다. 매년 삼성전자나 현대자동차에 입사하기 위해서 원서를 내는 대학생만 수십만 명이다. 신산업에 대한 투자도 대기업이 훨씬 앞서간다.

상황이 이렇다 보니 대기업의 공제·감면 규모도 클 수밖에 없다. 법인세 공제·감면의 전체 규모는 2015년 기준 약 8조 8,000억 원으로, 이 중 대기업의 공제·감면액은 약 6조 2,000억 원이다. 이 중 재벌기업이 약 4조 7,000억 원을 공제·감면받아 전체 공제·감면의 약 50%를 차지한다. 중소기업은 약 2조 6,000억 원으로, 대기업이 20개면 중소기업이 80개 비율이니, 대기업 1개당 받아가는 조세감면액은 중소기업 1개의 조세감면액에 비해 훨씬 많다.

물론 규모가 더 큰 대기업이 받는 조세감면의 규모도 큰 것이 당연하지 않느냐고 반문할 수 있다. 하지만 조세감면은 기업 규모에 따라 좌우

되는 것이 아니라 조세감면이 달성하고자 하는 정책목표에 따라 그 크기가 달라져야 하기 때문에 이런 주장은 옳지 않다. 또한 기업의 산출세액과 실제 납부세액의 차이가 크면 조세형평성 문제가 발생한다. 이런 점에서 재벌기업의 실효세율이 전체 대기업의 평균보다 낮다는 사실은 비과세·감면제도가 재벌대기업에 집중되어 있고, 이것이 조세형평에 반함과 동시에 사회 전체적으로도 자원이 비효율적으로 배분되고 있음을 뜻한다.

또한 대기업을 과세표준 구간별로 살펴볼 때, 과세표준이 높은 대기업의 실효세율이 낮은 것도 문제다. 과세표준 5,000억 원을 초과하는 기업의 공제·감면액은 약 4조 2,000억 원, 실효세율은 17.2%인 데 비해 과세표준 1,000억~5,000억 원 이하 기업은 공제·감면액 1조 원에 실효세율은 19.5%에 달한다. 과세표준 5,000억 원 초과 기업이 그 이하에 있는 기업들보다 비과세·감면혜택을 많이 받고 있는 셈이다. 5,000억 원 초과 기업이 약 49개, 1,000억~5,000억 원에 해당하는 기업이 193개라는 점을 감안할 때 5,000억 원 넘게 버는 기업이 오히려 단위당 세금을 덜 내는 '역전 현상'이 관찰된다(〈표7〉).

상황이 이렇다 보니 비과세·감면 축소는 최근 들어 중대한 조세개혁 과제가 되었다. 박근혜 전 대통령의 경우 대선공약으로 비과세·감면 축소로 얻은 추가 세입을 공약 이행을 위한 재원에 활용하겠다고 공언했다. 그 결과 기획재정부의 〈2012~2017 조세 지출 예산서〉를 보면 2011년 말 약 9조 2,000억 원에 달한 법인세 비과세·감면액은 2016년 6조 6,000억 원까지 줄어들었고, 법인세 감면율도 2011년 약 17%에서 2016

〈표 7〉 과세표준별 법인세 납부 현황

(단위:개, 조 원, %)

구분	전체	과세표준 2억 원 이하	200억 원 이하	1,000억 원 이하	1,000억 ~5,000억 원	5,000억 원 초과
신고 법인 수	645,000	563,000	81,000	891	198	49
흑자 법인 수	42.1	341,000	79,000	869	193	48
과세표준	264.1	14.2	85.8	36.6	40.7	86.7
산출세액	52.6	1.5	15.5	7.7	8.9	19.1
공제·감면액	8.8	0.3	2.6	0.8	1.0	4.2
총부담세액	43.9	1.3	12.9	6.9	18.0	34.0
실효세율	16.6	8.9	15.0	18.9	19.5	**17.2**

출처: 국세청 2017 《국세통계연보》 자료로 국회예산정책처가 가공.

년 약 11.2%까지 줄어들었다.

　재벌대기업들로서는 볼멘소리가 나올 수밖에 없을 것이다. 이명박 정부에서 법인세율 인하 등을 통해 세금을 깎아주다가 정부가 바뀌자 비과세·감면을 축소해 다시 법인세를 올리니 재벌들로서는 "비즈니스 언프렌들리Business Unfriendly"라고 외칠 수밖에 없다. 대표적인 세액공제 중 하나인 고용창출투자세액공제는 그 감면액이 2011년 기준 2조 6,700억 원이었으나, 2016년 8,370억 원까지 감소되었다. 이 중 과세표준 5,000억 원을 초과하는 기업의 감면액도 1조 7,000억 원에서 같은 기간 1,100억까지 축소되었다.

비과세·감면 축소와 성실신고지원제도, 상상 이상의 세수효과 낳아

비과세·감면 축소는 세수에도 영향을 미쳤다. 2015년에서 2016년 사이 법인세수가 큰 폭으로 증가하였는데, 45조 원 걷히던 법인세가 52.1조 원까지 걷혔다. 세제당국 역시 2012~2015년 사이 세수 결손으로 골머리를 앓다가, 2016년 법인세수가 7조 원 이상 더 걷히니 만세를 부를 지경이었다. 2016년 국정감사 회의록을 보면 그 원인으로 비과세·감면의 축소가 꼽혔고, 다른 하나로는 기업의 사전성실신고지원제가 꼽혔다.

국세청은 지난 수년간의 세금 납부 결과를 바탕으로 기업들이 세금 납부 시 실수하기 쉬운 몇 가지 항목에 대한 체크리스트를 작성하여 보냈다. 예를 들어 A법인 대표자의 신용카드 사용액이 다른 동종업계의 법인 대표 신용카드 사용액보다 월등히 높을 경우, 사적으로 사용한 것인지를 체크하여 해당 사용액은 손금에 산입되지 않는다고 주의를 주었다. 그리고 이를 본 기업들이 알아서 성실히 세금을 신고했다고 한다. 법인세뿐만 아니라 소득세, 부가가치세에 대해서도 체크리스트를 만들었는데, 이것이 세수 증대에 큰 영향을 미쳤다는 국세청 자체 분석이 있다.

사전성실신고지원안내서를 받은 기업이 오류를 시정하지 않고 과거와 동일하게 소득을 신고한다면 세무조사의 위험에 처하게 될 것이다. 성실하게 스스로 검증해서 세금 탈루 없이 신고한다면 국세청으로서는 그만큼의 징세비용을 줄이는 셈이고, 기업으로서는 성실신고를 통해 세무조사 위험부담을 줄이는 셈이다. 기업의 전략과 국세청의 전략이 일치하는 것이다.

이와 같이 빅데이터 기술의 발전은 세수에도 영향을 미친다. 대한민국의 기업회계 기술 프로그래밍은 세계적으로도 높은 수준이다. 대기업들은 전사적 기업자원관리 ERP(Enterprise Resources Planning)를 쓰고, 중소기업과 자영업자는 회계법인이나 세무사들이 쓰는 기업회계세무프로그램인 '더존'을 대표적으로 사용하며 기업의 회계·재무·세무를 관리한다. 이런 기술적 기반하에 국세청의 징수기술도 고도화되고 있다. 사람에게만 성실신고를 의존할 수는 없다. 세금은 "고통 없이 거위 깃털을 뽑는 것이다"라는 콜베르의 명언은 이처럼 오늘날 과세기술에 적용되고 있다.

법인세제로 투자와 고용을 늘린다?

　기업은 투자나 고용을 늘리거나 사업 영역을 확장해 매출과 이익을 증대하기를 원한다. 정부 역시 기업들이 투자를 통해 고용을 늘리고 일자리를 만들어주기를 원한다. 그러나 기업은 불확실한 경영환경에 대비하기 위해 사내유보금을 늘리기도 한다. 기업이 글로벌화될수록 여러 가지 불확실한 상황과 직면하게 되는데 이때 기업에 가장 중요한 것은 투자 결정까지 자기 자본을 축적하는 일이다. 이러한 기업의 전략이 반드시 정부의 정책목적과 일치할 수는 없는 노릇이다. 하지만 기업이 고용과 투자를 늘리지 않는 경우, 정부는 기업들로 하여금 투자와 고용을 직간접으로 강제 내지는 유도하지 않을 수 없다.

　박근혜 정부도 이와 같은 고민을 하지 않은 것은 아니다. 대기업의 고용과 투자가 줄어들고 있다는 문제점을 간파하고 당시 최경환 부총리 취임 이후 2014년 기업소득환류세제, 근로소득증대세제, 배당소득증대세제라는 이른바 '국민소득 증대 3대 패키지'를 발표했다.

　기업소득환류세제는 재벌기업들이나 자기 자본 500억을 초과하는 기업이 벌어들인 소득을 근로자의 임금이나 투자·배당 등에 할당하지 않고 사내유보금으로 쌓아놓으면 그 소득에 10%의 세금을 부과하는 것이다.

　배당소득증대세제는 2,000만 원 미만의 배당소득에 14% 과세하던 것을 원천징수세율을 9%로, 2,000만 원 이상의 배당소득을 올린 종합과세 대상자의 경우는 5%(2,000만 원 한도)까지 세액공제를 해주는 제도다. 기업이 배당을 늘리면 이를 받아가는 가계 역시 소득이 늘어나지 않겠냐는

기업소득환류세제

ⓐ [기업소득 × 80% − (투자+임금증가+배당액)] × 10%

ⓑ [기업소득 × 30% − (임금증가+배당액)] × 10%

   1) ⓐ, ⓑ 방식 둘 중에 선택 가능

   2) 임금:투자:배당 = 1:1:1 ⇒(2016년 개정) 1:0.5:1.5로 변경

것이다. 하지만 종합과세 대상자에게까지 세액공제 혜택을 준다는 것은 세 부담 형평에 맞지 않는 조치였다.

마지막으로 근로소득증대세제는 직전 3년 임금증가율의 평균을 초과하여 근로자 임금을 인상하면 그 초과 증가분에 대해서 10%의 세액공제 혜택을 부여한 것이다.

정부의 이러한 조치 속에서 대기업들은 주로 투자나 배당에 집중했다. 총환류금액 139조 5,000억 원 중 투자에 지출된 금액은 약 100조 8,000억 원, 배당에 지출된 금액은 약 33조 8,000억 원이었고 근로자 임금 증가를 위해 투입된 금액은 4조 8,000억 원이었다.

이 제도를 시행한 결과 유보자금은 대부분 투자나 배당으로 빠져나갔으며 임금의 상승 조정은 거의 이루어지지 않았다는 사실을 알 수 있다. 기업소득환류세제가 정부 의도대로 흘러가 투자나 배당을 촉진하였다고도 볼 수 있으나, 투자 범위를 업무용 건물의 신·증축 건설비나 토지까지 폭넓게 인정함에 따라 면죄부를 주었다는 비판과 배당 역시 외국인 투자 비율이 높은 대한민국의 성격상 국부 유출 논란이 있었다. 국회를 비롯한 학계에서 이런 여러 문제점이 지적되자, 설계할 당시 투자:배당:임금 비율을 1:1:1로 설정한 것을 2016년엔 다시 1:0.5:1.5로 조정하였다.

법인세, 인상해야 하나? 인하해야 하나?

이토록 말 많은 법인세를 앞으로 어떻게 해야 할까? 기업들이 부담하는 법인세를 줄여주는 것이 좋은가, 아니면 반대로 기업들의 부담을 늘리는 대신 사회 공익적 재원을 확충하는 것이 좋은가?

요컨대, 적정한 법인세율을 선택하기 위한 세율 인상 및 인하는 결국 국민의 선택일 수밖에 없다. 국민을 위한 복지비용을 충당하기 위해 정부는 국민들에게서 세금을 더 거두어 배분할 수밖에 없다. 북유럽 국가의 경우처럼 말이다. 그러나 대한민국의 현주소는 사회연대와 사민주의를 기반으로 한 북유럽 국가와 동일하지 않다. 이런 상황에서 정부의 재정수입을 확대하기 위한 수단은 상당히 제한적이다. 사회연대세, 사회복지세 등 유럽 국가에서 볼 수 있는 별도 세목 신설은 엄두도 못 낸다. 결국 소득세, 법인세, 부가가치세 등 기간 세목에서 세원을 확충할 수 밖에 없다.

소득세의 경우 고소득자에 대한 소득세율을 올리는 것 외에 보편적인 소득세율 인상은 실현하기 쉽지 않다. 국민의 세금에 대한 인식수준, 소득수준 등 모든 점을 고려해야 한다. 부가가치세를 인상하기는 더더욱 어렵다. 부가세는 물가와 직접적으로 연관되어 있어 국민들의 불만으로 연결되기 십상이다. 특정한 위기 상황에서 범국민적 결단 없이는 실행하기 힘들다. 2011년 일본 민주당 정권은 소비세를 5%에서 8%로 올렸다가 결국 국민들의 불만으로 정권이 붕괴됐다. 현 아베 정부가 저출산 해소 등 당면 과제를 해결하기 위해 소비세를 8%에서 10%로 올리려 하지만 반발이 만만치 않다.

이런 점들을 고려할 때, 공약을 이행하기 위한 재원을 조달하려는 큰 폭의 증세는 결국 법인세율 인상으로만 가능한 형편이다. 최근 세수 호조로 법인세 인상이 필요 없다는 주장도 있지만 이러한 상황이 언제까지 지속될지는 알 수 없다. 결국 조세부담률을 어떻게 조정하여 재정을 강화할지는 정치적 타협이 필요한 문제이며 인상이나 인하 어느 하나가 결코 절대선絶對善은 아니다.

1960년대 이후 우리나라의 경제성장 과정을 한마디로 표현하면 '압축적 경제성장'이다. 재벌 위주의 경제성장을 통해 국민들이 낙수효과를 누리는 모델이었다. 1997년까지는 적어도 이러한 낙수효과가 어느 정도 나타났지만 1997년 IMF 외환위기 이후부터 지금까지 국민들은 그야말로 '각자도생'의 삶을 살고 있다. 이런 국민의 삶을 개선하기 위해서 지금까지 압축적 경제성장의 과실을 가장 많이 누린 재벌대기업이 우리 사회를 위해 좀 더 전향적으로 기여할 때가 되었다. 오히려 선진국의 문턱에 들어선 우리는 재정의 기능을 강화하기 위해 조세부담률을 높여야 한다. 지금까지 혜택을 받아온 재벌대기업들이 우선적으로 더 부담하는 것이 세제형평에 맞고 나아가 국민경제에도 바람직한 일이다.

3

종합부동산세

왜 종부세는
세금폭탄이 되었나

따뜻한 보금자리, 모든 사람의 실현할 수 없는 욕망

조지 오웰George Orwell의 《위건부두로 가는 길》은 1936년 영국 하층 노동자의 삶을 묘사하고 있다. 조지 오웰은 사회개혁가 빅터 골란츠Victor Gollancz로부터 출판 의뢰를 받고, 경제공황으로 침체된 영국 북부 탄광지대 노동자들의 삶을 르포르타주로 기록한다. 그가 2개월간 묵은 곳은 바퀴벌레가 우글거리는 싸구려 하숙집이었다. 키가 186센티미터나 되는 거구의 탄광 노동자는 매일같이 1.6킬로미터의 좁은 갱로를 한 시간 이상 걸어 다닌 탓에 심각한 무릎 통증을 호소했다. 급여는 형편없었고 씻을 곳조차 제공되지 않는 숙소에서 내일을 맞이해야 했다.

앞뒤가 꽉 막히고 거실에 싱크대가 있고, 방에선 물이 새고, 마룻바닥은 한쪽으로 기울고, 창문은 하나도 열리지 않는다. 집주인은 악질이지만 집세는 급여의 4분의 1 수준이다.

자본주의의 맹아는 노동자의 피와 땀으로 이루어졌다. 하지만 초기 자본주의사회에서 노동자들은 노동의 대가를 제대로 보상받지 못했다. 프리드리히 엥겔스Friedrich Engels의 《영국 노동계급의 상태》를 보면 그 당시 노동자는 삶이 너무나 열악해 평균수명이 20대 초반이었는데 그중 주거 공간이 가장 열악했다.

누구나 자신이 일한 만큼 충분한 보상을 받고 쾌적한 삶을 누리길 원한다. 의식주 자체도 중요하지만 그보다는 의식주의 질이 더 중요하다. 모든 국가는 경제발전의 성과를 복지혜택으로 국민들에게 보답한다. 2015년 3월에 발생한 '송파 세 모녀 사건'은 우리 사회 사회복지정책의 허술함을 적나라하게 드러낸 사건이다. 송파구 석촌동의 단독주택, 빛이 안 드는 지하 1층에서 세 모녀는 번개탄을 피워 목숨을 끊었다. 만일 정부가 이 모녀에게 양질의 임대주택을 제공했다면 그렇게까지 극단적인 선택을 하진 않았을 것이다.

집을 소유하지 못한 임차인일수록 주거복지에 대한 열망이 더 간절하다. 위건부두의 임대인과 2017년 대한민국의 임대인이라고 크게 다를까. 집주인은 항상 갑이고 임차인은 을이다. 2년마다 한 번씩 옮겨야 하는 전세와 집주인의 전세보증금 인상 요구 속에서 따뜻한 보금자리는 서민들에게는 잡히지 않는 욕망이다. 왜 2018년 3월 서울 강남구 개포동 DH자이 분양에 사람들이 구름처럼 몰렸겠는가.

2016년 통계청 주거실태조사 결과, 우리나라의 경우 최저주거기준에 미달하는 가구는 103만 가구이다. 총가구수 대비 5.4% 수준이다. 자가 보유율은 59.9%로 전체 가구의 5분의 2는 무주택자이다. 주택보급률은

102.4%로, 통계대로라면 가구마다 한 채씩 집을 보유하는 것이 당연한 데도 말이다.

빈부격차의 확대, '이생망'

자본주의체제에서 빈부격차는 필연적이다. 프랑스의 경제학자 토마 피케티는 《21세기 자본》에서 자본의 증가 속도는 임금의 증가 속도보다 훨씬 빠르다고 지적했다. 임금노동자가 아무리 돈을 벌어도 자본가가 임금노동자를 이용해 벌어들이는 수입과 이자, 배당을 따라갈 수는 없다. 이미 자본가의 부 세습은 각종 네트워크망의 구축으로 공고해진 반면 임금노동자는 빈곤의 굴레를 벗어나기 어렵다. 오죽하면 세상의 불공평을 탓하기 전에 부모를 탓하라는 뜻의 '이생망(이번 생애는 망했다)'이라는 말까지 나왔을까. 부의 대물림은 현대사회의 한 단면이며 대표적으로 부동산과 주식 세습으로 이루어진다.

자산 세습의 단서는 몇 가지 지표로도 확인된다. 2015년 기준으로 10조 2,000억 원의 상속재산이 신고되었는데 이에 대한 세금을 납부한 사람은 6,592명이다. 상속자 32만 4,000명 중 세금을 납부할 만큼 재산을 상속받은 사람은 2% 수준밖에 안 된다는 뜻이다.

주택 양극화도 심각하다. 2018년 현재 최고 부촌인 서울 한남동의 H아파트 173제곱미터의 실거래 매매가격은 33억~35억 원, 서울 압구정동의 H아파트 2차 160제곱미터는 30억 원 안팎이고 HY아파트 1차 78제곱미터는 17억~18억 원 수준이다. 반면 서울 마포구 상암동 W아파트의 84제곱미터는 6억~7억 원 안팎이고 2014년에 지은 광주광역시 광산구 S아파트 84제곱미터의 값은 3억 원 수준이다. 같은 서울이라도 지역에 따라 가격 차이는 극과 극이고, 지방으로 내려갈수록 서울 아파트와 가격 차이는 훨씬 더 커진다.

전체 가구 5분의 2가 전·월세가구라는 의미는 반대로 1가구 2주택 이상의 다주택자가 그만큼 집을 많이 보유하고 있다는 뜻이다. 2012년 통계 기준으로 전체 1,799만 가구 중에서 다주택자는 130만여 가구인데, 이들이 전체 주택의 40%를 보유하고 있다. 2015년 국세청 자료만 봐도 3주택 이상을 가진 사람의 수는 19만 4,000명이었고, 10주택 이상을 가진 사람도 1만 7,600명이나 된다. 광주 서구에는 임대주택 2,219채를 포함해 2,312채의 주택을 보유한 60대 신모 씨도 있다. 드라마 〈응답하라 1988〉에 나오는 쌍문동 만년 은행 대리 성동일의 다세대 주택살이는 예나 지금이나 그대로인 것이다.

이 정도 상황이면 청년층의 '내 집' 마련은 어림도 없는 일이다. 주요국의 가구소득 대비 도시주택 가격 수준을 나타내는 지표인 PIR(Price to Income Ratio)를 보면 한국은 5.7로 미국의 3.6, 일본의 4.1, 영국의 4.6보다 높은 수치다. 최근 청년들 사이에 주거대책의 하나로 떠오르는 주택협동조합 모델은 이런 '미친' 집값의 자구책인 셈이다. 청년들은 소득은 안 오르는데 집값만 오르는 이중고二重苦를 겪고 있다.

주택 소유의 양극화, 투기냐 기회냐?

대한민국의 압축적 경제성장 이면에는 이처럼 주택 소유의 양극화가 자리 잡고 있다. 가진 사람은 더 많은 집을 가지고 있고, 없는 사람은 집 한 채 없이 산다. 〈표 8〉에서 보듯 2015년 통계청 인구 총조사 결과 전체 1,911만 가구 대비 공공 부문의 임대주택 재고 물량은 125만 7,000호 수준인데 이는 전체 가구수 대비 6.6%다. 전·월세 가구가 전체 가구 대비 826만 가구로 약 46.4% 수준이니 나머지 40%가량은 민간 임대시장에 의존하고 있는 셈이다.

〈표 9〉에서 보듯 OECD 국가의 공공임대주택 재고율이 11.5% 수준인 점을 감안하면 대한민국의 주거복지정책은 공공성보다는 사적자치에 맡겨져 있다고 해도 지나친 말은 아니다. 주거복지가 잘되어 있다고 평가받는 프랑스와 덴마크의 공공임대주택 재고율은 각각 18.7%, 22.2% 수준이다.

이러한 문제점 때문인지 대통령선거 때마다 공공임대주택 10만 호 건설 등 공공주택 확대 공약을 내걸지 않은 후보가 없었다. 2017년 대통령선거에서 문재인 후보도 공적임대주택 17만 호를 매년 공급하여 OECD 수준에 근접한 9%까지 끌어올리겠다고 약속한 바 있다. 정부가 2017년 21조 2,000억 원을 들여 임대물량 확대, 분양주택 물량 확대, 융자사업 등의 재원에 투자하고 있고, 순수하게 임대주택 건설에만 사용하는 돈도 2017년 기준으로 8조 6,000억 원이나 되지만 여전히 공공임대주택 수는 부족하다.

〈표 8〉 주택 점유 유형별 가구수 조사

구분	2015년 인구 총조사
총가구수	19,112(100.0)
자가점유	10,850(56.8)
임차가구	8,262(46.4)
등록임차가구	1,938(10.1)
공공부문	1,257(6.6)
민간부문	680(3.6)
미등록임차가구	6,324(33.1)

출처: 통계청, 2015.

〈표 9〉 OECD 국가 전체 가구수 대비 공공임대주택 재고 비율

■ 총 주택공급 비율

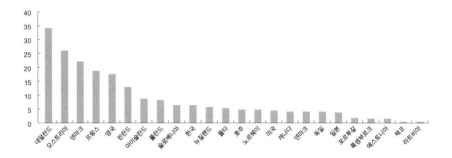

결국 대한민국에서 임대주택 공급은 민간에 맡겨져 있다. 민간의 임대주택 공급량이 부족하면 가격은 오르고, 공급량이 많으면 가격은 안정된다. 공공임대주택의 보급량이 늘어나지 않은 채 사적자치에만 의존한다면 민간 임대시장의 전·월세가격은 상승할 수밖에 없다. 간단한 경제원리다.

주택은 상가건물 등 상업부동산과 달리 이중성을 갖는다. 결혼하여 아이를 낳고 행복한 삶을 꾸리기 위한 실소유자의 구매 목적도 있지만 주택가격 상승에 따른 시세차익을 남기기 위한 투기구매 또한 주택 소유의 주된 목적이다. 요새 이른바 '갭투자'가 유행이다. 한국은행 기준금리가 2017년 12월 기준 1.5%로 저금리가 되어 시중의 자금 유동성이 풍부해지자 은행에서 쉽게 대출받아 전세를 끼고 시세차익을 노리는 투자 형태를 말한다. 주택가격이 올라간다는 전제하에 가능한 투자 방법이다. 이러한 이른바 '갭투자'를 통한 시세차익 실현은 결국 중산층·서민의 주거안정을 해치고, 가처분소득을 감소시켜 국민경제에 좋을 것이 없다.

게다가 최근 2015~2017년 사이 주택가격의 상승도 중산층과 서민을 울린다. 2015년 최경환 부총리의 '초이노믹스' 발표 이후 전국 주택가격은 3.5%, 수도권은 4.4%, 서울지역은 2.1%나 올랐다. 2016년에는 수도권은 1.3%, 서울은 2.1%, 2017년에는 수도권은 1.5%, 서울은 2.3%나 올랐다.

특히 주택의 전셋값은 2009년부터 지금까지 4% 이상 오르지 않은 해가 없었는데 가장 많이 올랐던 2011년 수도권의 전셋값은 10.7%, 서울은 10.3%, 지방은 12.9%나 올랐다. '초이노믹스'가 발표된 2015년 전국 평균은 4.8% 상승한 데 비해 수도권은 7.1%, 서울은 7.2%가 뛰었다. 이렇다 보니 매매가보다 전세가가 높은 이른바 '깡통주택'이라는 말도 등장했다.

당연한 얘기겠지만 전·월세가격이 뛰면 민심이 사나워진다. 하지만 2014년 7월 취임한 최경환 경제부총리가 외친 최고의 주거복지정책은 '빚내서 집사라'였다.

정부가 수도권, 서울의 LTV 비율을 70%, DTI 비율을 50%에서 60%까지 은행·보험권을 기준으로 상향하는 등 주택담보대출 규모를 완화하자 전국의 주택 매매 거래량이 2013년 85만 건에서 2014년 100만 5,000건, 2015년 119만 3,000건, 2016년 105만 3,000건으로 증가하였다. 민간의 준공물량이 2014년 33만 6,000개, 2015년 38만 2,000개, 2016년 42만 3,000개로 늘어나니 민간시장에서 분양물량을 해소하면 주택가격을 유지할 수 있다고 판단했다. 지지층을 다지기 위한 목적이었다고 보인다. 이렇다 보니 매매 거래량 증가에 따라 주택의 매매가격이 상승하고, 전·월세 가격 역시 폭등하는 이중고를 무주택자들이 떠안게 되었다.

문재인 정부, '부동산투기와의 전쟁'을 선포하다

문재인 정부 출범 이후에도 서울·수도권 지역의 주택 매매가 상승은 계속되었다. 2017년 5월 서울 0.35%, 수도권 0.21%, 6월 서울 0.66%, 수도권 0.35%, 7월 서울 0.41%, 수도권 0.29%로 주택가격이 계속 상승하자 6월에는 다시 서울, 수도권, 부산 일대를 투기 및 투기과열지구, 조정지역으로 지정했다.* 5년간 도시 내 낙후지역에 대해 50조 원가량을 투입하여 도시재생을 하겠다는 문재인 정부의 도시재생뉴딜사업계획, 서울 강남지역 등의 재건축·재개발 수요, 새 정부에 대한 경제활성화 기대감, 갭 투자 등 복합적인 영향에 따른 것이다. 집권 초반기 정부로서는 큰 부담이 될 수밖에 없었다.

새 정부의 신속한 대책 마련은 노무현 정부 초기 주택가격 안정화에 실패하고 부동산 및 주택가격 상승으로 지지율이 하락한 경험을 반복해선 안 된다는 절박한 심정에서 비롯했을 것이다. 2017년 6월 19일에 LTV, DTI를 각각 70%, 60%에서 60%, 50%로 10%p씩 낮추었다. 투기지역 내의 가수요를 차단하기 위한 분양권 전매 제한 기한 강화, 재건축조합 주택 공급 수 제한, 조정지역 추가 선정 등을 통해 부동산값을 다시 잡겠다고 나섰다.

그러나 한 달이 지나도 큰 효과가 없고 강남 등의 주택가격이 다시 상승하자 정부는 결국 8·2 대책을 발표했다. 우선 2012년 이후 해체된 투기과열지구** 지역에 대해 박근혜 정부에서 완화한 주택금융규제를 다시 강화하였다. LTV, DTI 비율을 무주택자의 경우 일괄적으로 40%, 주택담보대출 보유자의 경우 30%로 조정하고, 서민 실수요자에 대해서는 50%까지 금융권 대출을 받을 수 있게 했다. 또한 박근혜 정부에서 완화한 다주택자에 대한 양도소득세 중과세제도와 장기보유특별공제를 배제하는 조치를 단행했다. 박근혜 정부 들어 진척이 안 되던 재건축이익 환수제 실

---

* 2011년 4월 선정된 조정지역에 광명, 부산 기장군, 부산진구도 추가했다.
** 주택가격 상승률이 물가 상승률보다 현저히 높은 지역으로서 분양권 전매 제한, 무주택 세대주 우선 분양, 공개추첨 분양, 청약순위 제한 및 청약 1순위 자격 강화 등의 조치를 취할 수 있다.

시 카드 역시 과감하게 발표했다.

이후 부동산시장이 급격히 얼어붙은 것으로 보아 8·2 대책이 부동산 가격 안정에 상당한 영향력을 발휘한 것으로 보인다. 노무현 정부 초기 당시 세제와 금융을 결합한 종합적인 부동산 대책 규제 조치가 미흡했던 것에 대한 반성에서 비롯한 정책이었다. 그 이후 부동산 거래가 줄어들 었으며 가격 상승에 대한 기대심리 역시 상당히 꺾인 편이다.* 다만 강남 의 경우, 여전히 재건축 지역 위주로 부동산가격이 일부 상승하고 있는 모양새다.

이렇듯 현 정부 들어 발표된 부동산 대책은 결국 투기 가수요를 막고 실소유자를 보호하겠다는 '부동산투기와의 전쟁'을 재차 천명한 것이다. 사실 부동산투기는 어제오늘의 문제는 아니다. 우리나라의 압축적 성장 을 상징하는 말 중 하나가 바로 '복부인'이다. 부동산가격이 오를 지역을 사두었다가 향후 시세차익을 남기고 파는 형태로 부를 축적한 이들을 말 하는데, 특히 이들 중 고위직 공무원이나 전문직, 대·중소기업 임원의 배 우자를 지칭한 말이다. 실제로도 강남 일대가 뽕밭(압구정) 내지는 말죽거 리(양재동)이던 시절, 땅 투기로 큰돈을 만진 사람들이 있지 않았던가.

부동산가격이 상승하면 개발 정보를 미리 입수하거나 정보에 근접한 사람들은 큰돈을 벌지만 그렇지 못한 중산층과 서민들은 개발이익에서 소외된다. 결국 개발이익을 향유하는 자는 극소수이다. 부동산투기행위 가 과열되면, 성실한 임금근로자의 근로의욕을 해치고, 사회는 '한탕주

---

* 한국은행의 주택가격 전망에 따르면, 2017년 6~7월 주택가격 CSI(소비자 동향지수)가 116, 115까지 이르렀다 가 8월 99로 가라앉았다. 11월 들어 106정도로 다시 올라갔지만, 6~7월의 상황보다는 안정된 것으로 보인다.

의'에 물들게 된다. '이생망'이란 말이 왜 나왔겠는가? 요새 10~20대에서 왜 '임대사업자'가 희망직업 1순위에 속하겠는가? 바로 투기 이익을 제어하지 못한 정부를 불신하는 가진 국민들의 각자도생이 아닐까.

어쨌든 우리나라는 경제성장에 따라 부동산가격도 폭등을 거듭했다. 경제성장이 본격화된 1960년대부터 1991년까지 우리나라의 부동산가격은 오로지 상승만을 거듭하였다. 1991~1994년 사이 소폭 조정을 거치고, 1997년 IMF로 인한 큰 폭의 가격 조정을 거친 것 외에는 가격이 내려간 적이 거의 없다. 부동산가격이 폭등하면 이에 뒤질세라 부동산 정책이 발표되었고, 정책이 발표되면 약간 효력을 발휘하다가 얼마 되지 않아 다시 가격이 오르는 악순환이 반복되었다.

부동산가격이 끊임없이 오르는데 어느 누구든 투기를 하지 않을 수 있을까. 노무현 정부 시절인 2005년 인사청문회제도를 도입한 이후, 부동산투기로 낙마한 고위공직자 후보자는 수십 명에 이른다. 이른바 '부동산 불패 신화'의 또 다른 이면이다.

부동산 규제제도와 보유세가 있는 이유

부동산은 한정된 재화다. 공장에서 물건 찍어내듯이 만들어낼 수 있는 것이 아니다. 따라서 부동산을 필요한 용도에 사용하게 하고 골고루 분배하는 것이 국민경제의 건전한 발전에 이롭다. 따라서 모든 나라는 부동산이 올바르게 이용될 수 있도록 토지 이용을 규제하고, 특정인에게 토지가 집중되어 비효율적으로 사용되는 것을 막으려 한다. 어떤 구역에서는 상가만, 어떤 구역에서는 주택만 짓게 하는가 하면 입체적인 공간의 설계도 고려한다. 비행장 옆에 마천루를 지을 수는 없지 않겠는가?

부동산투기를 막기 위한 제도적 장치도 마련한다. 부동산 매매차익인 양도소득을 규제하고, 투기과열지구나 투기지구를 지정하는 등 지역에서 수요를 제한하기도 하며, 청약가점제처럼 꼭 필요한 사람에게 부동산 이용을 허락하기도 한다.

하지만 가장 강력한 방법은 역시 소유 자체를 규제하는 것이다. 토지를 많이 보유한 사람에게는 일정량 이상을 갖지 못하도록 직접 규제하는 방법과 간접적으로 보유세를 부과하는 방법이 있다. 부동산 소유자는 매년 세금을 내야 하는데 세금 이상의 이익을 내지 못한다면 팔지 않고는 버틸 수 없을 것이다.

대한민국은 특이하게도 부동산이 가계자산에서 차지하는 비중이 다른 나라에 비해 높다. 한국은행의 2016년 국민대차대조표에 따르면 토지소유의 편중이 73.6% 수준으로 미국(34.9%), 일본(43.7%), 독일(67.9%)에 비해서 월등히 높다. 또한 2017년 국정감사 당시 더불어민주당 김정우 의원이 발표한 자료에 따르면 2012년 기준으로 상위 1%가 토지 전체 면적의 55.2%, 상위 10%가 97.6%를 소유하고 있다. 가계자산의 부동산 편중은 국가의 효율적인 경제활동을 저해하는 요인이다. 나라의 활력을 위해선 중소·벤처·신생 스타트업기업 투자에 돈이 몰려야 함에도 부동산에만 돈이 몰리고 있는 형국이다.

이러한 대한민국의 과도한 부동산 자산 집중현상은 부동산 세제가 제기능을 못하고 있는 탓이기도 하다. 우리나라의 재산 관련 세금 중 보유세가 차지하는 비중은 일본 76.8%, 미국 93.5%, 영국 75.7%, 독일 38.8%, 프랑스 62.1% 등 다른 OECD 주요 회원국보다 현저히 낮은 24% 수준이다. 반면 거래세 비중은 OECD 회원국보다 높은 67.3% 수준이다. 일본은 10.8%, 미국은 0%, 영국은 19%, 독일은 28.4%, 프랑스는 14.2%다.

1장에서 세금이 경제주체의 활동에 미치는 왜곡을 최소화하는 것이 바람직하다고 언급했다. 세금이 거래비용을 높여 거래행위를 막는다면 국가경제는 물론 세수 차원에서 바람직하지 않다. 그런데 지금 대한민국은 거래세 비중은 높은 반면 보유세 비중이 낮아 국민들이 과도하게 부동산을 보유하려는 동기를 제공하고, 이로 인한 부동산시장 과열과 가격의 이상 급등으로 경제의 왜곡을 가져온다. 부동산투기를 바로잡고 토지를 공공의 이익을 위해 사용하게 하려는 시도는 여러 번 있었으나 번번이 실패했다. 그중 하나가 바로 토지공개념土地公概念제도다.

토지공개념, 실패한 역사

국민들은 1987년 6월 항쟁을 통하여 민주주의를 쟁취했지만 야권 후보의 분열로 노태우 정부가 등장했다. 36.6%로 지지율이 한참 밑돌았던 노태우 정부에는 인기몰이 정책이 필요했다. 당시에 물가가 너무 올라서 노태우 정부를 '물태우' 정부라고 기억하는 독자들도 있겠지만 사실 이 정부의 최대 치적은 1기 신도시 건설이다.

고양시 일산, 성남시 분당, 안양시 평촌, 군포시 산본, 부천시 중동 등 지금의 1기 신도시 건설은 서울 과밀화로 인한 주거여건 악화의 대책으로 시작됐다. 서울만으로는 서울의 인구를 감당할 수 없는 상황에 이르자 노태우 정부는 200만 호 건설을 슬로건으로 내걸었다. 그러자 1987년 부동산가격은 7.1%나 상승하였고, 1990년에 들어서는 21%로 물가상승률을 상회하는 수준까지 이르렀다. 이후 수차례 부동산 대책이 발표되었는데 1988년 8월 부동산 종합대책으로 양도소득세 면세요건이 대폭 강화되었고, 1992년에 도입하기로 되어 있던 종합토지세는 1990년으로 앞당겨 실시한다고 발표되었다.

그리고 수많은 부동산 대책 중 하나가 바로 1989년 12월 30일 제정된 '토지공개념 3법'이다. 토지공개념 3법이란 부동산투기 억제책으로 기획된 토지초과이득세법, 택지소유상한법, 개발이익환수법 3법을 말한다.

토지초과이득세법은 토지공개념 중 가장 강력한 장치였는데 과세 기간 3년 동안 개인이 소유한 유휴 토지나 법인의 비업무용 토지의 지가 상승으로 인한 미실현 자본이득에서 정상적인 지가 상승분과 자본적 지출(개량비)을 뺀 50%를 환수하는 제도였다. 쉽게 이야기하여 물가상승분 이상으로 지가가 상승한 것을 여타 개발이익에 따른 것으로 보아 이익의 50%를 과세하겠다는 뜻이다.

택지소유상한법은 개인이 소유한 토지가 규모 이상의 택지면적을 초과하는 경우 초과소유부담금을 부과하여 초과 보유 토지의 매각을 유도한 제도였다. 서울시와 직할시(지금의 광역시)는 가구당 200평, 기타 시의 경우는 300평이 기준이었다.

마지막으로 개발이익환수법은 개발사업 시행이나 여러 경제사회적 요인에 따라 정상적인 지가상승분을 초과하여 토지 소유자 또는 사업 시행자가 토지가액의 상승을 얻었다면 이를 과세하여 지가상승분의 사회적 환수를 꾀하겠다는 내용을 담고 있었다. 이후에도 노태우 정부는 1990년 5월 부동산투기 억제와 물가 안정을 위한 특별대책으로 대기업의 토지 과다 보유를 억제하기 위하여 비업무용 부동산을 6개월 이내에 처분하게 하는 등 강력한 토지투기억제책을 발표했다.

이에 대한 토지 소유자들의 불만은 이만저만이 아니었고, 1987년 제9차 헌법개정 이후 등장한 헌법재판소의 문을 두드렸다. 이들은 이러한 토지 투기 억제책이 모두 위헌이라는 주장을 펼쳤고 1994년 7월 29일 헌법재판소는 이들의 주장을 받아들여 토지초과이득세법의 헌법불합치 결정을 선고했다. 이른바 세법상의 미실현 이익에 대한 과세라는 주장이 받아들여진 것이다. 즉 토지를 매도하지 않아서 이익이 실현되지 않았는데 과세하는 것은 개인의 재산권 침해이며 실질과세원칙 위반이라는 논리였다. 이후 택지소유상한법은 1999년 4월, 재산권 침해를 이유로 헌재의 위헌 결정(94헌바37외 66건 병합 결정)이 내려지기도 전인 1998년 9월 이미 정부 결정에 따라 폐지됐다.

마지막으로, 개발이익환수법은 개발부담금 등을 부과하는 제도로 활용되었으나 2003년에 모두 폐지되었다. IMF 외환위기로 인한 건설경기 침체 등을 이유로 사실상 1998년 9월부터 1999년 12월까지 한시적으로 개발부담금 부과도 유예했고 부과율도 50%에서 25%로 낮춘 상태였으므로 효과가 미미했기 때문이다.

이렇듯 토지공개념 3법은 당시 김종인 청와대 경제수석 주도로 만들어졌다고 하는데, 당초 목적과 달리 위헌 판결 내지는 외환위기 등으로 인한 경제적 상황 변화에 따라 모두 폐지 일로에 이르게 되었다. 취지는 좋았으나 과유불급이었고 시기상조였던 셈이다.

현재 더불어민주당에서는 당대표를 중심으로 헨리 조지Henry George의 토지공개념 등을 근거로 지대이익rent profit을 어떻게 환수해야 할 것인가 하는 논의를 진행하였던 것으로 보인다. 또한 2018년 3월 문재인 정부가 발표한 개헌안에도 토지공개념 개념이 명시되었다. 이는 분명 환영할 일이기는 하지만 좀 더 신중한 접근이 필요하다. 지대이익을 환수하는 문제는 시대적 상황, 과세기술적 방법뿐만 아니라 종합부동산세 등 여타 세제 여건 등을 함께 신중하게 고려해야 한다.

종합부동산세 도입의 배경

1997년에 발생한 외환위기에 대한 IMF의 처방인 고금리정책, 강도 높은 구조조정 이행, 공공부문 민영화 등으로 경제침체가 발생했다. 이를 극복하기 위해서 김대중 정부는 신용카드 활성화 정책을 소비진작을 위한 수단으로 사용하였고, 동시에 주택건설 활성화 정책을 폈다. 1998년에 부동산가격은 12.4% 하락하였고, 이를 위해 같은 해 주택건설 활성화 대책, 건설산업 활성화 방안, 건설 및 부동산경기 활성화 방안 등 대책을 쏟아냈다. 국민들은 금 모으기 운동에 동참함으로써 결국 외환위기를 조기에 극복해냈고 경기는 되살아나기 시작했다.

요즈음 같은 저금리 시대(1.25%)에는 1998년 당시 한국은행 기준금리가 25.6%였다는 것을 믿기 어렵겠지만 분명 그때는 그랬다. 극한의 긴축처방으로 인한 한국은행 기준금리는 2001년 9월에는 4%까지 떨어졌다. 주택경기 활성화 정책에 힘입어 은행 역시 신규 수익성 모델로 주택담보대출을 늘려나갔고 이에 따라 서울을 비롯한 아파트 가격이 2001년 말부터 급격히 상승했다. 2002년 수도권 주택가격은 29.3%, 서울은 30.8%가 올랐고, 2003년에도 각각 10.1%, 10.2%씩 앙등했다.

이에 따라 노무현 정부는 2003년 투기지역 지정제도를 신설했다. 2004~2005년 사이 단기간 시세차익을 노리기 위해 2년 미만으로 주택을 보유하다 매도하는 경우, 보유 기간 1년 미만일 경우 50%, 1~2년 미만일 경우 40%로 양도소득세율을 인상했고, 2005년에는 1세대 3주택의 경우 60%까지 세율을 인상하였다. 아울러 보유세에 대한 논의도 본격화했다. 부동산투기를 방지하기 위해서 양도세나 거래세의 세율을 높인다면 공급이 위축되는 부작용이 있어 부동산 과다 보유에 따른 보유세 부담을 높일 필요가 있다고 판단한 것이다. 2003년 참여정부인수위원회 시절에 부동산 세제 정상화 방안으로 거래과세 완화와 보유과세 강화 논의가 본격화되기 시작했다.

토지세보다 높은 자동차세

참여정부 당시에는 지금보다 토지 보유 과세 문제가 훨씬 심각했다. 우선 지역 간은 물론 토지-건물 재산 간에도 세 부담 차이가 크게 나타났다. 개별공시지가가 현실적이지 않으니 이를 기초로 하는 과세표준 역시 현실을 전혀 반영하지 못했다. 개별공시지가는 실거래가의 36.3% 수준밖에 미치지 못했다. 상황이 이러하니 실거래가 과세*는 어림도 없었다.

또 이런 경우도 있었다. 2004년 가격이 1,900만 원인 2,000cc 중형승용차의 연간 자동차세 부담액은 52만 원이었다. 하지만 서울 강남 소재 40평형 아파트의 시세는 자동차의 약 35배인 6.7억 원이었으나, 연간 보유세 부담액은 54만 원이었다. 자동차의 실효세율이 강남 아파트보다 34배나 높았던 것이다. 아마 지금 이런 상황이었다면 시민들이 들고일어났을 것이다. 현재 지방세로 분류되어 있는 재산세는 당시에는 건물에만 0.3~7% 부과되었다. 반면 종합토지세는 0.2~5%를 부과했는데, 과표는 같아도 건물이 토지보다 세금이 무겁게 되어 있는 등 세 부담 형평성에는 맞지 않았다.

마지막으로 종합부동산세제의 전신인 종합토지세는 문제점이 많았

---

* 참여정부의 중요한 세제개혁 성과는 실거래가제도 정착이다. 2007년 실거래가를 모든 부동산으로 확대하기 전까지는 취·등록세 과세표준을 낮추기 위해서 다운계약서를 쓰는 경우가 많았다. 이런 관행이 가능했던 이유는 취득세나 양도소득세를 계산할 때 기준시가제도로 납부가 가능했기 때문이다. 기준시가로만 납부하면 실거래가를 신고할 유인이 없고, 거래금액을 10% 정도 낮춘 계약서를 써서 세금을 신고해도 넘어가곤 했다. 참여정부는 바로 이러한 문제점을 인식하고 2003년에 1세대 3주택자 이상 보유자에 대한 실거래가 과세제도를 도입하면서 2007년까지 제도를 정비해나갔다. 당연히 실거래가 신고가 기준시가보다는 사회적으로 바람직하고 세수 손실도 없다. 하지만 그 당시엔 취·등록세를 비롯한 양도소득세가 올라간다며 국민들의 불만이 많았다. 참여정부가 이런 위험을 무릅쓰고 실거래가 과세를 단행한 것은 높게 평가할 만한 일이다.

다. 과세표준 현실화가 안 된 상황에서 과세 방식도 대단히 복잡하였다. 시·군·구세(지방세)이다 보니 행정자치부*가 복잡한 산식으로 계산하여 시·군·구에 세액을 통보하고, 시·군·구가 다시 토지 소유자에게 세금을 고지했다. 만일 토지 한 필지筆地에라도 오류가 생기면 전체 세액을 다시 계산하고, 모든 시·군·구의 종합토지세액을 고쳐 다시 납세자에게 알려 주어야 하는 불편함이 있었다.

이에 따라 참여정부는 2003년 초부터 빈부격차·차별시정기획단을 꾸려 보유과세 정상화 방안을 발표하고, 그해 9월 최초로 부동산보유세 개편안을 발표해 2006년부터 종합부동산세를 도입하기로 하였다. 하지만 2003년 8월에 이어 9월에도 주택가격이 안정되지 않자 10월 29일 발표한 주택시장 안정 종합대책에서는 당초 2006년에 도입하기로 한 종합부동산세를 1년 앞당겨 5만~10만 명의 부동산 과다 보유자를 대상으로 2005년부터 조기시행하기로 했다. 이 법이 2005년 1월 1일 새벽 1시 30분에 통과되기 전, 당시 정부와 여당은 적용 대상을 6억 원 이상 보유자(10만 명)에서 9억 원 이상으로 조정하고 세 부담 상한선을 100%에서 50%로 하향 조정하며 부동산 과다 보유자들의 반발을 무마하려고 노력하였다. 주택의 경우 1~3%, 별도합산과세 대상 토지에 대해서는 0.6~1%, 종합합산과세 대상 토지에는 1~4%의 세율을 각각 부과하였다.

---

* 국세는 기획재정부가, 지방세는 행정자치부가 관할한다.

참여정부 세금폭탄론의 시작

종합부동산세는 도입되기까지 다양한 진통이 있었다. 2003년 9월 1일부터 10월 23일 대책 발표까지 보수언론지를 중심으로 언론에서 벌떼같이 들고일어나 다양한 시나리오를 제시했다. 이른바 '강남 집 한 채 노인 프레임'이며, '참여정부 세금폭탄론'의 시작이었다.

예나 지금이나 세금 인상에 반대하는 쪽이 만드는 프레임은 당시 세금폭탄론을 제기했던 논리와 비슷하다. 2013년 세법개정안에 대한 중산층 세금폭탄론의 연원은 2003년 종합부동산세 도입 발표다. 물론 그 결은 다르다. 박근혜 정부가 당초 '증세 없는 복지'를 내세우며 중산층에 대한 성동격서聲東擊西식의 과세를 했다면, 참여정부는 2003년 초부터 부동산 과표 현실화나 보유세 강화에 대한 견해를 지속적으로 펼쳐나갔다는 점에서 차이가 크다.

어쨌든 참여정부 당시 세금폭탄론은 다양하게 제기됐다. "강남의 집 한 채 가진 노인이 무슨 죄이길래 20년 넘게 살아온 집을 팔고 터전을 버리란 말이냐"는 식의 기사들이 여기저기에 도배됐다. 당시 이명박 서울시장을 비롯한 강남 3구의 구청장, 지역구 국회의원들은 보유세 정상화에 반대하였다.

이에 참여정부는 몇 가지 사례를 들어 반박했다. 시세가 3억 4,000만 원인 강남 대치동의 26평 H아파트의 재산세와 토지세는 7만 5,000원으로, 2,000cc급 승용차의 자동차세 5분의 1에도 못 미치고, 시세가 3억 원인 경남 창원시의 37평형 E아파트의 세금은 51만 3,000원으로 7배의 세금을 내는 것이 타당한지 물었다. 또한 대전의 기준시가 3억 2,000만 원인 75평 아파트가 2003년 세금을 155만 원 낸 데 비해, 강남의 기준시가 3억 6,000만 원인 26평 아파트가 9만 원을 내는 것이 타당한지도 물었다. 노원구의 기준시가 9억 원인 94평 단독주택이 세금을 394만 원 낸 데 비해, 서초동의 기준시가 9억 원인 44평 아파트가 세금을 23만 원 내는 것이 타당하냐며 "기준시가는 같은데 세금은 17배나 내는 것이 조세형평에 맞느냐"고 반박했다.

이러한 논란 끝에 드디어 2005년 종합부동산세가 시행되었고, 최초 과세표준 적용률은 공시지가의 50% 수준으로 2009년까지 100%를 달성하게끔 계획했다. 하지만 이러한 노력에도 2005년 들어 판교신도시 분양과 강남 압구정동 초고층 재건축 추진 등으로 부동산가격이 다시 급등하자 정부는 2005년 8월 이에 대한 대책을 발표했다. 이른바 8·31 대책으로 과세대상 주택 기준을 9억 원에서 6억 원으로 낮추어 과세대상자를 늘리고 종합합산과세 대상 토지 기준을 3억 원으로 낮추었다. 인별로 합산하던 기준을 세대별 합산으로 전환했으며 세 부담의 상한선도 전년 대비 150%를 초과하지 못하던 것을 300%로 올리기로 하였다.

그 결과, 2007년 전체 종부세액은 2조 8,814억 원으로 2005년 6,426억 원에 비하면 4.5배나 늘어났다. 신고 인원 역시 7만 1,000명 대상자에서 50만 5,000명까지 7.2배나 늘어났다. 하지만 주택 기준을 9억 원에서 6억 원으로 낮추면서 해당되는 납세자의 반발이 컸으며 지방세수 감소 등의 우려로 지자체에서도 반대여론이 상당했다.

이에 정부는 지방교부세법을 개정해 부동산지방교부세를 신설하고 전액 지방재원으로 이전하게 하여 지방의 반발을 무마하고자 했다. 현재 종합부동산세는 지방교부세법 제4조 2호에 따라 정부재정 구조상 지방 재정의 부족분을 메우기 위한 지방교부세액에 전액 사용된다. 노무현 대 통령이 평생을 바쳐 추진한 지방분권의 실마리는 이처럼 종합부동산세 도입으로 시작되었다고 볼 수 있다.

MB의 대못 빼기, 종부세 반토막 나다

2008년 이명박 대통령은 취임하자마자 제일 먼저 종합부동산세 무력 화를 거론하였다. 자신을 절대적으로 밀어준 강남 3구의 지지층을 결집 하는 데 이보다 효과적인 것은 없었다. 때마침 헌법재판소는 2008년 11 월 13일 종합부동산세법에 대한 헌법불합치 결정을 내리기도 했다.

다소 내용이 어렵지만 쉽게 설명하면 헌법재판소의 논리는 이러했다. 주택분 종합부동산세의 경우 1가구 1주택 장기 보유자나 수입이 없는 주 택 소유자에게 일률적으로 과세하는 것은 다주택 보유자에 비해 형평에 맞지 않고 재산권을 침해한다는 논리였다. 또한 세대별 합산과세에 대해 서는 이미 이자소득, 배당소득 등 금융소득을 세대별로 합산하여 과세한 규정에 대해 헌법재판소가 2002년 위헌 결정을 한 바 있는데도 이를 다 시 도입한 것을 문제 삼았다. 이에 따라 세대별 합산과세를 인별합산과세 로 전환하고, 노령자 등을 고려하거나 장기 보유자의 세 부담을 감면토록 주문했다. 참여정부 관계자로서는 이보다 뼈아픈 대목은 없을 것이다.

<표 10> 종합부동산세 납부 인원 및 세수

(단위: 천 명, 억 원)

구분		2008	2009	2010	2011	2012	2013	2014	2015
합계	대상자 수	412	213	250	248	274	246	252	283
	세수	23,280	9,677	10,862	11,371	12,427	12,427	12,971	14,078

출처: 국세청, 2008~2015 «국세통계연보»

이명박 정부로선 헌법에 따른 정책 정당성의 명분도 얻은 셈이다. 인별합산과세나 노령자, 장기 보유자의 세 부담을 감면하는 법률 개정뿐만 아니라 종합부동산세가 나쁜 세금이라는 인식을 국민들이 갖게 했다. 당시 택시기사, 슈퍼마켓 주인도 이를 욕했지만 정작 종합부동산세를 내는 사람은 거의 없었다는 사실은 언론이 이용한 세금폭탄론의 위력이 얼마나 강력했는지를 실감하게 하는 대목이다.

이에 따라 이명박 정부는 1세대 1주택에 대해서는 9억 원으로, 별도합산과세 대상 토지의 과세 기준금액도 40억 원에서 80억 원으로, 종합합산과세 대상 토지도 3억 원에서 5억 원으로 상향 조정하였다. 과세표준의 적용도 이른바 공정시장가액비율(FMV, Fair Market Value)이라 하여 원래 과표를 100%에서 80%로 낮추었다.

세율은 거의 반토막을 냈다. 주택 세율은 1~3%였는데 0.5~1.5%, 94억 원 초과 주택은 2%, 종합합산과세 대상 토지도 1~4%였던 세율을 0.75~2%로 낮추었다. 세 부담 상한도 150%로 낮추었다. 원래 헌법재판소가 주문한 것은 고령자에 대한 세액공제나 장기 보유자에 대한 공제제도, 세대별합산과세의 인별합산과세 전환이었는데, 과속을 해도 한참을 했다.

그 결과 종부세는 반토막이 났다. 2008년 과세대상자 41만 명, 2조 3,000억 원이던 세수는 2009년 21만 명, 9,600억 원으로 떨어졌다. 당시 강만수 기획재정부장관은 2008년 9월 24일 한국선진화포럼 토론회에서 "종부세는 결과적으로 반드시 폐지되어야 하며, 종부세 개편은 새 정부에서 추진하고 있는 가장 상징적인 정책"이라고 말했다. 또 "중산층, 서민에게 대못을 박으면 안 되고, 고소득층에게 대못을 박는 상황은 괜찮다는 말이냐"라고 했다. 참 안타까운 일이다.

종합부동산세제 개편, 어떻게 해야 하는가?

이렇듯 종합부동산세는 토지 보유의 불평등, 과세체계의 정비라는 종합적인 틀에서 봐야 한다. 종합부동산세는 부동산 과세표준 현실화, 실거래가 정착화와 함께 기존 한국 사회 불평등의 틀을 조금이나마 깨보려 한 시도였다.

현재 강남 압구정 현대아파트, 한양아파트 지역의 재건축으로 다시 강남을 중심으로 한 서울의 부동산가격이 상승세를 보이고 있다. 어김없이 종합부동산세제 개편, 이른바 '보유세 인상론'이 다시 고개를 들고 있다.

보유세는 가계든 기업이든 자산을 꼭 필요한 경제행위로 유도하는 것이 주요한 목적이다. 부의 불평등 문제를 해결하는 것도 중요하지만 이는 조세 전반에 걸친 개정작업으로 개선되어야 하며 부동산 보유세 이외에도 다양한 작업이 필요하다.

프레임전쟁의 영향일까. 1~2%를 목표로 과세하는 것은 여전히 유효한 수단이다. 하지만 과세대상자가 적은 고소득자의 소득세 인상이나 재벌대기업에 대한 법인세 인상과 달리 보유세제 개편은 가계자산의 비중을 고려해야 하고, 영향을 받는 납세자의 조세저항을 함께 고려해야 한다. 쉽게 설명하면 1가구 1주택자의 경우는 고가주택에 대해서만 세율을 적게 조정하고, 부동산 과다 보유자의 보유세를 강화하는 것이 국회의 문턱이나 국민의 눈높이를 통과하기 쉬울 것으로 보인다.

2018년 7월 3일 대통령 직속 정책기획위원회 산하 재정개혁특별위원회에서는 종합부동산세 개편안을 내놓았다. 이명박 정부가 종합부동산세 과세표준을 낮추기 위하여 도입한 공정시장가액비율(FMV, fair market value)을 연 5%p씩 높여 실제 과세표준과 동일하게 해야 한다는 내용과 주택, 종합합산토지, 별도합산토지에 대해 최소 0.05p%에서 최대 1%p까지 세율을 인상하는 내용을 담고 있었다. 또한 다주택자에 대한 세 부담을 강화하는 방안도 함께 검토할 것을 정부 측에 권고했다.

이에 대하여 일부 보수언론지나 경제언론지들은 '다주택자에 대한 징벌적 종부세'라는 거친 표현까지 써가며 종부세 개편안을 비난했다. 과거 종부세 도입 시절 이들 언론이 제기했던 프레임과 동일하다. 이에 정부는 보유세는 올리고, 거래세는 낮춘다는 세제원칙에 충실한 개편안을 내놓을 뿐이라며 애써 논쟁을 자제했다.

또한 7월 6일 정부는 재정개혁특별위원회의 권고에 따라 공평과세를 위한 종합부동산세 개편 방안을 발표했다. 김동연 경제부총리 겸 기획재정부장관은 우리나라 부동산 보유자들의 세 부담은 외국에 비해 상당히 낮은 수준이라고 지적하며 동시에 부동산 편중 현상을 지적했다. 또한 공시가격 16억 원에서 23억 원인 고가주택(과세표준으로는 6억 원~12억 원)에 대한 세율을 권고안보다 0.05%p 추가(정부안은 0.75%→0.85%였고, 권고안은 0.75%→0.8%였다)하였다. 또한 공시가격 합계액 약 13억 원(과세표준 6억 원)이 넘는 3주택 이상을 보유한 고액자산가에 대해 일반 세율보다 0.3%p 가산하여 추가과세하겠다고 밝혔다. 반면 1) 공정시장 가액비율도 90%까지만 조정하며, 2) 사업용 시설 부지인 별도합산토지는 현행 세율을 그대로 유지하겠다고 밝혔다. 특위의 안을 일부 조정하되 대부분의 권고사항을 수용한 것이다. 또한 다주택을 소유한 경우라도 임대사업자 등록을 하는 다주택자는 정부 시책에 따라 장기임대주택 사업자로 분류되어 종합부동산세 과세대상에서 제외된다는 점 또한 강조하였다. 이러한 종합부동산세 개편안은 7월 말 '2018년 정부세법개정안'에 함께 반영될 전망이다.

정부는 보유세를 인상해 경제를 활성화하고자 하는 목적을 국민들에게 제대로 인식시키는 것이 중요하다. OECD 선진국들이 대체로 보유세는 높고, 거래세는 낮게 유지하는 이유가 무엇이겠는가. 우리 국민의 자산 배분 비중을 부동산 자산에서 중소·벤처기업에 대한 투자 등 금융자산으로 이전하는 큰 그림의 설계도 필요하다. 정리하면 세제는 무리수를 두어 두 발짝 가는 것보다는 한 발짝씩 개편하여 국민이 납득할 수 있는 수준에서 이루어져야 한다. 언론 역시 지금까지처럼 세금폭탄론으로 여론을 왜곡하려는 시도를 중단해야 할 것이다. 어쨌거나 여전히 갈 길이 먼 문제인 것만은 분명해 보인다.

4

상속세 및 증여세

운동장이 기울어져도
절세는 필수인가

부자의 천국 입성은 낙타가 바늘귀에 들어가는 것보다 어렵다?

한 부유한 청년이 예수에게 다가와 "영생을 얻으려면 무슨 선행을 해야 합니까?"라고 질문했다. 예수가 "당신이 가진 것을 모두 팔아 가난한 자에게 주라"고 말하자 청년은 낙담해서 말없이 떠났다. 이에 예수는 제자들에게 "부자가 천국에 들어가는 것은 낙타가 바늘귀로 들어가는 것보다 어렵다"(마태복음 19장 21~24절)고 말했다. 종교를 떠나 그 가르침은 예나 지금이나 유효하다.

연말연시에 따뜻한 미담이 많이 돌지만 우리에게 가장 와닿는 것은 초등학교도 나오지 못한 김밥 할머니가 장학금을 수십억 원 쾌척했다는 이야기다. 자녀를 위해서, 일신의 부귀영달을 위해서 사용할 수도 있는 수십 년간 모은 전 재산을 학생들을 위해 쾌척하는 어르신의 큰 뜻에 가슴이 뭉클해진다.

하지만 우리 사회에서 부자라고 일컬어지는 사람들의 모습은 어떠한가? 강남의 모 아파트 주민들은 사회적 약자인 경비원에게 폭언을 퍼붓고, 폭행하고, 최저임금을 핑계 삼아 대량 해고한다. 국적항공사 사주의 딸들은 평사원들은 올라가기도 힘든 임원 자리를 꿰차고 직원과 하청회사 임직원들을 종 부리듯 하고, 인격모독과 갑질 등으로 온갖 사회적 물의를 일으키고 있다. 최근엔 사주의 배우자까지 가세했다. 우리나라 최대의 재벌 총수 일가는 이권을 따내거나 권력의 도움을 받기 위해 정권에 뇌물을 바쳤고, 국민의 재산인 국민연금을 불법적으로 동원해 자신의 경영 승계에 활용하였다.

우리는 누구나 평등한 삶을 원한다. 비록 불평등하게 태어났어도 기회는 공정하고, 과정은 투명하며, 결과는 정의롭길 기대한다. 다수는 '흙수저'로 태어났지만 성공한 벤처기업 CEO의 신화를 쓰고 싶어 하고, 안정적인 법조인과 의료인의 길을 걷고 싶어 하며, 정의롭고 훌륭한 정치가가 되고 싶어 한다.

출발점이 평등하지 않다면 정부는 여러 수단을 동원해 모든 사람에게 공정한 기회를 제공해야 한다. 비록 경쟁에서 뒤처졌어도 행복하고 안락한 삶을 누릴 수 있게 해야 한다. 하지만 우리 사회는 그러한가? 이미 가진 자는 자본, 권력과 수많은 인맥 네트워킹을 통해 자녀들에게 재산을 대물림한다. 해가 갈수록 그 격차는 더욱 커진다. 부유층 자제는 부모 인맥으로 공공기관과 대기업에 손쉽게 취업한다. 반대로 흙수저 청년들은 대기업부터 중소기업까지 원서를 수백 장 넣어놓고 연락이 오길 눈이 빠져라 기다리지만 돌아오는 답변은 없다.

상속·증여세가 중요한 것은 바로 이 때문이다. 벌어진 빈부격차를 좁

히고, 사람들이 그나마 이 땅이 살 만한 세상이라는 희망을 갖도록 하는 것이다. 사람들은 배가 곯는 것은 참을 수 있어도 불평등하게 대우받는 것은 참지 못한다.

고개 드는 상속·증여세 폐지론

상속·증여세의 가장 큰 기능은 세대 간 부의 영구 세습을 막아 사회의 활력을 돋우는 것이다. 계층 간 이동의 사다리가 보장되지 않는 사회는 희망이 없기 때문이다. 부의 양극화 현상을 완화하고 누구에게나 공정한 기회를 부여하기 위한 방안으로 대부분 국가들은 상속·증여세를 두고 있다. 2015년 기준 최고세율은 일본이 55%, 미국과 영국도 40%에 달한다. 독일이나 벨기에도 30%의 최고세율을 부과한다. 우리나라도 최고세율은 50%에 달한다(〈표 11〉).

하지만 모든 나라에 상속·증여세가 존재하는 것은 아니다. 캐나다, 호주, 스웨덴 등 일부 선진국에는 상속·증여세가 없다. 중국·이집트 같은 개발도상국의 경우도 마찬가지다. 하지만 상속·증여세가 없다고 하여 세금을 부과하지 않는 것은 아니다. 이른바 상속인 또는 수증자受贈者가 재산을 취득한 뒤 매각하는 경우 이를 '자본이득capital income'으로 보아 피상속인과 상속인의 재산 보유 기간에 발생한 모든 양도차익에 과세한다. 이렇듯 상속·증여로 상속인과 수증자가 얻은 이득에 대해서는 어떻게든 과세하는 것이 기본이다.

〈표 11〉 OECD 국가의 상속·증여세 최고세율

순위	국가명	세율(%)	순위	국가명	세율(%)
1	일본	55	17	스위스[1]	7
2	대한민국	50	19	이탈리아	4
3	프랑스	45	20	룩셈부르크[2]	0
4	영국	40	20	세르비아	0
4	미국	40	20	슬로베니아	0
6	스페인	34	20	호주	0
7	아일랜드	33	20	오스트리아	0
8	벨기에	30	20	캐나다	0
8	독일	30	20	에스토니아	0
10	칠레	25	20	이스라엘	0
11	그리스	20	20	멕시코	0
11	네덜란드	20	20	뉴질랜드	0
13	핀란드	19	20	노르웨이	0
14	덴마크	15	20	포르투갈	0
15	아이슬란드	10	20	슬로바키아	0
15	터키	10	20	스웨덴	0
17	폴란드	7	20	헝가리[3]	0
	OECD 평균				15

주: 1) 세금은 연방 차원이 아닌 주정부 차원에서 부과됨.

　2) 룩셈부르크는 재산세를 부과하지만 상속세는 면제된다.

　3) 헝가리는 상속세를 부과하지만 직계 상속인을 포함한 가까운 친족은 예외로 한다.

출처: Family Business Coalition(https://files.taxfoundation.org/legacy/docs/TaxFoundation_FF458.pdf).

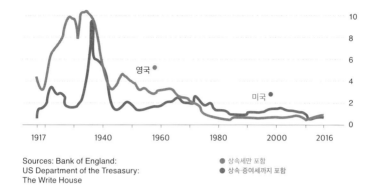

〈표 12〉 정부 재정수입 중 상속·증여세가 차지하는 비중의 감소

Sources: Bank of England:
US Department of the Tresasury:
The Write House

● 상속세만 포함
● 상속·증여세까지 포함

한편으로는 상속·증여세 폐지론 역시 존재한다. 우선 부를 형성하는 과정에서 이미 세금을 납부하였기 때문에 부를 이전하는 단계에 또 다른 세금을 부과하는 것은 이중과세이며, 상속·증여로 어떠한 부가가치나 소득이 창출되었다고 보기 어렵다는 논리에서다. 평생을 쌓아 모은 재산을 자녀들에게 나누어주는 것은 실정법 이전에 자연권으로 보아야 한다는 것이다.

상속·증여세의 부과는 오히려 경제에 해롭다는 논거도 있다. 상속·증여세가 부과되는 시점에는 생산적 행위가 일어나지 않는다. 예를 들어 가업을 운영하고 있는 사업자에게 상속·증여세가 과하게 부과된다면 그는 가업을 그만두어야 할지도 모른다. 이렇듯 경제행위가 세금에 의해 왜곡되지 않는 것이 최선인데 상속·증여세는 소유자 경제행위의 왜곡을 가져와 효율적인 자원배분을 막는다는 것이다.

또한 이러한 논거에는 상속·증여세의 세수 비중이 현저히 줄고 있는 것도 한몫한다. 미국만 하더라도 1940년에는 상속세가 전체 세수의 10%까지 차지하였으나 현재는 미·영 모두 0.2% 수준에 불과하다. 우리나라의 경우도 마찬가지다. 2016년 전체 국세 232조 7,000억 원 중 상속세는 1조 9,000억 원으로 0.8%에 불과하다. 증여세 3조 3,000억 원을 포함할 경우 5조 2,000억 원으로 이 경우 전체 세수의 2.3% 수준이 된다. 세수로서 기능도 미미한데 제도를 유지할 필요성이 낮다는 것이 폐지론자들의 주장이다.

10억 이하 재산 소유자는 상속·증여세를 내지 않는가?

이와 같은 상속·증여세에 대한 논란을 이해하려면 먼저 그 체계를 알 필요가 있다. 상속세와 증여세의 세율은 동일하다. 예컨대 A씨가 5억 원을 단독으로 상속받았고, 편의상 공제·감면이 없다고 가정하면, A씨는 9,000만 원의 상속세를 납부해야 한다(=1억 원×10%+(5억 원-1억 원)×20%).*

하지만 A씨는 실제론 상속세를 한 푼도 납부하지 않는다. 상속재산이 있더라도 세금을 과세하지 않는 공제제도가 있기 때문이다. 상속의 경우는 크게 기초공제(A)라 하여 어느 누구나 2억 원까지 공제받는다. 인적공제(B)라 하여 자녀의 경우는 1인당 5,000만 원(미성년자는 2,000만 원), 배우자는 최소 5억 원에서 최대 30억 원까지 공제해준다. 이것이 끝이 아니다.

---

* 5억 원×20%의 세율을 적용하는 것이 아니다. 구간별 초과누진세율을 적용하기 때문에 전 구간의 과세표준 액수만큼 제외한 금액에 다음 구간의 세율을 적용하기 때문이다.

〈표 13〉 대한민국의 상속·증여세율

과세표준	세율(%)
1억 원 이하	10
1억 ~ 5억 원	20
5억 ~ 10억 원	30
10억 ~ 30억 원	40
50억 원 초과	50

일괄공제(C)라는 제도가 있어서 기초공제와 인적공제를 합한 금액이 5억 원보다 많든 적든 상속인은 최소한 5억 원(A+B≦C)은 무조건 공제받을 수 있다. 이외에도 피상속인의 금융재산에 대해서는 2억 원 한도에서 금융재산가액의 20%를 추가 공제받을 수 있다.

또한 상속·증여세 자진신고를 하면 상속재산가액의 일정 비율을 신고세액공제로 공제받을 수 있다. 상속·증여를 하고도 재산 신고를 탈루하던 시기에는 신고 자체에 인센티브를 줄 수밖에 없었던 당시 사정을 고려하여 도입된 제도다. 지금도 현금 상속·증여 무신고는 세무당국으로서는 잡아낼 길이 마땅치 않다.

이런 각종 공제제도 때문에 상속재산 평가가액이 5억 원에 못 미치는 재산을 상속받은 사람이라면 상속세를 전혀 걱정할 필요가 없고, 통상적으로 10억 원 정도 재산을 상속받으면 납부할 것이 거의 없다. 증여도 규모는 작지만 다양한 공제제도를 두고 있다. 10년간 합산해서 배우자의 경우에는 6억 원, 자녀의 경우에는 5,000만 원(미성년자는 2,000만 원), 그 밖의 친족은 1,000만 원을 공제받을 수 있다. 하지만 10년 단위로 이러한 증여 재산 공제를 다시 적용받을 수 있다.

이에 따라 실제 상속세를 납부하는 경우는 대부분 10억 원 이상을 상속받을 때다. 2016년 기준 사망자는 28만 3,000명이었지만 실제 상속세를 납부한 경우는 5,452명으로 전체의 1.9%에 불과했다. 이에 반해 증여세는 2016년 기준 증여자 28만 3,000명 중에서 과세대상은 9만 8,000명으로 전체의 34.6%에 달했다.

상속세와 증여세 제도가 이런 식으로 운영되다 보니 국민들은 이를 '부자들만의 세금'으로 인식하게 되었고 점차 사람들의 관심에서 멀어졌다. 이에 반해 상속세와 증여세 부담이 적지 않은 자산가, 사업가의 관심은 지대하다. 어떻게든 상속세와 증여세를 최소화하거나 내지 않기 위해 절세 비책을 찾으려고 노력한다. 이는 서점에서 판매되는 '절세 서적'들이 대부분 상속세와 증여세에 집중하는 것을 보아도 알 수 있다.

부자들은 왜 상속·증여세에 불만을 갖는가?

이처럼 한국은 상속세와 증여세 세율이 50%로 높은 대신 많은 공제제도를 두고 있다. 그렇다면 대한민국 부자들이 대부분 부담하는 상속세와 증여세는 다른 나라에 비해 무거운가, 가벼운가?

⟨표 14⟩ 재산 규모별 상속세 현황

(단위: 명, 백만 원)

구분	피상속인 수	상속재산가액 ①	자진 납부할 세액 ②	실효세율: ② / ① (%)
1억 원 이하	6	282	15	3.9
1억~3억 원	52	9,047	469	3.1
3억~5억 원	62	20,756	1,154	4.0
5억~10억 원	1,403	960,437	28,307	3.6
10억~20억 원	2,743	3,604,309	180,120	5.7
20억~30억 원	908	1,985,121	203,003	11.0
30억~50억 원	594	1,992,091	271,420	15.7
50억~100억 원	273	1,640,332	323,006	22.0
100억~500억 원	160	2,497,950	729,543	31.6
500억 원 초과	16	1,840,354	568,133	42.6
소계	6,217	14,550,679	2,305,170	14.3

출처: 국세청, 2017 ≪국세통계연보≫

⟨표 14⟩를 통해 우선 상속세부터 통계를 살펴보자. 2016년 기준으로 전체 상속세 과세대상 인원 6,217명 중 30억 원을 초과하여 상속받은 사람의 수는 1,043명으로 16.7%였는데 이들의 실효세율(납부세액/상속재산가액)은 과세표준 30억~50억 원인 경우 15.7%, 50억~100억 원 이하인 경우

22%, 100억~500억 원인 경우 31.6%, 500억 원이 초과된 경우 42.6%에 달한다. 상속재산가액이 많을수록 실효세율이 높아지는 것을 알 수 있다.

이는 누진세율이 적용되기 때문에 당연한 결과다. 하지만 상속의 경우는 '재산'과 '부채'를 함께 상속하고(민법 제1005조), 상속세는 재산에서 부채를 뺀 상속재산가액에서 상속공제를 적용하여 과세표준을 산출하고 이에 세율을 적용한다. 따라서 재산을 많이 상속받은 상속인들이라 하더라도 재산을 현금화하기가 쉽지 않고 부채가 많은 경우에는 도리어 큰 위험에 처하기도 한다. 몇 가지 사례를 들어보자.

단순 산식으로는 A씨는 150억 원(=200억 원-50억 원)의 거액을 상속받은

사례 1

A씨(단독 상속을 가정)는 아버지로부터 200억 원 정도의 부동산을 상속받았다. 하지만 아버지는 조그만 회사를 운영했던 탓에 50억 원의 부채를 A씨에게 남기고 사망했다.

사례 2

B씨는 아버지가 돌아가신 후 200억 원의 부동산을 상속받았다. B씨는 남동생 C, D와 재산 싸움이 붙었다. B씨는 C, D가 아버지를 생전 한 번도 모신 적 없는 불효자식이라고 생각했는데, 아버지가 돌아가시니 그들이 상속을 받겠다고 나선 것이다. B와 C, D는 상속재산분할소송을 벌이다 사망일 이후 6개월 이내로 제한되어 있는 상속세 신고기한을 놓치고 말았다. 결국 B는 자력으로는 도저히 상속세를 납부할 수 없다고 판단하여 물납을 신청했으나 세무서는 상속재산분할소송이 진행 중이라는 이유로 물납을 허용하지 않았다.

것처럼 보인다. 하지만 거액의 부동산은 개발이 안 되는 토지가 대부분이었고 채권자들은 A씨에게 지속적으로 빚을 독촉했다. 여러 상속공제를 적용하더라도 A씨가 부담해야 하는 세금은 최소 50억 원 이상이다. 만약 A씨가 가지고 있는 다른 재산이 거의 없다면 상속세를 납부할 수 있겠는가? 이러한 경우 A씨는 상속세 물납제도에 따라 부동산을 일부 분할하여 납부한다고 해도 상속 채무는 그대로 남는다.

상속세 신고기한을 어긴 B씨의 경우에는 신고불성실가산세, 납부불성실가산세 등 많은 가산세加算稅가 추가로 붙는다. 더구나 상속받은 재산이 대부분 부동산인 상황에서 세무당국에서 물납까지 받아주지 않는다면 상속인들로서는 세금을 체납하다 못해 결국 배보다 배꼽이 더 커지는 상황을 맞이하게 된다.

상속의 경우 이처럼 여러 가지 상황이 다양하게 발생하며 상속세와 관련된 불만 또한 적지 않다. 소득세의 경우 원천징수제도를 활용해 미리 세금을 내거나 매년 종합소득세 신고제도를 통해 조금씩 세금을 부담할 수 있다. 하지만 상속세와 증여세는 특성상 거액의 세금을 한꺼번에 납부해야 하기 때문에 자칫하면 예기치 않게 패가망신할 수도 있다. 비록 그 과정에서 여러 불법적인 일들을 벌여 문제가 되고는 있으나 왜 고액 자산가, 중소기업 사장, 재벌 총수들이 어떻게든 상속세와 증여세를 절감하려고 하는지 그 이유를 이해할 만하다.

절세는 운명이다- ❶ 가업상속공제

정부로서는 세수뿐만 아니라 납세자들의 불만을 아울러 고려할 수밖에 없다. 세금이 많이 부과되었으나 현금 보유가 적은 납세자에게는 물납을 명하기도 하고, 연부연납年賦延納이라 하여 세금을 여러 번에 걸쳐 나누어 납부할 수 있도록 하기도 한다. 하지만 이는 자산만 상속하는 경우에 적용 가능하고 사업권을 상속하는 경우는 이야기가 다르다.

만약 선친이 운영하던 제화製靴사업을 이어받기 위해서 자녀가 수십 년간 밑에서 열심히 도제徒弟로 일했는데, 가업 재산이나 주식에 대한 상속세가 50% 가까이 나왔다면 사업을 폐업하는 것밖에는 다른 도리가 없다. 사업장 부지를 매각하거나 사업장의 기계·공구들을 매각해봐야 크게 돈이 되지 않고 제화공들도 일자리를 잃게 된다. 만일 이 사업체를 계속 운영한다면 제화공들도 그대로 일할 수 있고 상속자도 사업체에서 나온 임금·상여금으로 세금을 갚아나갈 수 있을 것이다. 전자보다는 후자가 경제적으로 효율적이다. 일본에 몇 대에 걸쳐 과자, 된장, 술 등 가공품을 생산하는 가업을 이어받은 장수기업들이 많은 이유가 여기에 있다.

우리나라도 가업을 장려하기 위해 세법상 가업에 대해서는 가업상속공제로 전액 공제하는 제도를 두었다. 중소기업과 매출액 3,000억 미만의 중견기업이 영위하는 가업과 관련된 주식 등 상속재산에 대하여는 경영기간에 따라 200억~500억 원의 상속재산을 공제받을 수 있다. 하지만 이 경우 10년 이상 기업을 계속해서 경영해왔어야 하고 상속인도 가업에 종사한 기간이 최소 2년이 되어야 하는 등의 요건을 충족해야 한다.

그런데 기업가정신이 투철한 자녀라면 모르겠지만 그렇지 않은 경우도 있지 않겠는가? 따라서 가업 상속재산을 20% 이상 처분하면 안 된다는 조건이 붙으며 주식을 상속받은 경우는 지분을 유지해야 한다. 또한 고용도 10년간은 그대로 유지해야 한다. 게다가 가업상속공제를 받는다고 하더라도 나중에 그 자산을 처분하는 경우 피상속인이 취득한 가액을 기준으로 양도소득세를 납부해야 한다.

하지만 이 제도의 운영에 대해서는 비판이 많다. 제도의 취지가 아무리 좋아도 세부 내용에서 문제가 생기는 경우가 많은데, 이 제도가 특히 그렇다. 우선 피상속인이 10년 이상 계속 사업을 해오기만 하면 가업으로 보아 가업상속공제를 받을 수 있도록 한 것은 과연 정당한가? 한 사람의 인생에서 10년 정도 짧은 기간 사업을 영위한 것을 놓고 최대 500억 원까지 상속재산에서 제외하는 가업으로 보는 것은 옳은가? 최소 30년, 한 세대 정도 기간은 경영을 계속하고, 지역민 또는 국민들이 인정해야 비로소 가업으로 인정해 세금 혜택을 줘야 하는 것은 아닐까?

또한, 현행 세법에서는 가업상속공제를 상장회사까지 제한 없이 적용받을 수 있는데, 타인으로부터 대규모 자본을 조달하는 상장회사의 사업은 그 성격상 개인이나 가문이라는 기준을 전제로 하는 가업으로 보기 어렵다. 이런 이유로 실제적인 가업을 영위하는 기업가가 아니라 자산가들의 상속세 회피 수단으로 전락한 지금의 가업상속공제제도를 개편할 필요가 있다. 실질적인 가업 상속이 되도록 피상속인이 사업을 경영하는 기간도 더 확대하고 상속인의 도덕적 해이를 막을 수 있는 추가 장치도 두는 등 좀 더 엄격한 요건을 마련해야 한다. 또한 기업 상속으로 인정받은 경우 승계받는 기업인이 자부심을 느낄 수 있는 구조를 만들어야 할 것이다.

2015년 기준 매출액 3,000억 원 미만 기업은 약 59만 개인데 이들 중 상당수 기업의 자녀들은 가업상속공제제도로 상속세를 전혀 내지 않게 되어 있다. 최근 상속세법 시행령이 개정되기 전까지는 건물 임대·관리 업도 가업으로 인정받는다는 사실이 언론에 대서특필되기도 하였다. 대한민국 인구의 1.2%에 달하는 60만 명이 거의 세금 한 푼 내지 않고 부를 대물림할 수 있도록 제도화하고 있는 것은 깊이 생각해볼 일이다. 2015년 기준으로 가업상속공제 건수는 67건으로 많지 않고, 공제액도 1,706억 원으로 적은 편이지만 앞으로 규모가 점점 확대될 것으로 예상되는 만큼 신중히 생각해야 할 문제다.

절세는 운명이다- ❷ 공익법인제도

대기업 오너 등 자산가가 상속세와 증여세를 줄이는 전형적인 방법은 공익법인을 이용하는 것이다. 공익법인이란 종교·자선·학술·사회복지·교육·의료 등 공익활동을 하는 법인을 일컫는다. 현행 세법은 상속이나 증여 시 공익법인에 재산을 출연하면 공익법인과 출연자의 관계와 상관없이 모든 세금을 면제해준다.

우리나라의 전체 공익법인은 2015년 기준으로 3만 5,000개 정도에 달한다. 공익법인은 말 그대로 국가의 손이 닿지 않는 곳까지 공공의 이익을 위하는 행위를 할 목적으로 설립 및 운영되는 조직이므로 세금을 부과하지 않는다. 이런 이유로 공익법인의 고유한 목적사업에 대해서는 부가가치세도 부과하지 않고 부동산을 취득해도 취득세나 재산세가 전액 면제된다. 공익법인에 출연하는 재산에 세금을 부과하면 그만큼 '좋은 일'에 쓰일 자금이 줄어들기 때문에 이를 지원하기 위한 취지에서다.

하지만 이러한 점을 이용한 상속세와 증여세 회피는 어제오늘의 문제가 아니다. 공익법인 출연을 통한 상속세, 증여세 회피가 만연한 것은 그만큼 제도적 허점이 많다는 것을 의미한다. 대기업 오너 일가가 유독 이 방법을 선호해온 것도 이것이 가장 확실한 절세 방법이기 때문이다. 그렇다면 과연 어떤 점이 대기업의 절세에 유리한지 살펴보자.

우선 공익법인의 경우 이사장이나 이사, 감사 등의 핵심 보직을 자신의 직계친족이나 가족에게 줄 수 있고 급여도 지급할 수 있다. 비록 이들이 전체 이사 구성원 중 5분의 1 이상 취임할 수 없도록 제한하고 있지만 공익법인의 운영은 출연자와 가족들의 의사와 방침에 따라 운영될 수밖에 없다.

다음으로 공익법인을 이용해 기업의 의결권을 행사할 수 있다. 공익법인에 출연할 수 있는 주식은 출연자 회사 총발행주식의 5%까지 가능하다. 상장 대기업은 5% 주식 지분을 가지고도 경영권이 뒤바뀐다. 따라서 자녀에게 상속이나 증여를 통해 기업을 물려주고 싶은 기업주는 우선 자기 회사의 주식 5%를 출연하여 공익법인을 설립하고 세금을 완전히 면제받는다. 이 경우 세법상 사후관리 등 다른 요건이 있지만 경영권 방어나 기업 승계 목적으로 활용하는 데 아무런 장애가 되지 않는다. 더구나 성실공익법인으로 인정받으면 주식의 10~20%까지 출연할 수 있다.

이렇다 보니 재벌 등 대기업 집단이 운영하고 있는 공익법인만 해도 60여 개가 넘는다. 자산 규모가 1조 원이 넘는 대기업 계열의 공익법인만 4개나 된다. 이들이 공익법인을 운영하는 것은 순수하게 공익적 활동을 하려는 목적도 있지만 상속세와 증여세를 무제한 면제받으면서도 출연 재산을 실질적으로 소유하거나 사용할 수 있기 때문이기도 하다.

하지만 공익법인에 대한 감독규정이 없는 것은 아니다. 공익법인이 출연재산을 공익목적에 사용하도록 강제하고 임대료나 이자, 배당금 등 출연재산에서 발생한 소득은 대부분 반드시 공익사업에 사용해야 한다는 조건이 붙는다. 투명한 회계처리를 위해 회계장부도 엄격히 수익사업과 목적사업으로 구분하여 기장하도록 하고 있다. 예를 들어 자선단체가 소유한 건물을 이용해 카페를 운영하게 되면 수익사업으로 회계처리하고 이러한 수익을 다시 얼마만큼 공익사업에 사용하였는지 점검한다. 공익법인의 회계장부는 세무사, 회계사 등 외부 전문가의 확인을 받아 세무당국에 확인서를 제출하도록 하고, 자산 규모가 100억 원을 넘는 경우는 외부 감사인으로부터 회계감사까지 받도록 의무화하고 있다.

하지만 이러한 견제장치에도 불구하고 다수 공익법인은 실질적으로 출연자로부터 독립되고 투명성이 확보되었다고 인정받지 못하고 있다. 이에 따라 2017년 공익법인의 회계처리를 통일되고 투명하게 할 수 있도록 '공익법인 회계기준'을 제정하기도 하였다.

무엇보다 공익법인에 대한 세무당국의 관리와 관심이 매우 부족하다는 것은 문제이다. 관할 세무서의 세무공무원 1명이 세금 납부실적도 거의 없는 수백 개 공익법인을 담당하다 보니 관리가 제대로 될 리가 없다. 공익법인이 실제 목적과 상관없이 운영되는 경우에도 이를 통제할 방법이 마땅치 않다. 원래 취지인 공익성을 담보하기 위한 장치로서 시민공익위원회를 설립하여 감시·감독하자는 논의가 시작되었지만 아직 활성화되지 못하고 있다.

또한 일부에서는 공익법인이 보유하고 있는 주식의 의결권 행사를 제한하는 방안을 제시하기도 한다. 현재는 총발행주식 중 세법이 허용하는 범위까지는 세금 없이 공익법인이 소유할 수 있도록 하고 의결권 행사도 허용되어 있다. 그러나 의결권 행사를 제한한다면 어떤 사람이 공익법인에 자신의 주식을 출연하려 하겠는가? 현실적으로 쉽지 않다.

공익법인을 통한 상속세와 증여세 조세회피를 방지하기 위해서는 기부문화 활성화 차원에서 설립과 운영은 장려하되 본래 목적에 맞게 출연금과 수익금을 전액 공익 목적에 사용하게끔 제도를 촘촘하게 재설계할 필요가 있다. 공익법인의 공익활동은 국가가 해야 할 일을 법인이 대신하는 셈이므로 나라가 발전하여 복지 등 공익기능이 확충되면 그만큼 공익법인의 기능과 역할도 줄어드는 것이 맞다.

절세는 운명이다– ❸ 증여세 포괄주의

일부 전문가들은 상속세 및 증여세법을 두고 '날이 죽은 칼' 또는 '바보세'라고 부르기도 한다. 가진 사람들은 어떻게든 상속세와 증여세를 적게 내기 위해 온갖 방법을 다 동원하지만 세무당국은 문제가 발생하고 나서야 칼을 빼서 휘두르기 때문이다. 이는 우리나라뿐만 아니라 전 세계가 공통적으로 직면한 문제이기도 하다.

특히 증여세는 몇 가지 세금회피 유인이 있다. 현대인의 수명이 길어진 만큼 지속적인 증여 없이는 경영권 승계가 불가능하다. 또한 부모가 생전에 자녀에게 재산을 증여해주고자 하는 유인도 있다. 하지만 증여는 상속에 비해 상대적으로 내야 할 세금도 적지 않고 주위에 보는 눈도 많다. 따라서 증여는 사전계획tax planning을 세워 이뤄지는 경우가 많다.

상속세 및 증여세법은 제33조부터 제45조의 5까지 방대한 양에 걸쳐 본질적인 법률상 증여행위 외에도 증여의제나 증여추정으로 불리는 예외조항을 두고 있는데, 이는 바로 변칙증여를 통한 조세회피를 방지하기 위한 역사적 산물이기도 하다. 몇 가지 사례를 보면 왜 이 사회가 공정하지 않은지, 공정한 사회를 위해서 왜 증여세 개혁이 중요한지 이해할 수 있다. 알기 쉬운 사례를 예로 들어보자.

가. 명의신탁

증여세를 회피하기 위한 가장 쉬운 방법은 본인 명의의 재산을 다른 사람에게 돌려놓는 것이다. 1970~1980년대에 부동산·금융재산 명의신탁은 비일비재했다. 이명박 전 대통령은 부동산과 기업 자체를 명의신탁한 것으로 알려졌고, 이건희 삼성 회장은 명의신탁한 주식을 상속받고 타인 명의의 예금을 보유했다. 이처럼 각종 재산을 명의신탁하는 행위는

1993~1995년 금융실명제와 부동산실명제가 도입되기 전까지는 막을 길이 없었다. 부동산실명제로 부동산의 명의신탁행위가 불법화되었고 주식의 경우에는 명의수탁자*에게 증여받은 것으로 보아 증여세를 납부하게 함으로써 명의신탁을 통한 조세회피를 방지하도록 하였다.

나. 부동산 무상사용

부동산을 많이 보유한 사람이라면 자녀가 운영하는 커피숍 등을 건물에 입주시킨 후 주변 시세보다 낮은 임대료나 무상으로 임대한다. 이 경우 자녀는 주변 상가 임차인들보다 높은 수익을 올리면서 지속적으로 커피숍을 운영할 수 있다. 이러한 친인척관계에 있는 특수관계인特殊關係人 간에 부동산 등 재산을 저가 또는 무상사용하는 경우도 정상 임대료 상당액을 증여받은 것으로 보아 증여세를 과세한다.

다. 자금의 무상증여

흔히 강남으로 대변되는 부유층 지역의 자녀들은 손쉽게 부모에게서 재산을 증여받는 경우가 많다. 그중 하나가 자녀를 분가시키거나 보유할 집을 마련해주는 것이다. 집을 사주는 경우도 있고 적지 않은 금액의 전세금을 대신 내주는 경우도 있다. 분가나 결혼으로 인한 재산 증여행위

---

* 명의신탁약정에 따라 실권리자의 부동산에 관한 물권을 자신의 명의로 등기하는 자를 말한다.

는 사회통념상 인정되는 범위가 모호하다는 점을 이용하여 별다른 탈세의식 없이 광범위하게 이뤄져왔다. 하지만 자녀에게 재산을 증여하여 부동산을 취득하게 하거나 전세자금을 대신 내주는 행위는 엄연히 증여세 과세대상이다.

라. 주식 상장 차익 증여

비상장인 A기업을 운영하던 기업인이 상장을 앞두고 주식가격이 낮을 때 자녀들에게 5%씩 주식을 증여한 후 이듬해 코스닥시장에 기업을 상장시켰다. 상장 이후 주식가격은 액면가의 5배 이상 뛰었고 이 때문에 자녀가 보유한 주식의 가치는 5배가 되었다. 이처럼 상장은 물론 개발사업의 시행이나 허가, 취득 등으로 재산가치가 증가함으로써 이익을 얻은 경우에도 증여할 때의 재산가치뿐만 아니라 5년 내 얻은 이익 전부에 대하여 증여세를 과세한다.

마. 특수관계인 간 일감 몰아주기

상장기업 H기업의 사장은 굴지의 자동차회사를 운영한다. 그는 사업 규모가 커지자 자동차 물류회사도 설립해 함께 운영하고 있다. 현재까지는 규모가 크지 않았지만 향후 이 물류회사에 일감을 할당할 계획이다. 사장은 물류회사 지분을 모두 자녀가 갖도록 했다. 부품회사에 매년 차량을 운송하는 일감을 몰아주었고, 물류회사는 매출이 점점 커져 모기업인 H만큼 커졌다. 자녀가 한 일이라고는 물류회사의 주식만 가지고 있었을 뿐이다. 특정 기업에 일감을 몰아주어 주주의 주식가치를 높인 행위 역시 증여세 과세대상이다.

우리나라의 많은 재벌대기업은 지난 수십 년간 세법의 허점과 과세당국의 허술한 감시망을 이용하고 세법이 예정하지 않은 새로운 방법을 동원하여 지속적으로 증여세를 회피해왔다. 증여세 회피를 통한 승계사례는 삼성이 대표적이다. 삼성 이건희 회장은 비상장 계열사인 에버랜드에서 전환사채(CB)를, 삼성SDS에서 신주인수권부사채(BW)를 발행하는 등 낮은 평가가액이 적용된 신종사채를 이용하여 쌈짓돈으로 아들인 이재용 부회장이 인수하게 했다. 해가 지날수록 회사 가치가 눈덩이처럼 불어났지만 결국 과세당국은 낮은 가격으로 사채를 인수한 행위나 사채의 주식 전환으로 인한 이익에 증여세를 한 푼도 부과하지 못했다. 단지 사법부에서 CB, BW 등 신종사채의 저가 발행이 배임죄인지만 쟁점이 되었을 뿐이다.

최근 수사로 주식회사 다스 역시 이명박 전 대통령의 차명재산이라는 사실이 새롭게 밝혀졌다. 이명박 전 대통령 또한 아들 이시형 씨로 하여금 몇몇 회사를 설립하게 하고 그 회사에 일감을 몰아주기도 했다. 어떤 하청 납품회사의 경우 일감을 끊어버려 회사를 고사시키고, 이를 이시형 씨가 매입하게 했다는 의혹도 제기되었다. 갖가지 증여세 탈루 유형의 종합세트가 아닐 수 없다.

이처럼 증여세 회피는 그 행위를 저지르는 재벌대기업과 기업주들의 삐뚤어진 납세의식과 행동을 탓해야 하지만 나날이 변칙적인 방법으로 증여세를 탈세하려는 행위에 효과적으로 대처하지 못한 정부의 잘못 또한 크다. 이런 이유로 노무현 정부는 2003년 세법에 '모든 재산이나 이익의 무상의 이전'에 대하여 포괄적으로 과세할 수 있도록 하는, 이른바 '완전포괄주의' 과세 규정을 두게 되었다. 상속세 및 증여세법 제4조에 해당한다.

하지만 과세당국이 이 규정에 따라 증여세를 부과해도 법원이 이를 위법하다고 판결하는 경우가 허다하다. 세금은 조세법률주의, 특히 과세요건명확주의에 따라 과세대상과 과세금액을 명확하게 정해 부과해야 하는데 포괄적인 규정만으로는 세금을 부과할 수 없다는 것이다. 이에 따라 예외조항을 새로이 두어 규율하기 시작하였고 그 규정들은 해가 지날수록 늘어났다. 그 결과 지금은 웬만한 증여유형에 대해서는 포괄주의와 예외조항 규정에 따라 과세가 가능하게 되었다고 할 수 있다.

요즘 비트코인 등 암호화폐Cryptocurrency 또는 가상화폐 투자가 광풍을 이루고 지나갔다. 그러자 계산이 빠른 부모들은 비트코인을 매입하여 자녀에게 증여하거나 고사양 컴퓨터그래픽 프로그램 등으로 채굴기採掘器를 사용하게 함으로써 암호화폐를 취득하기도 한다. 이런 경우 '증여'로 보아야 할까? 암호화폐를 '재산'으로 볼 수 있을까? 또한 채굴기만 사주었을 뿐인데 이를 '증여'로 보아야 할까? 쉽지 않은 문제다.

점점 더 기울어져가는 운동장, 상속·증여세 개편이 필요한 이유

이처럼 자산가는 항상 도망가고 과세당국은 항상 뒤쫓아간다. 톰과 제리처럼 말이다. 그 결과 상속·증여세는 일반인들에게는 '무관심의 대상', 고액 자산가·재벌에게는 '회피의 대상'이 되어버렸다. 일반인은 보통 상속세와 증여세를 납부할 일이 거의 없다. 당신이 상속세를 냈다면 특별한 수준의 상속을 받은 것이다. 하지만 증여세는 사실 이래저래 납부할 일이 많다면 많다. 세법상으로 부양 의무가 있는 자녀에게 사회통념상 필요하다고 인정되는 교육비, 생활비, 혼수용품은 비과세되지만 자녀에게 증여하고자 할 때에는 10년 동안 5,000만 원까지는 증여세가 면제된다. 하지만 이 같은 원칙이 지켜지는 경우는 흔치 않다. 강남 아파트 전세자금 증여 같은 예외적인 경우를 제외하면 과세당국이 관심조차 갖지 않는 경우가 대부분이다. 상속세와 증여세에 대한 세원 관리가 지금보다 더욱 철저히 이루어져야 하는 이유다.

사회 구성원들이 좌절하지 않고 더불어 살 만한 세상이 되려면 기회는 공정하고 결과는 정의로워야 한다. 상속세 및 증여세법을 비롯한 세법은 공평과세에 의한 적정한 소득재분배로 이를 관철하는 하나의 도구여야만 한다. 하지만 과세당국은 자산가의 뒤를 쫓고 자산가는 그보다 앞서 전문가의 도움을 받아 과세를 회피하는 방법을 찾아내는 것이 현실이다. 자산가들의 세금인 상속세와 증여세가 온갖 조세회피의 온상이 되는 이유가 이 때문이다.

상속세와 증여세는 이미 기울어진 운동장의 수평을 이루는 도구이다.

하지만 우리나라는 물론 다른 나라의 상속세와 증여세는 이 같은 기능을 충분히 수행하지 못한다. 아니 오히려 정책적으로 상속과 증여를 통한 부의 세습이 원활하게 이루어지도록 돕기도 한다. 가업상속공제제도나 공익법인제도가 그렇다. 제도가 본래 취지에 어긋나게 변질되어 운영되고 있다고 볼 수 있다. 특히 증여의 경우는 과세관청과 자산가 사이에 이러한 제도적 갈등이 치열하게 나타난다.

과세당국도 과세를 엄정하게 과세집행하기 위해 필요한 노력을 기울여야 한다. 예를 들어 국세청 조직에 편법·불법적인 상속세와 증여세 탈루 행위를 항시적으로 감시하고 관리하는 '자산조사국'을 신설하는 것도 방법이다. 만일 과세당국이 1980년대부터 자산가들이나 재벌기업의 편법 상속·증여에 조사력을 집중했다면, 과연 삼성그룹 이건희 회장이 주식과 예금의 명의신탁을 통해 천문학적인 금액의 상속세를 탈루하거나 이명박 전 대통령이 다스 주식을 차명재산으로 가질 수 있었을까? 상속과 증여 행위에 대한 과세제도를 완비하는 것 못지않게 과세당국의 촘촘한 세원 관리가 중요한 이유다.

또한 상속세의 경우 각종 상속공제제도로 인한 지나치게 높은 면세점은 현실에 맞게 조정해야 한다. 증여세는 국민생활에서 흔히 발생하는 증여행위에 대한 과세제도와 징수행정이 더욱 조밀하게 이뤄져야 한다. 아울러 상속세와 증여세를 자진신고하는 경우 산출세액의 일부를 공제해주는 신고세액공제 제도는 그 규모에 관계없이 줄여가는 것이 마땅하다. 가업상속공제의 경우도 상장기업이나 중견기업은 배제하고, 과도하게 공제되는 경우는 합리적으로 조절해야 한다. 반면에 진정한 의미의 가업을 계승하는 등 사회적으로 보호할 필요가 있는 기업을 집중 지원해야 한다.

미국 부시 행정부가 상속·증여세를 폐지하려고 할 때, 가장 많은 혜택을 보게 될 것으로 예상된 미국 최고 갑부 워런 버핏Warren Buffett은 2007년 11월 상원 재정위원회에 출두하여 다음과 같이 말했다.

미국 사회에서 능력주의 사회의 적이 되는 부의 세습이 나날이 증가하고 있으며, 기회의 균등은 쇠락하고 있다. 민주주의에서 금권정치로의 이동을 제어하기 위해서는 누진적이며 의미 있는 상속세가 필요하다.

세계 최고 갑부가 정부가 상속·증여세를 폐지하려고 하자 미국 상원에 나가서 이를 반대하는 증언을 하였다는 것은 우리에게 많은 시사점을 던져준다. 우리나라 자산가 중에서 이런 사람들은 과연 언제쯤 나타날까? 열심히 일해서 부를 이룬 사람들이 국민으로부터 존경받는 사회가 정착되길 기대한다.

5

부가가치세

자영업자의 적? 세금 도둑?
부가가치세의 참모습은 무엇인가

부가가치세로 시작해서 부가가치세로 끝나는 구 사장의 하루

부가가치세(이하 '부가세'로 통칭)는 여느 세금보다 우리의 일상생활과 연관이 깊다. 매년, 매주, 매일, 매 시간 우리를 따라다닌다. 다음 '구두쇠' 씨라는 가상인물의 에피소드를 보며 부가세의 존재를 음미(?)해보자.

구두쇠 씨는 서울 마포에서 갈빗집을 운영하는 사장님이다. 점심에는 직장인들을 위해 갈비탕을 팔고, 저녁에는 술손님들을 위해 양념갈비를 구워 판다. 구 씨는 아침에 일어나자마자 딸기와 우유를 함께 갈아 마신다. 아이들은 아빠가 만들어준 딸기우유가 맛이 없다며 시판되는 S우유사의 딸기우유를 사달라고 조른다. 하지만 구 씨는 단호하다. 시중에서 파는 딸기우유가 200원 더 비싸기 때문이다.

구 씨는 지난겨울에 경기가 좋아 갈비를 많이 팔았기에, 금년 봄 일본에 벚꽃구경을 가기로 했다. 일본 여행을 떠나기 전에 인터넷 면세점에서 새 지갑도 장만할 예정이다. 백화점에서 파는 지갑보다 인터넷 면세점에서 파는 M사의 지갑 가격이 훨씬 저렴하다. 면세점에서 주는 쿠폰과 적립금을 합치면 시판가보다 20%나 저렴하기 때문이다. 그는 결국 오늘 출근하기 전에 인터넷 면세점에서 지갑을 20만 원도 안 되는 가격에 구입했다.

집에서 나와 가게로 향하는 길에 요새 유행하는 외식사업가 B씨의 요리책도 샀다. B 씨는 설탕을 식자재로 많이 활용하는데, 구 씨는 요새 양념갈비 맛이 예전만 못하다는 소리에 B씨의 조리법을 본뜬 새로운 조리법을 개발하려는 중이다.

구 씨는 10시에 가게에 나와 장부를 들춰봤다. 구 씨의 지난해 매출액은 4억 원이 넘 었는데, 어제 세무사로부터 연락이 왔다. 매출액이 4억 원을 넘겼기 때문에 올해는 세 금을 좀 더 내야 할 것 같다고 했다. 게다가 식자재 구입 금액에 적용되는 공제도 줄었 다고 했다.

구 씨는 아무리 머리를 짜내어 봐도 세금을 줄일 방법이 생각나지 않았다. 요사이 고 객들이 신용카드를 많이 사용하기 때문에 매출도 그대로 신고할 수밖에 없다. 세무사 는 고객들이 신용카드를 쓰는 것이 나쁘지 않다고 했다. 11시는 식자재가 들어올 시간 인데, 식자재값도 절감할 수밖에 없었다. A사가 식자재 가격을 10% 할인해준다고 하 여 B사에서 A사로 거래처를 바꾸기로 했다.

① 구두쇠 씨는 개인 자영업자이다. 자영업자는 누구나 매출에 따르는 부가세를 납부해야 한다. 1, 4, 7, 10월 25일마다 부가세를 납부해야 한다. 1월과 7월은 확정신고, 4월과 10월은 예정신고를 한다.

② 구 씨의 자녀가 사달라는 딸기우유가 200원 더 비싼 이유는 딸기우 유가 가공품이기 때문으로 농산품인 딸기와 흰 우유에 붙지 않는 부가세가 붙기 때문이다.

③ 구 씨가 인터넷 면세점에서 M사 지갑을 싸게 살 수 있는 이유는 부 가세를 비롯한 각종 세금이 면제되기 때문이다.

④ 구 씨가 구입한 요리책에는 부가세가 붙지 않는다. 책은 부가세가

〈표 15〉 공급사슬과 부가세의 원리

면제된다.

⑤ 구 씨가 세금을 더 내야 하는 이유는 매출이 증가한 탓도 있지만, 농수산물 의제매입세액공제제도 때문이다. 매출액이 4억 원을 넘어가면 농수산물을 구입한 비용에 대한 매입세액공제 한도가 55%(2억~4억 원 이하), 60%(2억 원 이하)에서 45%로 줄어든다.

⑥ 세무사가 구 씨에게 고객들이 신용카드를 사용해도 나쁘지 않다고 한 이유는 신용카드 매출세액공제제도 때문이다. 세무당국은 고객들의 신용카드 사용액에 따라 자영업자들의 매출세액에서 일정액(1~2.6%)을 공제해준다.

부가세Value Added Tax는 재화 또는 용역의 생산 및 유통 모든 단계에서 사업자가 생산하는 부가가치에 과세되는 조세이다. 자본주의의 원리가 극명하게 드러나는 세금 항목이기도 하다. 애덤 스미스는 분업을 자본주의의 요체로 보았는데, 하나하나의 분업과정에서 가치가 창출되기 때문

부가가치세
매출세액(매출금액×10% 세율) − 매입세액(매입금액×10% 세율)

이다. 농부가 딸기를 재배하면 주스회사는 이를 사들여 딸기주스를 만든다. 주스회사가 생산한 딸기주스를 도매상에 넘기면, 도매상은 소매상에 주스를 판매하고, 소비자는 소매상인 슈퍼마켓에서 딸기주스를 사서 마신다. 가공단계가 늘어날수록 부가가치는 더 창출되고, 소비자는 편리하게 상품을 소비한다.

부가세를 계산하는 방법에는 크게 세 가지가 있지만 부가세를 도입한 거의 모든 나라가 사용하는 대표적인 방법은 전단계세액공제법credit-invoice method이라 한다. 우리나라 역시 이를 적용하고 있다. 사업자의 매출가액 전체에 세율을 곱하여 매출세액을 계산하고, 매입할 때 징수당한 세액(매입세액)을 공제하여 산출된 금액을 부가세로 납부한다.

매입세액은 세금계산서로 입증하므로 이를 증명하기 위해서 사업자는 거래 상대방에게 세금계산서 교부를 요구해야 한다. 부가세는 거래단계마다 세금계산서를 주고받음으로써 거래당사자 간 상호검증이 가능하기 때문에 과세표준 양성화에 큰 효과를 발휘할 뿐만 아니라, 사업자의 소득세나 법인세까지 교차검증할 수 있다.

이런 부가세 개념은 1918년 독일의 산업가 빌헬름 폰 지멘스Wilhelm von Siemens가 처음으로 사용했지만 지금은 그 적용 범위가 훨씬 넓어졌다. 부가세는 1954년 프랑스가 최초로 도입한 이래 현재 166개국, 즉 전 세계 대부분 국가가 도입하였다. 최근에도 여러 개발도상국이 경제개발에 필요한 재원을 조달하는 방안으로 부가세를 도입했거나 도입을 검토 중이다.

몇 가지 재미있는 사례를 들어보자. 편의점에서 오레오 쿠키를 살 경우 2,700원 정도가 물건 가격이고, 나머지 270원은 부가세이다. 쿠키는 가공과정을 거치며 그 가치가 증가되었다고 보아서 부가세 270원을 부과한다. 또한 구 씨 사례에서 보듯이 딸기우유에는 부가세를 과세하지만, 일반 우유에는 과세하지 않는다.

또 다른 사례로 홈쇼핑에서 파는 피조개를 보자. 어민들이 채취한 피조개는 도시민들의 편의를 위해 껍데기를 열어 속살만 판매된다. 피조개 껍데기는 살짝 데쳐서 까면 쉽게 열리지만 아무래도 도구가 있어야 열기 편하다. 피조개를 먹어본 독자들은 쉽게 이해할 것이다. 어쨌든 이러한 가공과정에서 문제가 되는 것은 역시 세금이다. 국세청은 물에 살짝 데치는 것도 가공의 한 과정이라고 봤기 때문에 부가세를 납부해야 한다고 했다. 물에 데친 피조개를 가공식품으로 간주한 것이지만 어민들로서는 어리둥절할지도 모르겠다.

아시아에서 최초로 부가세를 도입한 한국

그렇다면 우리나라에는 부가세가 언제 도입되었을까? 우리나라는 IMF로부터 자문을 받아 1977년 아시아에서는 최초로 부가세를 도입하여 40년 넘게 운영하고 있다. 경제개발에 필요한 재원을 원활하게 조달하기 위해서 이전의 영업세, 물품세 등 8개 간접세를 폐지하고 부가세를 도입하였는데, 프랑스나 독일의 사례를 많이 참조하였다. 이전에는 물품세 등 각종 간접세 종류가 많고 복잡하여 부정부패의 여지가 많았으며, 최종 공급자에게 과도한 부담이 집중되어 탈세 등 부작용이 많았다. 이에 세제개혁과 함께 경제발전에 필요한 재원을 원활하게 조달하고 경제적 자립을 확립하기 위해 부가세를 도입하였다.

1977년 처음 도입할 당시 부가세는 국민들에게는 완전히 생소한 세금이어서 조세저항이 매우 심했다. 부가세는 물품세와 달리 모든 거래단계에서 증빙이 필요하며, 이에 기초하여 매출세액에서 매입세액을 차감한 부분을 국가에 납부하게 되어 있기 때문이다. 따라서 사업자들은 거래단계마다 세금계산서를 주고받아야 했기 때문에 번거로움이 컸다.

1977년 우리나라의 사회환경은 지금과는 비교할 수 없을 정도로 열악하였다. 대부분 상거래는 현금으로 이루어졌으며 신용카드는 물론 컴퓨터도 없던 시절이었다. 제대로 된 기업이나 사업자 수는 별로 없고, 소규모 영세 자영업자가 대부분이었다. 종전의 판매세는 최종 소비단계에 세금을 부과했지만, 부가세 제도하에서는 모든 거래단계마다 세금계산서를 교부하고 세금까지 내야 하니 사업자도 세무당국도 부담이었다. 그래서 도입 당시 소액의 세금에 대해서는 소액부징수제도少額不徵收制度라 하여 아예 세금을 납부하지 않게 했다. 지금의 간이과세제도의 모태다.

부가세는 눈먼 세금인가?

대부분 사람들은 본인들이 직접 납부하는 소득세나 법인세에 대한 관심은 많은데, 간접세인 부가세에 대해서는 관심이 덜하다. 국회에서도 이런 상황은 비슷하다. 부가세법 개정 연혁을 봐도 소득세나 법인세에 비하여 그 횟수가 훨씬 적다. 이유가 뭘까? 부가세는 내국세의 약 29.8%, 국세의 약 24%를 차지할 만큼 세수 기여도가 높은 세목 중 하나인데도 왜 이렇게 관심이 적을까?

부가세는 거의 모든 국민이 담세자이지만 직접 국가에 납부하는 직접세와 달리 간접세이기 때문이다. 즉 담세자와 납세자가 다르다. 그리고 지난 40년간 10%의 세율이 변동 없이 유지되고 있는 데다가 그동안 중요한 제도 변화도 없었기에 더욱 그렇다. 또 간접세이므로 경제활동을 하는 모든 국민이 부담하지만, 이를 납부하는 사업자 수는 2015년 기준 약 584만 명으로 근로소득 신고 인원 약 1,700만 명에 비해 훨씬 적다. 따라서 부가세는 도입하기가 쉽지 않지만 일단 도입되면 간접세의 특성상 납세자의 관심 밖으로 밀려난다. 부가세를 부담하는 자와 납부하는 자가 분리되어 내가 부담한 부가세가 과연 국가에 제대로 전달되는지 관심이 없어지며 알 수도 없다.

최근 복지수요가 증가하면서 이에 필요한 재원을 조달하는 방안으로 부가세율을 인상하는 방법이 논의될 법도 한데 정치권에서 전혀 논의가 되지 않은 이유도 마찬가지다. 1977년 도입 당시 조세저항이 매우 심하여 부마항쟁의 한 원인이 되었다는 분석도 있어서 여야 모두 부가세율

〈표 16〉 OECD 주요국의 부가세 도입 시기와 세율체계

국가	도입 시기	표준세율(%)	경감세율(%)
덴마크	1967	25.0	0
프랑스	1954	20.0	2.1/5.5/10.0
독일	1968	19.0	7.0
네덜란드	1969	21.0	6.0
스웨덴	1969	25.0	0/6.0/12.0
노르웨이	1970	25.0	0/8.0/15.0
벨기에	1971	21.0	0/6.0/12.0
이탈리아	1973	22.0	4.0/10.0
영국	1973	20.0	0/5.0
스페인	1986	21.0	4.0/10.0
포르투갈	1986	23.0	6.0/13.0
일본	1989	8.0	-
캐나다	1991	5.0	0
폴란드	1993	23.0	5.0/8.0
핀란드	1994	24.0	0/10.0/14.0
스위스	1995	8.0	0/2.5/3.8
호주	2000	10.0	0
한국	1977	10.0	0

출처: OECD, 2016 소비자 추세.

인상을 기피한다. 부가세율 인상 등 인기 없는 정책을 추진한 당은 다음 선거에서 필패할 것이라고 생각하기 때문이다. 우리나라처럼 40년 전 부가세를 도입할 때 정한 세율이 그대로 유지되는 국가는 찾아보기 힘들다. EU 소속 국가 대부분의 부가세율은 한국보다 훨씬 높으며 복수세율을 적용하는 나라도 많다.

자료상, 부가세 '먹튀'의 주범

부가세는 현재 전 세계적으로 166개국이 도입하여 운영하고 있는 가장 보편적인 세금이지만 이것이 부가가치세가 완벽한 세금이라는 것을 의미하지는 않는다. 부가세의 경우 사슬처럼 얽힌 징세구조로 인하여 탈세가 발생하기 쉽다. 특히 현금거래가 많은 사회일수록 사업자가 세금계산서를 정상적으로 발급하고 부가세를 납부하기보다는 탈세할 경우 얻을 수 있는 당장의 경제적 이득을 우선 생각하는 경향이 있다. 이는 비단 한국에만 국한된 문제가 아니다.

예를 들면 소비자들이 전자상가에 가서 가전제품을 구매할 때, 판매자가 현금결제할 경우 카드로 결제할 때보다 더 할인해주겠다고 소비자를 유인하는 경우를 자주 경험하게 된다. 판매자는 소비자가 현금으로 결제한 매출을 고의로 누락해 부가세뿐만 아니라 사업소득세도 탈세할 수 있기 때문이다. 더구나 우리나라는 간이과세자제도가 있고 간이사업자에게는 세금계산서 발급 의무가 없기 때문에 부가세 부과의 기초가 되는

<표 17> 자료상의 구조

제조 과정			유통 과정			
소기업 ⇒	중기업 ⇒	대기업 ⇒	도매상 ⇒	소매상 ⇒	소비자
자료상	자료상	자료상	자료상		

공급사슬supply chain이 단절되는 문제점이 있다.

유통단계별로 실물거래와 세금계산서 수수授受가 일치하지 않는 경우도 허다하다. 이들을 자료상 내지는 폭탄업체라 하는데, 거래관계 없이 사업자에게 매입세금계산서만 발급해주고 추후에 사업체를 폐업하는 경우다. 매출세액에서 매입세액을 빼는 부가세 납부 구조상 매입세액을 공제받으면 그만큼 납부해야 하는 부가가치세액이 줄어들기 때문이다. 그동안 국세청의 강력하고 지속적인 노력에도 불구하고 거래징수제도가 내재하는 제도적 한계로 자료상이 활개치고 있다.《국세통계연보》에 따르면 자료상 조사 실적은 2012년 1,898건, 2013년 1,768건, 2014년 1,575건, 2015년 1,553건으로 나타났다.

특히 환금성이 높은 제품이나 상품을 선택하고 부가세 거래징수제도의 허점을 교묘하게 이용하여 거액의 조세를 포탈하는 무자료업체가 성행하고 있는 실정이다. 폭탄업체는 시장수요 규모가 커 비교적 은닉이 용이하고, 환가성換價性이 높은 제품이나 상품을 선택하여 실제 거래를 축소하는 방식으로 부가세를 포탈한다.

독자들의 편의를 위해 예를 들어보자. A주유소가 B정유도매상으로부터 기름을 200톤 매입했다고 가정하자. 그런데 B정유도매상은 A주유소에 실제 기름을 300톤 공급했다. 100톤 분량의 기름은 농민들의 농산물 생산비용을 절감해주기 위해 정부가 공급하는 면세유免稅油를 빼돌려서 주유탱크에 채워놓았다가 이를 공급한 것이다. A주유소는 이 사실을 몰랐지만 워낙 기름값이 싸서 B로부터 공급을 받았고 100톤 분량에 대해서는 부가세를 납부하지 않았다. A주유소의 기름값이 주변 주유소보다 유난히 저렴하다는 제보를 받은 세무관서에서 면세유 부정 유통으로 A주유소와 B도매상을 조사하기 시작하자 B도매상은 유유히 사라졌고 A주유소는 탈세범이 되었다.

이렇듯 금, 귀금속, 주류, 유류, 철근 또는 시멘트 등의 건설 원자재, 컴퓨터 및 컴퓨터 부품 등이 자료상의 주요 대상 품목이다. 이러한 품목에 대한 부가세 탈세를 방지하기 위하여 정부는 금지금金地金,* 구리스크랩, 철스크랩 등에 대하여 공급자(매출자)가 아닌 매입자가 납부하는 매입자납부제도를 도입하였지만, 다른 업종에서도 이러한 수법을 이용한 탈세가 자주 발생한다.

심지어 수출업자를 위한 영세율零稅率제도를 악용하는 경우도 있다. 국제관례상 물품을 수출하는 기업의 경우 부가가치세를 납부하지 않는다. 이 경우 부가세의 매입세액은 모두 환급 대상이 된다. 부가세는 첫째, 국내에서 발생한 재화·용역의 거래에 대해서만 부과할 수 있기 때문이고 둘째, 국제 자유무역을 좀 더 원활하게 하기 위하여 전 세계적으로 합의

---

* 금괴·골드바 등 원재료 상태로서 순도가 99.5% 이상인 금을 말한다.

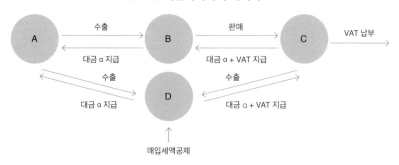

〈표 18〉회전목마사기 거래 구조

한 사항이기 때문이다.

그런데 폭탄업체들은 이를 악용한다. 우선 국내의 수출회사 A사, 해외 수입업체 B사, 해외 수출업체 D사가 결탁한다. A사는 우선 영세율을 적용받아 해외에 수출을 한다. 해외 수입업체 B사는 동일하게 영세율을 적용받아 A사 물건을 수입한다(수입품에 대해서도 동일하게 영세율을 적용하는 국가의 경우가 있어야 한다). 수입에 대해서도 영세율을 적용하는 국가의 경우 수입업체가 다른 제3의 업체와 거래하여 매출을 일으킬 때만 부가세를 부과한다. B사는 제3의 업체 C사에 물건을 팔고, C사로부터 부가세를 징수하지만 부가세를 탈루한다. C사는 아무것도 모르고 A·B사와 결탁한 D사에 물건을 넘긴다. 물론 C는 D에게 물건을 판매하면서 부가세를 납부했다. D사는 다시 A사에 물건을 수출하고 영세율을 적용받아 매입세액을 공제받는다. 이 구조에서 B는 세금을 내지 않았지만, D는 세금을 돌려받는다. 그리고 A, B, D사는 해외 국가로부터 사기를 쳐서 받아낸 세금을 골고루 나눠 먹는다. 국경을 넘어 여러 국가를 상대로 사기를 쳐 세금을 떼어 먹은 도둑들이다.

설명이 다소 어렵지만 이를 지칭해 '회전목마사기carousel fraud'라 한다. 마치 회전목마처럼 빙빙 돌아 사기를 친다고 하여 붙은 이름이다. 특히 EU 국가들의 경우는 국경 통제가 폐지되어 수입품에 대한 과세가 불가능해지면서 이러한 현상들이 발생한다.

내가 낸 세금, 어디로 갔을까?

일반적으로 소비자는 재화 또는 용역을 구입할 때 본인과 직접적인 관련이 있는 공급자-소비자 간 거래(B2C)에만 관심을 갖는다. 최종 소비에 이르기 전 여러 단계의 공급자-공급자 간 거래(B2B)는 잘 이해하지 못한다. 부가세는 소비자가 최종적으로 부가세를 부담하지만, 실제로는 소비자가 국가에 납부해야 할 부가세를 사업자가 징수하여 보관하고 있다가, 법으로 정한 일정 기간에 납부하는 일종의 거래징수去來徵收라는 방식으로 운영되고 있다. 사업이 잘되어 이익이 나면 문제가 없는데, 사업이 어려워져 폐업 또는 도산하게 되면 거래징수로 보관하던 부가세도 납부하지 못하는 경우가 허다하게 발생한다. 또 현금매출이 발생할 경우에는 이를 누락하여 부가세를 탈루하는 일도 일어난다. 자영업자들 중 통장에 매출과 부가세 항목을 나누어놓는 경우는 흔치 않다. 부가세도 사업매출처럼 인식하는 경향이 많기 때문이다.

납세자가 직접세를 납부하지 않은 경우에는 '체납滯納'이란 용어가 적당하지만 부가세의 경우에는 이미 납부한 세금을 중간에서 전달하지 않

〈표 19〉 세목별 체납액 발생 건수

(단위: 백 건)

구분	부가세	종합소득세	법인세	상속·증여세
2008	14,918	7,246	698	73
2009	14,742	8,073	651	82
2010	14,760	7,756	664	74
2011	15,332	8,266	691	122
2012	16,505	9,311	728	81
2013	17,495	9,486	723	73
2014	16,505	9,311	728	81
2015	20,192	10,770	812	125
2016	20,268	11,542	852	115

주: 1. 체납액 정리 실적(세목별) 중 해당연도 발생 건수를 기준으로 작성하였음.

  2. 전년 대비: 전년 대비 증감률, 즉 [(해당연도 체납 발생 건수 – 이전연도 체납 발생 건수)/이전연도 체납 발생 건수]의 비율

출처: 국세청, 각 연도 《국세통계연보》.

는 것이기 때문에 이 용어를 사용하는 것은 사실 적절하지 않다. 쉽게 말하면 누군가 납부한 세금을 정부가 도둑맞은 것이다. 내가 낸 세금을 도둑맞았는데, 정작 나는 도둑맞았는지도 모른다. 일종의 '배달사고'라고 할 수 있다. 〈표 19〉, 〈표 20〉의 《국세통계연보》 자료에 따르면 2015년 발생 부가세 체납 건수는 약 202만 건, 체납액은 약 9조 원에 이른다. 배달사고도 이런 큰 배달사고가 없다. 이런 배달사고로 국고에 정상적으로

⟨표 20⟩ 세목별 체납액 발생금액

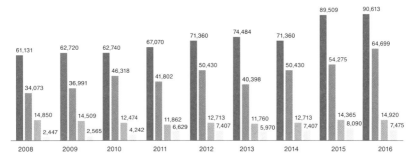

■ 부가세 ■ 종합소득세 ■ 법인세 상속·증여세   (단위: 억 원)

주: 체납액 정리 실적(세목별) 중 해당연도 발생 금액을 기준으로 작성하였음.

출처: 국세청, 각 연도 《국세통계연보》.

⟨표 21⟩ 총체납액 중 세목별 비중

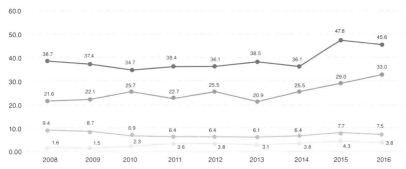

→ 부가세 → 종합소득세 → 법인세 상속·증여세   (단위: %)

주: 해당연도 총체납액(해당연도 발생액)에서 세목별 체납금액 비율임.

출처: 국세청, 각 연도 《국세통계연보》.

전달되지 않는 세금만 확보해도 복지에 필요한 돈을 상당 부분 조달할 수 있을 것이다. 체납액, 체납 발생 건수 모두 부가가치세가 가장 높다. 보통 심각한 문제가 아니다. 그렇지만 간접세라는 특성 때문에 납세자는 물론 정치권, 언론의 관심과 주목을 받지 못하고 방치되어 있다.

전체 체납액에서 부가가치세 체납액이 차지하는 비율(표 21)도 약 45.5% 로 종합소득세 체납액이 차지하는 비율 33%나 법인세 체납액 7.5%, 상속 및 증여세 체납액 3.8%에 비하여 월등하게 높다. 세목별 세수 대비 체납액 비율(표 22, 표 23)에서도 부가가치세의 경우 14.7%로 종합소득세 체납액 비율 9.4%, 법인세 체납액 비율 2.9%, 상속 및 증여세 체납액 비율 14%에 비하여 월등하게 높다. 특히 부가가치세는 종합소득세, 법인세, 상속 및 증여세와 달리 간접세라는 측면을 고려하면 부가가치세수의 약 14.7%가 체납된다는 것은 문제가 얼마나 심각한지 잘 나타내고 있다.

문재인 정부의 공약을 이행하기 위해서는 5년간 178조 원이 소요되는 것으로 예상되는데, 이 중 사회복지 분야에만 93조 5,000억 원이 필요하다. 문재인 정부의 인수위원회 격인 국정기획자문위원회에서 2017년 8월 14일 발표한 자료에 따르면 공약 재원을 세출 절감으로 95조 4,000억 원, 세입 확충으로 82조 6,000억 원을 조달한다고 하였다. 이 중 82조 6,000억 원의 세입을 추가로 확충하기 위해 초과세수 60조 5,000억 원, 비과세·감면 정비로 11조 4,000억 원, 탈루 세금 과세로 5조 7,000억 원, 세외수입 확대로 5조 원을 추가로 거두겠다는 계획이다. 여기에 기존의 부가세 배달 사고만 방지한다면, 큰 폭의 세율 인상 없이도 문재인 정부 5년 동안 상당수 재원을 조달할 수 있을 것이다.

〈표 22〉 각 세목수입 중 체납액 비중

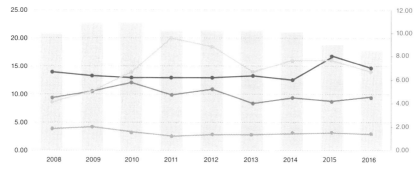

주: 1. 총(R) 값은 오른쪽 보조축으로 따로 표기함.

    2. 예산 및 세수실적 통계에서 세목별로 수납액에서 체납액을 나눠준 값을 백분율값으로 표기.

    3 총(R)은 해당연도 총세수실적(수납액)에서 총체납액(해당연도 발생액)을 나눠준 값을 백분율값으로 표기.

출처: 국세청, 각 연도 «국세통계연보».

〈표 23〉 2015년 세목별 체납 비율

(단위: 억 원)

구분	징수 결정액	체납액	체납 비율
소득세	665,044	54,275	8.2%
법인세	463,622	14,365	3.1%
부가세	603,168	89,509	14.8%

출처: 국세청, «국세통계연보», 2015.

부가세 탈루를 둘러싼 여러 문제점

OECD 회원국 중에서 현재 미국만 부가세를 도입하지 않고 있다. 물론 미국 내에서도 여러 가지 이유로 부가세를 도입해야 한다는 주장이 수십 년 전부터 제기되고 있다. 미국은 그 대신 지자체별로 판매세를 두고 있다. 전 세계적으로 OECD 국가는 34개국이 부가세를 도입하고 있고 평균적인 세율은 2010년 기준으로 19.2%이다. 독일이 19%, 프랑스와 영국이 20%로 매우 높다. 유독 우리나라와 호주가 10%, 일본이 8%로 상대적으로 낮은 부가세율을 적용하고 있다. 세수를 증대하기 위해서는 부가세율을 인상하면 가장 확실할 것이다. 2016년 기준 부가세의 세수가 약 61조 원이니 지금보다 2%p 인상한다면 12조 원 정도 세수가 증가한다고 예상할 수 있다.

그럼에도 현실적으로 부가세율을 인상하지 못하는 이유는 일본의 사례를 보면 알 수 있다. 2014년 일본 정부가 재정위기를 타개하기 위하여 부가가치세율을 기존의 5%에서 8%로 인상하였는데, 물가상승 압력 등 국민의 저항으로 원래 계획되었던 10%로 추가 인상은 계획대로 추진하지 못했다. 부가세율 변경은 자영업자한테 부담이 가중되고 바로 소비자 물가상승으로 이어지기 때문에 매우 민감한 이슈다. 대체적으로 동아시아 국가들의 부가세율은 EU 국가보다 낮은데 일본이 8%, 타이완이 5%, 싱가포르가 7%이며, 예외적으로 중국이 17%로 상대적으로 높다. 일본 아베 정부가 과도한 정부부채를 해소하고 저출산에 대처하겠다며 부가세율을 10%까지 올리려고 하지만 국민들의 반발이 심하다.

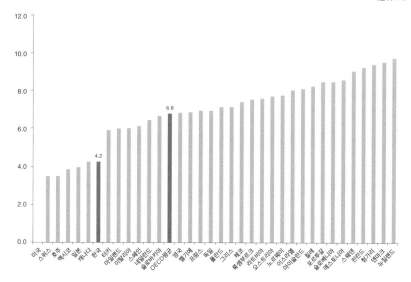

〈표 24〉OECD 회원국의 GDP 대비 부가세 비중(2014)

(단위: %)

출처: OECD, 2016년 소비세 추세.

우리나라는 40년간 부가세를 운영하고 있지만 여전히 우려스러운 문제점이 많다. 첫째, 간이과세제도 때문이다. 매출이 연간 4,800만 원을 넘지 않는 사업자는 간이과세사업자라 하여 세금계산서를 발급하지 않으며, 대신 업종별로 부가가치율(5~30%)을 곱한 세액만을 납부하게 한다. 매 거래단계별 세금계산서를 교부하고 수수하는 것은 부가가치세가 정상적으로 작동하는 데 매우 중요한 요소다. 그러나 간이과세사업자는 세금계산서 발급 의무가 없으므로 이들과 거래하는 공급자는 세금계산서를 발급받을 수 없어서 매입세액을 공제받기 어렵다. 이 때문에 세금계산서를 발급하는 일반사업자는 간이과세사업자와 거래를 꺼리는 경향이 있으며,

간이과세사업자 역시 가능하면 매출액을 누락하여 간이과세자로 남아 있으려는 유인이 있다. 과세당국은 부가세를 정상화하고 탈세를 방지하기 위하여 간이과세자제도를 폐지해야 한다고 오래전부터 주장해왔다.

반면 자영업자와 영세 소상공인을 대변하는 국회의원들로서는 간이과세 범위를 더 넓히려 한다. 물가가 상승했는데 어떻게 2000년 이후 약 18년 동안 연간 매출 4,800만 원의 동일한 기준으로 대상자를 동결하냐는 것이다. 요컨대 영세 자영업자에게 납세협력비용과 세 부담을 경감시켜주는 제도는 필요하지만, 부가세 운영의 근간이 되는 세금계산서는 정상적으로 발행하도록 제도를 개선하는 것이 필요할 것으로 보인다.

둘째, 우리나라 국민들의 인식이 물품이나 용역의 가격을 부가세와 분리하여 생각하지 않는다는 점이다. 부가가치세를 도입하면서 물품·용역 대금을 부가세와 분리해서 소비자가격에 기재하도록 해야 했지만, 불행하게도 도입 당시부터 이 둘을 분리해놓지 않았다. 이런 관행이 40년이 지난 지금까지도 남아 있다. 도입 초기의 이러한 잘못된 관행은 국민의 세금에 대한 긍정적 인식 형성에 결정적인 장애물이 되었다. 선진국처럼 백화점·편의점 등 사업자에게 가격표에는 물건값만 기재하게 하고, 소비자가 결제할 때 받는 영수증에 부가세를 별도로 표기하게 하였다면 오늘날 우리 국민의 납세의식이 지금보다는 향상되었을 것이다.

셋째, 공급자 간 거래에서 사용되는 어음제도도 부가세 탈루에 한몫 한다. 납품업체는 물건값을 어음으로 받으면, 이른바 '깡'이라고 하는 어음할인을 통해 현금화한다. 원래의 공급가액에 부가세액을 포함한 금액을 받지만 어음 할인으로 결제대금을 원래보다 낮게 지급받기 때문에 부가가치세를 납부할 여력이 없어진다. 정부에서 '상생협력, 동반성장'을 외치지만 현장에서는 어음 결제와 할인이 사라지지 않고 있다. 손해를 보는 납품업체나 하도급업체는 부가세를 납부하려 해도 이미 '깡'으로 물건값을 덜 받은 것과 다름없게 되니 부가세를 납부할 여력이 없어져 탈루 유인이 더 커진다.

부가세 배달사고, 어떻게 막을 것인가?

부가세 배달사고는 부가세를 도입한 모든 국가에서 공통적으로 겪고 있는 문제다. 이를 해결하기 위해 EU에서 제안하여 여러 국가에서 도입한 제도가 매입자납부제도Reverse Charge다. 기존의 공급자가 재화·용역의 매입자로 하여금 거래징수하는 방식을 바꾸어, 매입자가 부가세를 거래 직후 국가에 직접 납부하게 하여 부가세 체납이나 탈세를 원천적으로 방지하려는 것이다. 우리나라도 2008년 이후 금지금(골드바), 중고금, 구리 및 철 스크랩 등 부가세 탈세 가능성이 높은 업종의 B2B 거래에 매입자납부제도를 도입하여 운영하고 있다.

특히 회원국 간의 국제거래가 빈번한 EU는 이른바 회전목마사기를 이용한 부가세 탈세 규모가 매우 큰데, 2016년 발표된 EU 보고서에 따르면 폐업, 도산, 폭탄업체, 회전목마사기 등으로 인한 27개 회원국의 부가세 탈세 규모가 평균 12.77%라고 한다. 매년 208조 원에 해당하는 부가세가 정상적으로 국가에 귀속되지 않고 중간에 사라진다는 의미다.

⟨표 25⟩ 부가세 거래징수제도, 매입자납부제도 비교

[부가세(간접세) 거래징수 개념도]

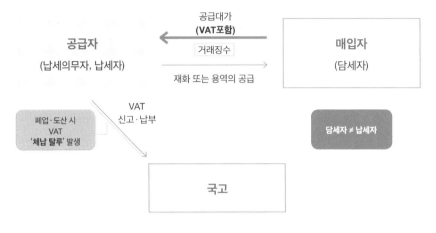

[부가세 매입자납부제도 기본 개념도]

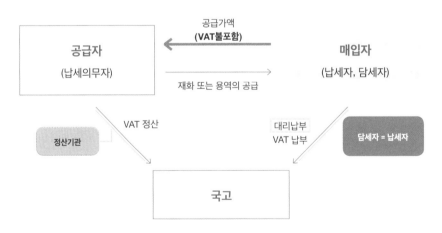

앞서 언급한 보고서에 따르면 부가세를 세계 최초로 도입한 프랑스의 탈세 규모가 11.71%, 이탈리아 25.78%, 그리스 28.27%, 독일 9.56%이다. 우리나라 부가세 탈세 규모는 아무리 보수적으로 계산하여도 최소 15% 이상인 것으로 추정된다. 매년 약 80만 개 내외의 사업체가 폐업하며 이들 사업자가 부가세를 체납하는 경우가 다반사다.

문재인 정부는 출범하면서 소비자의 신용카드 결제금액에 대해서 부가세 매입자납부제도를 도입하였다. 한국은행이 발표한 2015년 카드 사용액 현황 통계에 따르면 2015년 총민간소비 지출금액 771조 2,000억 원 중 685조 4,000억 원이 신용카드, 체크카드, 직불카드 사용액으로 88.9%에 달한다. 하지만 신용카드회사들은 매출액과 부가세액을 그대로 사업자에게 지불한다. 신용카드회사들은 거래의 중개자 역할만 수행할 뿐 부가세를 납부할 의무는 없기 때문이다. 이번 부가세 매입자납부제도는 이런 방식을 바꾸어 신용카드회사가 사업자의 부가세를 과세관청에 직접 납부하게 한 것이다. 우선 탈루가 많은 유흥주점 업종부터 시범시행하기로 하였는데 차후 전반적인 B2C 거래로 확대하면 부가세 체납과 탈루를 원천적으로 방지할 수 있게 된다. 마치 소득세법상 근로소득 원천징수처럼 말이다.

중산층 · 서민 · 자영업자를 따스하게 만드는 부가세?

지금까지는 부가세의 탈루를 막기 위한 제도만을 살펴보았지만 자영업자의 부담을 줄여주는 부가세 또한 존재한다. 면세제도, 의제매입세액공제제도, 마진과세제도, 면세유제도 등이다.

가. 면세免稅

부가세는 전 세계적으로 보편화되었지만 이를 도입한 모든 국가가 고민하는 문제는 부가세 세 부담의 역진성이다. 이러한 문제를 완화하기 위하여 생필품은 면세해주고 있고, 상당수 EU 국가에서는 경감세율을 둠으로써 부가세의 역진성을 어느 정도 완화해보려고 한다.

우리나라의 경우 부가세를 최초로 도입한 1977년부터 지금까지 10% 단일세율을 적용하고 있고, 생필품(농수산물, 수돗물, 연탄, 도서)과 생활 필수용역(시내버스비, 금융용역)에 대해서는 면세해주며, 개별소비세를 통하여 역진성을 어느 정도 완화하려고 한다. 최근에는 여성용 생리대도 면세품목으로 지정했다. 그러나 IMF, OECD 등 국제기구에서는 부가세의 역진성을 완화하기 위해서 복수의 세율을 두기보다는 단일세율로 부가세를 부과하되 거두어들인 세수를 취약계층을 위한 복지제도 등에 사용함으로써 역진성을 완화하는 것이 좀 더 효율적이라고 주장한다.

나. 의제매입세액공제

앞에서 설명하였듯이 우리나라의 부가가치세법은 전단계세액공제제도를 채택하고 있다. 그러나 부가세 면세대상인 농산물, 축산물, 임산물 등을 원재료로 공급받아 제조 또는 가공한 물품을 판매하는 경우도 있다. 이 경우에는 이론상 매입세액이 있을 수가 없다. 하지만 현실에서는 영세 자영업자의 어려움을 감안하여 마치 세금계산서를 받은 것처럼 공급받은 농산품 등의 가액에 업종별 또는 종류별로 일정 비율을 곱하여 계산한 금액을 매입세액으로 인정해 공제해준다. 이를 의제매입세액공제라고 한다.*

　설렁탕을 예로 들어서 설명해보자. 설렁탕의 원재료인 소고기, 파 등은 농수산물이지만 이를 한꺼번에 끓여서 설렁탕을 만들기 때문에 부가세 과세대상이다. 그러나 소고기에 대해서는 매입세액공제를 받을 수 없으니 의제매입세액공제제도를 적용해 일정 부분 매입세액을 인정하여 그만큼 부가세 부담을 경감해준다. 음식업자의 경우 개인은 매입액의 108분의 8, 법인은 106분의 6을 매입한 것으로 인정하여 매입세액공제를 허용한다. 한국음식업중앙회 등 요식업계에서는 부가세 부담을 줄이기 위하여 의제매입세액공제율 인상을 지속적으로 국회 등에 요구하고 있다.

다. 마진과세

마진과세제도는 세금계산서를 발행할 수 없는 자(소비자)로부터 중고품

---

* 의제擬制는 '서로 다른 사실이지만 법적으로는 동일한 것으로 보아서, 동일한 법적 효과를 부여한다'는 의미다.

을 매입한 과세사업자가 자신의 마진을 부가세 과세표준으로 해서 이에 일정한 비율을 곱하여 계산한 금액을 부가세로 납부하는 제도다. 여기서 마진이란 판매가격에서 매입가격을 뺀 차액을 말한다. 즉 차액에 10% 세율을 곱해 세금을 납부한다는 뜻이다.

쉽게 말해 중고차 사업자는 중고차 소유자로부터 중고차를 매입할 때, 세금계산서를 소유자에게 내주지 않는다. 세금계산서 수취 없이 소비자에게 매입하여 다른 소비자에게 판매한다. 따라서 매입세액을 공제받을 방법이 없다. 과세당국은 이 문제를 해결해주기 위해서 중고품에 대해서는 농수산물처럼 의제매입세액공제제도를 운영한다. 재활용 폐자원에 대해서는 매입액의 103분의 3, 중고 자동차에 대해서는 109분의 9를 적용하여 세금을 깎아주었다. 하지만 마진과세를 도입하는 경우 110분의 10처럼 운영할 수 있게 되어 중고자동차 업자로서는 오히려 이익이다.

우리나라 중고차업계에서도 마진과세제도를 도입해달라고 지속적으로 요구하고 있다. 하지만 과세당국은 중고차 업자의 소비자 매입가격을 그대로 믿을 수 없는 경우가 많음을 들어 마진과세 도입에 난색을 표했다. 하지만 2018년 1월 1일부터 취득하는 중고자동차에 대하여 110분의 10의 공제율을 적용하도록 하였다.

라. 면세유免稅油

농어업인을 위한 면세유 제도는 농·어민의 영농·영어비용 경감을 목적으로 어업은 1972년, 농업은 1986년부터 도입해 운영 중이다. 농어업용 기계류에 사용되는 석유류에 부과되는 부가세, 특별소비세, 교통세, 교육세, 주행세 등이 면제되며 2016년 기준 연간 조세감면 규모는 1조 1,000억 원에 달한다.

그러나 문제는 제도 도입 취지와 달리 중간거래상이 이를 빼돌리기도 하고, 개인 승용차에 이를 사용하기도 한다는 점이다. 심지어 면세유를 빼돌려서 불법 유통시키고 폭탄업체를 끼고 싸게 팔아서 불법으로 이득을 취하는 경우가 발생해 문제가 되고 있다.

부가세와 일반인의 경제생활, 이제는 해외 '직구'까지?

면세유의 사례에서 보듯이 석유류에 부과되는 세금이 다양하고 가격 대비 세 부담이 워낙 크기 때문에 세금으로 인한 경제활동의 왜곡이 발생한다. 우리가 쉽게 접하는 사례로는 담배가 있다. 선진국에서는 담뱃값이 워낙 비싸서 유학생이 국내에 있는 친구에게 담배를 사달라고 부탁하는 경우가 왕왕 있다. 최근에는 국내 담뱃값이 높아지니 해외여행자에게 부탁해 면세점에서 담배를 구입해달라는 경우도 있지 않은가.

앞서 말했듯이 미국의 경우 부가세 대신 판매세가 있는데 지역별로 1만 800개 정도로 나눠 판매세를 부과하고 있다. 그 세율이 0%에서 가장 높게는 10.25%*까지 있으니 이로 인한 경제활동의 왜곡현상도 많이 발생한다. 인접한 지역의 판매세가 0%이면, 물건을 살 때 아예 그 지역으로 자동차를 몰고 가서 사는 경우가 많다. 또한 이를 이용하여 타 지역 주민의 이주를 유도하는 경우도 있다.

최근 해외 직접구매, 이른바 '직구'도 부가세가 일반인의 삶에 직접적인 영향을 미치는 사례라 하겠다. 예전 같으면 병행수입업자들이 해외 가격과 국내 가격의 차이로 수익을 창출할 수 있었는데 이제 이런 구조가 어려워졌다. 소비자들이 해외에서 직접 구매하기 때문이다.

판매세가 없는 지역으로 물건을 배송시킨 다음 그곳에서 국내로 들여오면 부가세, 판매세와 관세 부담 없이 물건을 싸게 구입할 수 있다. 예를 들면 미국과는 한-미FTA에 따라 자기가 소비할 목적으로 구입하는 200달러까지의 소비재에 대해선 부가세를 부과하지 않는다.

미국 브랜드의 옷을 구입할 때 일반 소비자들이 느끼는 국내 소매 가격은 미국보다 훨씬 더 비싸다. 게다가 부가세에 관세까지 물어야 한다. 하지만 미국에서 블랙프라이데이 기간에 상품을 구입하여 판매세가 없는 지역으로 배송한 다음에 배송대행업체를 이용해 한국으로 배송하면, 국내 가격보다 엄청나게 저렴하게 물건을 구입할 수 있다. 이런 이유로 미, 일, 중, EU 등의 국가에서 한인 배송대행업체가 성행일 정도다. 젊은 층일수록 해외직구로 외국 제품을 구입하는 비율이 증가하고 있는데 이러한 소비 관행은 기존 과세체계의 허점을 이용한 것이다. 이처럼 세계

---

* 주·카운티·시 판매세를 합하면 11%가 넘는다.

화에 따라 국경 개념이 없어지고 전자상거래가 증가하면서 과세제도나 세무행정도 변해야 한다는 것을 시사한다.

지금까지 부가세의 전반적인 문제점을 살펴보았다. 부가세는 나도 모르게 부담하는 세금이며, 납부했더라도 배달사고로 국가로 귀속되지 않는 경우가 많은 눈먼 세금이다. 한 해 200만 건 이상이 체납되며 그 금액만 약 9조 원에 이른다. 복지재원을 조달하기 위하여 세율을 올리기보다 이렇게 중간에서 누락되는 세금을 방지하는 것이 더 효과적일 것이다. 봉급생활자의 경우 원천징수제도로 근로소득세를 탈루할 수 없어서 '유리지갑'이 되었다. 이와 유사하게 부가가치세도 원천징수와 유사한 개념인 매입자납부제도를 금지금金地金, 구리스크랩, 철스크랩을 넘어 여타 업종과 B2C 거래로 확대 적용함으로써 엄청난 세금을 세율인상 없이 확보할 수 있다. 국민들도 부가세의 문제점을 좀 더 깊이 이해하고 제도 개선을 요구해야 하며, 정부도 적극적인 노력을 기울여야 한다.

6

주세 · 담배세

술과 담배를 즐기는 순간에도
당신은 세금을 납부하고 있다

담배 피우고 술 마시는 게 죄라고?

대표적 '죄악세'인 비만세Fat Tax 도입과 관련된 기사를 잠시 살펴보자. 《경향신문》 2016년 10월 16일자 〈"설탕 비만세"… "그건 안될세"〉라는 기사는 WHO가 전 세계 18세 이상 성인 인구 3분의 1이 과체중 상태라는 사실에 '비만과의 전쟁'에 나섰다는 내용을 다루었다. WHO의 이른바 '설탕세' 도입 권고에 따라 이미 멕시코, 헝가리, 핀란드 등이 이를 시행하고 있고 캐나다와 프랑스 등도 최근 도입 논의를 시작했다고 한다. 하지만 당류가 많은 패스트푸드 음식 소비계층은 저소득층이어서 이 조치는 빈부격차를 심화시킬 것이라는 반론 또한 많다고 한다.

전 세계 성인 인구의 3분의 1이 과체중 상태라는 사실은 분명 놀라운 일이다. 이에 사람들의 당류 섭취를 줄이기 위하여 당류에 세금을 부과하자는 발상이다. 세금을 부과하면 과자나 아이스크림 등 단 음식의 가격이 인상될 테고, 이로써 당류를 섭취하는 인구가 감소할 것이라고 추정하는 것이다. 기사에 따르면 물론 성공사례와 실패사례가 엇갈리는 것으로 보인다.

비만세와 달리 오래전부터 담배와 술은 본인의 건강은 물론 사회에 미치는 부정적 효과가 크기 때문에 중과세해야 한다는, 이른바 죄악세Sin Tax 논쟁이 여러 나라에서 벌어졌다. 우리나라도 크게 다르지 않다. 세금 또는 준조세는 유해한 행위를 억제하는 역할을 수행한다. 또한 유해한 외부효과를 통해 경제적 이익을 얻은 자로부터 조세수입을 거두는 효과를 볼 수 있다. 외부불경제negative externality 효과를 억제하는 세금이 바로 죄악세이다.

술과 담배는 외부불경제를 유발한다. 적정한 음주는 인생의 활력소가 되지만 과음은 사회적 폐해를 일으킨다. 과음한 다음 날은 신체리듬이 심하게 저하된다. 음주사고, 취중폭행은 말할 것도 없다. 담배는 더 심하다. 화재, 폐암, 불임 등 직간접흡연으로 인한 사회적 폐해는 심각하다. 아인슈타인은 "나는 담뱃대를 입에 물면 모든 인간사에 대해 냉정하고도 객관적인 판단을 내릴 수 있다고 확신한다"라고 말했지만, 그건 아인슈타인이기에 가능한 것이 아니었을까?

담배세, 과연 서민 세금인가?

독자들 중에서 담배를 태우는 사람은 얼마나 될까? 통계청의《국제통계연감》에 따르면 2016년 기준 19세 이상 한국 남성의 흡연율은 39.1%에 달했다. 전체 남성 인구의 약 5분의 2에 해당한다. 아직도 심심치 않게 담배 피우는 사람들을 주변에서 볼 수 있다. 하지만 요즘 흡연자들은 갈 곳이 점점 없어진다. 건물 안, 커피숍, 심지어 PC방에서도 흡연이 불가능한 시대가 되었다. 노천 커피숍 또는 다방에서 '커피 한 잔에 담배 한 대의 추억'은 이제 옛이야기가 되어가고 있다.

부자와 서민 중에서 누가 더 담배를 많이 피울까? 또한 담뱃값을 올렸을 때 누가 더 영향을 많이 받을까? 역시 참고할 통계가 있다. 보건복지부는 〈국민건강영양조사〉라는 이름의 통계를 매년 발표한다. 1998~2011년까지 13년간 통계를 내봤더니, 소득 하위 50% 계층의 흡연율은 약 3.4%정도 줄었는데, 소득 상위 50%의 흡연율은 약 4.5% 줄었다.

통계청의 〈사회조사〉 결과, 담배세 인상 전인 2014년 20세 이상 남녀 중 200만~300만 원 버는 소득자는 하루에 26개비를 피우는 반면, 600만 원 넘게 버는 소득자는 20개비 정도 피우는 것으로 조사되었다. 담배세를 올린 이듬해인 2015년, 같은 조사를 해보았더니 200만~300만 원 버는 소득자는 24개비 정도를 피우는 반면, 600만 원 이상 버는 소득자는 17개비로 줄어들었다. 고소득층은 건강을 생각해 담배를 줄이는 것으로 나타났지만, 저소득층은 그것이 상대적으로 덜하다는 것이다. 물론 담뱃값이 4,500원이 아니라 더 큰 폭으로 올랐다면 결과는 다르게 나타날 수 있다. 어찌 됐든 이 통계로 보면 담배세는 서민세금에 가깝다고 할 수 있다.

담배세, 19대 대통령선거의 '뜨거운 감자'가 되다

2014년 말, 박근혜 정부는 담뱃값 2,500원을 4,500원까지 올리는 개별소비세법 일부개정법률안 등을 발의했다. 물론 흡연자들은 쌍수를 들고 반대했다. 큰 반발 끝에 이 법은 여야 합의로 통과되었지만 부족한 세금을 서민의 호주머니에서 털어간다는 비판을 면하기 어려웠으며 지금까지도 이 논쟁은 계속되고 있다.

담뱃값을 인상한 지 3년이 채 지나지 않은 2017년, 새누리당의 후신인 자유한국당은 윤한홍 의원이 대표로 담뱃값을 인하하는 법안을 발의했다. 이는 자유한국당 홍준표 당시 대표의 19대 대선공약이기도 했다. 이 역시 언론에서 뭇매를 맞았다. 3년 전 새누리당이 여당일 때 정부가 담뱃값을 2,000원이나 올려놓고, 이제 와서 인하하겠다는 것은 포퓰리즘의 극치라는 비판이었다. 더불어민주당 역시 홍 대표의 무책임함을 비판했고, 다른 야당의 반응도 비슷했다. 2017년 4월 대선후보 5차 텔레비전 토론회에서 심상정 정의당 후보는 "홍 후보자와 말을 섞지 않으려 했지만 토론의 룰은 국민의 권리다. 자유한국당은 담배세 인하를 말할 자격이 없다. 담배세 인하를 주장하기 전에 국민에게 먼저 사과하라"라고 일갈했다. 그러자 홍준표 후보는 "배배 꼬여가지고"라며 심 후보를 비꼬았다.

당시 홍준표 후보의 발언은 철저히 지지층에 대한 정치적 계산을 의식한 것이다. 담뱃값에 큰 영향을 받는 계층은 서민, 특히 고령층이다. 당시 홍 후보는 2014년 말 담뱃값 인상에 더불어민주당도 동의했기 때문에 이에 대한 책임을 함께 부담해야 한다는 정치적 공세를 펼치려 했다. 하지만 이 전략은 결과적으로 실패했다. 더불어민주당은 담뱃값 인상, 인하 여부에 대응할 필요성이 없다고 판단했다. 결국 여론의 비판 속에 자유한국당은 담뱃값 인하 주장을 슬그머니 거두어들였다. 이토록 첨예한 담뱃값 논쟁, 과연 무엇이 문제인가?

담배 한 갑을 태우면서 3,318원을 세금으로 납부하는 현실

담뱃값 인상의 이유를 알아보기 전에 우선 담뱃값이 어떻게 구성되는지부터 살펴보자. 담배에는 개별소비세, 담배소비세, 지방교육세, 건강증진부담금, 폐기물부담금, 부가가치세까지 여섯 가지 세금 내지는 부담금이 부과된다. 이 중 개별소비세는 2014년 담뱃값 인상 당시 신설된 세목이다. 통상 4,500원 하는 담배의 경우 출고가 내지 유통마진은 1,182원 수준이고, 20개비당 594원의 개별소비세, 1,007원의 담배소비세, 443원의 지방교육세, 841원의 건강증진부담금, 24원의 폐기물부담금, 409원의 부가가치세가 부과된다. 이 중 담배소비세, 부담금, 개별소비세 항목은 종량세라 하여 20개비를 단위로 하여 부과된다. 지방교육세는 담배소비세액의 43.99%로 연동하여 부과된다. 정리하자면 흡연자는 담배 한 갑을 태우면서 세금으로만 3,318원을 납부하고 있는 것이다. 성인 남성이 하루에 한 갑을 태운다고 가정하면, 연간 120만 원가량의 세금을 국가에 헌납하는 셈이다. 담뱃값 인상 전에는 판매가격 대비 제세금 비율이 약 62% 수준이었으나, 인상 후에는 약 73.7%로 증가하였다.

(단위: 원/갑)

	출고가 및 유통마진	개별 소비세	담배 소비세	지방 교육세	건강증진 부담금	폐기물 부담금	VAT	제세금계	판매 가격
인상 전	950	-	641	332	353	7	227	1,549	2,500
인상 후	1,182	594	1,007	443	841	24	409	3,318	4,500

　즉 흡연자는 개별소비세와 부가가치세 납부로 국가재정뿐만 아니라 지방세 항목인 담배소비세로 지방재정에, 지방교육세로 지방교육재정에, 건강증진부담금으로 국민건강에 기여하는 셈이다. 흡연자들이 담배에 이런저런 세목이 여섯 가지나 붙는다는 사실을 안다면 왠지 억울할 것이다.

　어찌되었든 담배를 판매하여 얻은 총세수, 즉 국세·지방세·부담금을 모두 포함한 액수는 얼마나 될까? 약 12조 3,600억이나 된다. 우리나라의 2016년 전체 국세 세입이 223조 원임을 감안할 때 5%를 넘는 수준이다. 2017년 심재철 국회의원이 국정감사에서 요구해 공개한 자료에 따르면 이 중 담배소비세는 3조 7,440억 원, 국민건강증진부담금은 3조 1,268억 원, 개별소비세는 2조 2,251억 원, 지방교육세는 1조 6,470억 원, 부가가치세는 1조 5,283억 원, 폐기물부담금은 892억 원 정도이다.

흡연자에게 직격탄 날린 국가 세수의 위기

과연 담뱃값 인상을 환영하는 흡연자가 있을까? 흡연자 가족들은 모르겠지만 흡연자 자신은 호주머니가 얇아지는 것을 좋아할 리 없다. 따라서 담뱃값 인상은 정치적 부담을 각오해야 하는 일이다. 수많은 흡연자의 지지를 잃을 위험이 있기 때문이다. 경기가 좋지 않아 세금이 잘 걷히지 않는 절실한 상황이 아닌 이상 웬만해서는 담뱃값을 인상할 이유와 명분이 없다.

아무래도 이런 정치적 부담은 집권 여당이 질 수밖에 없지만, 여야 간 합의에 의한 결정을 유도해 부담을 조금 낮출 수는 있을 것이다. 반면 야당은 어떻게든 담배세 인상은 서민 부담을 증가시킨다며 공세할 수밖에 없다. 무엇보다도 선거를 코앞에 두고 세금을 인상하기는 어렵다. 이런 면에서 2014년은 여당인 새누리당으로선 담배세를 올리기에 적격이었다. 20대 총선까지는 2년을 앞두고 있었고 2014년 지방선거를 비롯한 국회의원 보궐선거에서 여당의 우세가 지속되었기 때문이다.

그렇다면 2014년에 대체 무슨 일이 있었을까? 바로 세수稅收위기 때문이었다. 어려운 내용이지만 잠시 짚고 넘어가자. 국가예산은 세입歲入과 세출歲出로 이루어진다. 국가는 세금을 거두어 재정사업을 벌이거나 소득을 재분배하는 역할을 수행한다. 세입보다 세출이 많으면 적자재정이고, 세출보다 세입이 많으면 흑자재정이다. 모든 국가는 세입의 범위에서 세출을 정한다. 세입보다 세출이 많아지면 국채를 발행할 수밖에 없는데 이에 대한 채무부담은 모두 국민에게 전가된다. 현재의 나라 재정을 위해 미래세대의 돈을 끌어다 쓰는 셈이기 때문이다. 따라서 국가는 균형재정balanced budget을 달성하기 위해 노력해야 한다. 이른바 PIGS(포르투갈, 이탈리아, 그리스, 스페인)라 불리는 남유럽 국가들은 최근 재정위기를 겪었다. 국가부채가 눈덩이처럼 커지면 정부는 재정여력을 잃으며, 그 결과 국민경제에 경기조절능력을 상실하게 되고 재정긴축fiscal austerity을 통해 부채 감축 노력을 할 수밖에 없다.

문제는 국가부채가 증가하여 재정긴축을 하게 되면 경기침체로 인한 실업률 급증에도 정부가 취할 수 있는 수단이 없어진다는 점이다. 2008년 이후 전 세계 경제성장률이 3~5% 수준을 유지할 때도 유로존은 마이너스 성장 또는 1%대 성장에 그치고 말았다. OECD 통계에 따르면 GDP 대비 국가부채 비율은 포르투갈이 138%, 이탈리아가 133%, 스페인이 104%다. 따라서 재정당국의 균형재정에 대한 강박관념은 신조信條 이상이다.

우리나라의 경우 현재 국가부채 비율이 D1 기준(중앙 및 지방정부 회계기금에서의 부채까지 포함하는 개념이며, 공기업의 경우는 제외한다)으로 약 40%에 가까운 수준이다. 이를 두고 국가부채 비율이 적정한지에 대한 공방이 상당하다. 우리나라의 GDP는 2016년 기준으로 약 1,600조 원에 이르렀는데, 결산 결과 국가부채는 GDP 대비 38.3%, 627조 1,000억 원을 기록했다. 이 중 적자성채무의 비중은 360조 1,000억 원으로 전체 채무 대비 57.4% 수준이다. 향후 복지재정, 저출산·고령화로 의무지출이 확대되는 경우 적자성채무가 그만큼 늘어나게 된다. 따라서 정확한 장기 전망에 기반한 세수확충은 재정당국에는 그만큼 중요한 일이다.

통상 재정당국은 매년 차기 연도의 세입을 중장기 재정전망에 반영하여 이에 따라 향후 5년치의 세입-세출에 대한 예측치를 내놓는다. 하지만 이런 전망이 딱 들어맞을 수 있을까? 정부는 기본적으로 경제성장률을 기초로 세수가 얼마나 확장될 수 있을지 국세탄성치와 각 경제 분야에서의 세수증가 추이를 고려하고 세수추계모형을 통해 내년도 국민들에게서 거두어들일 조세수입 규모를 예측한다.

만일 세수가 경제성장률에 비례하여 증가한다면 참으로 다행이다. 세금이 많이 걷힌 만큼 정부는 하고 싶은 재정사업을 벌일 수 있다. 하지만 그 반대의 경우는 어떠한가? 원래 계획한 국가 재정사업을 폐지하거나 축소해야 한다. 하지만 이 경우 정부의 재정여력이 남아 있다면 국채를 발행해서 부족한 세입을 충당할 수 있다. 국채를 발행해서라도 단기간 정부지출을 늘려 경제성장에 기여해야 결과적으로 부채도 축소할 수 있기 때문이다.

그리고 마침내 2014년에는 정말로 세수위기가 찾아왔다. 이명박 정부의 감세정책 영향 탓이기도 하고, 2013~2014년에 걸쳐 세계경제 여건이 전반적으로 좋지 못했던 탓이기도 하다. 우리나라 같은 소규모 개방경제에서 삼성, 현대, LG 같은 대기업의 법인세 비중은 세계경기에 큰 영향을 받는다.

수출·수입물가 모두 마이너스가 지속되었다. 심지어 2016년까지 수출·수입 모두 전체 총액이 감소세를 지속하기까지 했다. 수출 비중이 내수 비중보다 높은 상황에서 수출이 잘 안 되면 내수 또한 영향을 받는다. 경기가 좋지 않으니 세금이 잘 걷히지 않을 수밖에 없다. 가계소득 역시 큰 폭으로 증가하기 어려우며 이로써 소득세도 잘 걷히지 않는다. 소비는 어떠했을까? 소비지표는 부가가치세 세수에 잘 반영되는데 이 시기에는 소비 또한 부진한 상황이었다.

2013년 박근혜 정부는 2013년 예산안에서 총국세를 216조 4,000억 원(2012년 예산 총국세는 205조 8,000억 원) 걷기로 하였으나 실제 실적은 201조 9,000억 원에 그쳤다. 2014년의 경우도 예산은 216조 5,000억 원을 잡았으나 실제로는 205조 5,000억 원에 그쳤다. 당초 계획과 세입실적이 차이가 크면 세입 추가경정예산을 재차 편성해야 하는데, 추경은 재정당국자들로선 두 가지 면에서 힘든 작업이다.

첫째, 세입경정분만큼 국채를 발행해야 하므로 국가채무 증가에 대한 비판을 감수해야 한다. 둘째, 재정당국자에 대한 국회의 비판이다. 국회에 예산정책처를 설립한 이후 국회의 예산 감시 기능이 정부재정당국 수준 못지않게 향상되어 있고 국회의원들의 질의나 국정감사에서의 질타도 상당한 부담이 된다.

2014년 재정당국으로선 이와 같은 세입 실적으로 상당한 위기의식을 느낄 수밖에 없었다. 심지어 "공무원 봉급도 연말에 지급이 안 되는 것 아니냐"는 이야기가 관가에서 돌았다고 하니 그 부담의 수준을 짐작할 만하다. '증세 없는 복지'를 캐치프레이즈로 내건 박근혜 정부의 정책공약 역시 후퇴할 수밖에 없는 상황이었다.

이미 2013년에 소득세법 개정으로 소득공제 주요 항목을 세액공제로 전환하여 중산층 이상과 고소득자에 대한 증세를 단행한 상황이었기 때문에 여론도 좋지 않았다. 게다가 2013년 세법개정의 효과는 2015년부터 나타나기 시작하므로* 만일 추가 세입이 없다면 박근혜 정부의 공약사업을 단행할 수 없는 상황이었다. 만일 국채를 발행해 공약사업을 벌인다면 야당에게 공격 포인트를 만들어주는 꼴이 될 게 분명했다. 이 사례에서 우리는 세수가 뒷받침되지 않은 대선공약이 얼마나 허무맹랑한 것인지를 새삼 느낄 수 있다.

담배세 인상, 고육지책인가 꼼수 증세인가?

눈치 빠른 독자들은 담배세 인상의 배경에 대해 감을 잡았을 것이다. 결국 세수위기와 박근혜 정부의 대선공약 이행을 위한 재원 부족, 이 두 가지가 담배세 인상의 근본 원인이 되었던 셈이다. 그런데 많고 많은 세금 중에 왜 하필 담배세였을까?

2014년 중반에도 세수 여건이 개선되지 않자 그해 7월에 취임한 최경환 경제부총리 겸 기획재정부장관(이하 '부총리'로 통일)은 취임 후 2개월이 지난 9월 국민건강 증진을 위해 담뱃값을 2,500원에서 4,500원으로 인상하겠다는 계획을 발표했다. 성인 남성의 흡연율을 44%에서 29% 수준까지 줄이겠다는 것이 표면적인 목적이었다.

기획재정부는 담뱃값을 2,500원에서 4,500원으로 올리면서 20개비당

---

* 2013년 소득세법을 개정하면, 2014년 소득신고분에 대해 2015년에 최종적으로 소득세 신고를 확정하기 때문이다.

594원이 부과되는 개별소비세를 신설했다. 원래 개별소비세는 자동차*
나 모피, 귀금속, 고급 가구 등 사치재에 붙이는 세금이다. 당연히 사치재
가 아닌 담배에 개별소비세를 부과할 수 있냐는 비판이 제기되었다. 정
부는 지방세인 담배소비세, 지방교육세도 모두 인상했다. 당초 각각 641
원, 332원이던 세금을 1,007원, 443원으로 인상했다. 또 국민건강을 위한
다는 명분을 강조하기 위해 건강증진부담금 역시 353원에서 841원으로
인상했다. 폐기물부담금이나 부가가치세 역시 인상됐다.

흡연율을 15%p나 줄이겠다는 근거는 무엇이었을까. 정부는 한국조세
재정연구원이 2014년에 발간한 〈담배과세의 효과와 재정〉이라는 보고
서를 그 근거로 들었다. 흡연율을 줄이겠다는데 왜 보건복지부 산하 보
건사회연구원이 아닌 기획재정부 산하 조세재정연구원에서 연구용역을
담당한 것일까. 의문을 느낀 국회의원들은 하나둘 보고서를 입수했고 그
결과의 허구성을 언론에 밝혔다.

보고서의 요지는 이랬다. 담뱃값이 2,500원에서 4,500원일 때 세수가
가장 많이 걷힌다는 것과 8,500원으로 인상되면 흡연율은 '제로'가 된다
는 것 두 가지였다. 하지만 이내 두 가지 문제점이 지적되었다. 유럽이나
미국 등 선진국의 담뱃값은 대체적으로 한국보다 비싸다. 원화로 환산해
대개 7,000원에서 10,000원 정도인 경우가 흔하다. 하지만 선진국의 담
뱃값이 우리나라보다 비싸다고 하여 선진국 흡연율이 0%가 되었다는 통

---

* 사실 자동차를 사치재로 분류하는 것은 시대착오적이지만 주요한 경기조절 수단으로 활용되고 있는 것이 현
실이다. 이전에는 녹용이나 로열젤리 역시 개별소비세 대상이었지만, 2016년 세법개정으로 모두 제외되었다.
특별소비세(특소세)라는 이름으로 기억하는 독자들이 많을 것이다.

계는 찾아보기 어렵다. 나머지 하나는 진정 국민건강을 고려한다면 담뱃값을 4,500원으로 인상할 것이 아니라 8,500원 넘게 책정하여 담배 소비를 대폭 줄이는 것이 타당하지 않느냐는 비판이었다.

최경환 부총리는 이에 대해 시원한 답변을 하지 못했다. 그저 "담뱃값을 올리면 골초인 본인도 담배를 끊겠다"고 공언했을 뿐이다. 결국 '서민 증세', '꼼수 증세'라는 비판에서 자유롭지 못했다. 이후 야당 의원들은 박근혜 정부의 '증세 없는 복지' 공약 폐기의 대표적인 사례로 '담배세 인상'을 들어 공격했다. 하지만 2014년 12월 야당 또한 결국 정부의 담배세 인상안에 합의하였다. 당시 야당으로선 모호한 태도를 취할 수밖에 없었던 것 같다. 담뱃값을 대폭 인상하자고 하면 국민들의 지지를 잃게 되고 그렇다고 담뱃값을 유지하자니 국민건강 증진에 위배되는 딜레마에 직면해야 했다. 또한 OECD 국가들 대부분이 담배세를 인상하는 추세도 고려하지 않을 수 없었을 것이다.

합의 처리 과정에서 여당은 꼼수 증세라는 논란을 피하기 위해 담뱃값 인상과 함께 늘어나는 개별소비세 일부(20%)를 소방관 처우 개선이나 소방서 증설 목적을 위한 소방안전교부세로 내어줄 것을 야당과 협의했다. 흡연이 화재와 관련이 있으니 소방안전교부세를 신설한다는 다소 빈약한 논리다. 아울러 늘어난 개별소비세의 19.24%, 지방교부세 20.27%를 지방교육재정교부금으로 지방에 이전한다는 점도 강조했다. 지방정부로서는 담배소비세와 지방교육세에 더해 지방 이전 재원도 늘어나니 담배세 인상에 반대할 실리적 이유가 없어진 셈이다.

물론 흡연율을 줄이는 데는 담배 가격이 큰 영향을 미치지만 이외에도 담뱃갑에 폐암 환자의 사진이나 폐를 절개한 경고사진 등을 의무적으로 부착하는 것과 금연교육 또한 효과적이다. 하지만 경고사진 부착 역시 담배세 인상 당시에는 반영되지 못했다가 2016년 12월에 가서야 시행되었다.

그렇다면 이렇게 요란스러운 논란 끝에 단행된 담배세 인상으로 정부는 얼마나 혜택을 보았을까? 꼼수 증세라는 비난을 들은 것에 비해 얻은 것은 생각보다 크지 않았던 것 같다. 중앙정부의 세수는 2016년 기준으로 1조 원가량 증가했을 뿐이다. 담배 개별소비세는 2조 2,000억 원 수준이었는데 지방에 이것저것 떼어주고 나니 중앙정부가 가져갈 돈은 1조 원 수준밖에 안 된 것이다. 반면 지방에서는 1조 1,000억 원으로 중앙정부보다 더 많은 재원을 확보할 수 있었다. 결국 담배세 인상의 최종 수혜자는 지방정부였던 셈이다.

그리고 무엇보다 중요한 사실, 과연 담배세 인상으로 흡연율이 감소하여 국민건강이 증진되었을까? 담뱃값 인상이 효과가 있었는지를 보려면 흡연율이 감소했는지를 확인하면 될 일이다. 앞서 언급했듯이 한국조세재정연구원은 담뱃값을 2,000원 올리면 담배 소비량은 34% 감소할 것으로 예측했다. 담배 소비량은 2014년 43억 6,000만 갑이었던 것이 2015년 31억 갑으로 큰 폭으로 줄었다가, 2016년 다시 37억 갑으로 늘어났다. 2년 사이에 15%p가량 감소한 것인데 이마저도 당초 예측한 수치에는 크게 밑돈다. 2016년 한국 남성 흡연율도 39.1%로 당초 기대치인 29% 수준보다 크게 높았다. 결국 정부의 담배세 인상 정책은 국민건강보다는 세수증대 목적이 더 강했을 것으로 짐작된다. 담뱃값 인상 이후인 2016년

이 되어서야 경고사진을 도입할 정도로 흡연율 감소에 대한 관심은 크지 않았던 것이 아닐까? 정부의 담배세 인상으로 전체 담배세수는 2014년 7조 원 수준이던 것이 2016년 12조 4,000억 원으로 큰 폭으로 증가한 반면 흡연율 감소는 당초의 기대치에 크게 미달하며 성공을 거두지 못한 것으로 보인다.

홍준표 전 대표가 2017년 당시 당대표로 취임한 후 자유한국당은 다시 담배세를 인하하겠다고 하였다. 하지만 실현 가능성은 낮았다. 국민건강을 생각한다면 담배세를 인상하자는 주장을 일관되게 펼치는 것이 공당公黨으로서 책임 있는 자세다. 그리고 예상대로 자유한국당의 담배세 인하 주장은 해프닝으로 끝나고 말았다. 담배세를 인하해 얻고자 한 지지층의 집결 효과보다는 국민의 신뢰를 더 크게 무너뜨린 게 원인이었다. 자충수였던 셈이다. 국민건강과 증세에 대한 솔직한 의견을 밝히고 추진하였다면 이러한 결과까지 초래하였을까? 하늘 아래 비밀은 없다.

궐련형 전자담배, 무엇이 문제인가?

최근 아이코스(IQOS), 글로(GLO), 릴(lil)이라는 궐련형 전자담배가 흡연자들 사이에서 인기다. 기존의 담배가 라이터로 불을 붙여 흡연하는 방식이었다면 궐련형 전자담배는 담배 궐련을 기구에 넣어 가열하여 그 증기를 흡입하는 방식이다. 흡연자들 사이에서는 냄새가 나지 않고 건강에 덜 유해한 것 같다며 상당한 인기를 누리고 있다.

하지만 이 역시 세금이 문제다. 궐련형 전자담배는 담배로 보아야 할까? 아니면 전자담배로 보아야 할까? 도구를 이용한다는 점을 강조하면 전자담배로 보아야 할 것 같고, 반대로 궐련을 피는 측면을 강조하면 일반 담배로 보아야 할 것 같다.

2017년 5월 말보로의 '아이코스' 담배 출시를 계기로 이와 관련된 본격적인 논쟁이 시작되었다. 외국계 담배회사들은 앞다투어 홍보전을 펼쳤다. 궐련형 전자담배는 기존의 담배와 다르고 담배의 유해성을 상당 부분 낮추었기 때문에 일반 담배와 동일하게 취급해서는 안 된다는 주장을 폈다. 반면, KT&G는 2017년 초까지도 제품 개발을 진행 중이었을 정도로 이 시장의 후발주자였다. 2017년 11월 말 KT&G는 '릴'이라는 이름으로 새로운 궐련형 전자담배를 출시했다. 이 상품은 소비자들이 편의점에서 줄을 서 살 정도로 절찬리에 판매되었다.

세제당국은 2017년 초부터 담배 관련 과세제도를 정비하려 했지만 상황이 여의치 않았다. 개별소비세를 제외한 담배소비세(20개비당 528원)와 국민건강증진부담금(438원), 지방교육세(232원)가 52% 수준에서 국회 안전행정위원회, 보건복지위원회에서 우선 통과됐다. 2017년 11월까지도 개별소비세 인상안은 통과되지 못했다. 20개비당 126원 수준으로 파이프담배와 동일하게 취급하여 과세했다.

얼마 안 가 자유한국당 김광림 의원의 법안에서 시작되어 국회 조세소위에서 치열한 논쟁이 벌어졌다. 궐련형 전자담배의 유해성 저감효과가 입증되지 않았기 때문에 일반 담배와 동일하게 과세하는 것이 타당하다는 주장이 제기되었다. 담배회사들이 자체적으로 분석한 유해저감도 자료 외에는 공신력 있는 국내외기관의 확인이 없었으므로 외국계 담배회사만 세금을 깎아주는 것은 문제라는 논리도 반대 이유로 제시되었다. 2018년 6월 식품의약품안전처에서 궐련형 전자담배의 니코틴이나 타르 성분이 일반 담배와 별 차이가 없다는 연구결과가 나오고 나서부턴 더 시끌시끌하니, 추후 결과를 지켜볼 일이다.

반면 OECD 국가들의 경우 궐련형 전자담배에 저율과세하는 경우가 많다. 독일은 27%, 이탈리아는 40%, 영국은 31%로 과세한다. 이탈리아의 경우 유해성 저감효과를 인정한다는 반론이 제기되었다. 유해성을 저감하기 위해 노력한 회사에 경제적 인센티브를 제공하는 것이 당연하지 않느냐는 근거에서였다.

이러한 논쟁이 계속된 2017년 8월 즈음 궐련형 전자담배 수입량은 3,500톤가량 됐고 수입액도 2,931만 달러에 이르렀다. 국내에서 판매되는 담배 양의 1% 수준에 이르는 상황이 되었다. 세제당국은 개별소비세법이 통과되지 않을 경우 이미 발생한 세수 일실稅收逸失이 하루하루 더 늘어난다며 여야 간 합의를 유도했다. 수차례 논쟁 끝에 당초 20개비당 126원의 개별소비세 과세를 529원으로 인상했다. 일반 담배의 89% 수준에서 과세하기로 합의한 것이다. 해당 법률은 2017년 11월 9일 국회에서 통과되었다. 국회든 정부든 세수일실은 어떻게든 부담이 됐을 것이다.

소맥은 진정 '국민주'인가?

이번에는 주세에 대해 알아보자. 여러분은 한국의 대표적인 술이 무엇이라고 생각하는가? 중국은 배갈, 일본은 사케, 영국은 위스키, 프랑스는 와인, 러시아는 보드카가 바로 떠오르지만 우리나라는 어떤가? 자신 있게 답하기 어렵다. 그만큼 우리나라의 대표 주종이 없기 때문일 것이다. 막걸리라고 답하자니 젊은 층은 막걸리를 많이 소비하는 것 같지 않고 청주라고 답하자니 제사상에나 올리는 술 정도로 생각하지 않는가?

하지만 '소맥'이라면? 상당수 독자들이 고개를 끄덕끄덕할 것이다. 대부분 음식점에 가도 많은 사람들이 소주 반 잔을 맥주잔에 따르고 거기에 맥주를 따라 휘릭 흔든다. 젓가락 하나를 술잔에 넣고 다른 젓가락으로 그 젓가락을 때려 술을 섞는 사람이 있는가 하면 정량을 따르겠다며 소주잔을 겹쳐서 그 반만큼 소주를 따르는 사람도 있다. 심지어 모 맥주 회사에서는 소맥계량컵까지 음식점에 보급할 정도로 소맥의 인기는 대단하다. 맥주만 마시자니 덜 취하는 것 같고 소주만 마시자니 너무 독해서 술자리가 즐겁지 않을 것 같아 고안해낸 술이 바로 소맥이 아닐까?

소맥 '마는' 게 제법 재미있기도 하다. 친구들과 마실 때도, 직장상사와 마실 때도, 심지어 가족들과 마실 때도 소맥은 함께한다. 한식, 중식, 일식 등 다양한 음식과도 제법 어울리는 것 같다. 한국에 처음 온 외국인들은 한국만의 독특한 술 문화로 '소맥말이'를 꼽을 정도다. 소맥이 대중적인 것은 분명하다.

우스갯소리로 이야기를 열었지만, 소맥 현상의 이면에는 어김없이 세금이 자리하고 있다. 즐겁게 마시자는 술 뒤에 세금이 있다는 말이 얼핏 와닿지 않을지도 모르겠다. 사실 소맥이 대중화된 이유는 가장 쉽게 구할 수 있는 술이기 때문이다. 소주 360밀리리터, 맥주 한 병 500밀리리터 모두 출고가가 2,000원이 넘지 않는 저렴한 술이다. 소주와 맥주가 없는 편의점과 음식점을 상상하기 어렵다.

반면 막걸리는 어느 음식점에나 비치되어 있지는 않다. 청주는? 안동소주는? 아마 특이 주종에 열성이 있는 업소 주인이 아닌 이상에야 다 구비해놓지 못할 것이고 소비자들은 대형마트 정도에 가야 자기가 원하는 술을 구할 수 있을 것이다. 물론 요새는 강남이나 이태원, 광화문 지역의 30~40대 젊은 화이트칼라 근로자들의 취향에 맞게 수제 맥줏집이나 일본식 이자카야, 막걸리 전문점 등도 많이 들어서 있지만 역시 소맥에 비할 바는 못 된다.

그렇다면 소주나 맥주를 저렴하게 공급할 수 있는 이유는 무엇일까? 간단하다. 술을 저렴하게 만들면 된다. 저렴하게 만들려면 어떻게 해야 할까? 대량생산을 하면 가능하다. 이른바 규모의 경제Economy of Scale를 이루면 되는 것이다.

소주의 원료는 알코올과 물이다. 흔히 주정酒精이라고 표현한다. 주정만 마신다면 에탄올을 몸에 들이붓는 꼴일 것이다. 주정은 전분질 원료인 쌀, 보리, 고구마, 타피오카 등을 발효해 제조한다. 국내의 몇 개 회사가 주정 생산을 독과점 형태로 운영하고 있다. 주정회사가 소주회사에 주정을 공급하면, 소주회사는 주정에 올리고당 등 여러 가지 식품첨가물을 섞어서 시중에 내놓는다. 생산 공정이 다른 주종에 비해 단순하다. 즉 주정만 저렴하게 공급받으면 소주는 얼마든지 생산단가를 저렴하게 유지할 수 있다. 주정은 심지어 세율도 낮다. 뒤에 자세히 설명하겠지만 우리나라의 주류는 대부분 출고가격에 세율을 곱하여 책정하는 이른바 '종가세ad valorem tax' 방식을 채택하고 있는데, 주정의 경우는 독특하게 톤당 과세를 하는 '종량세specific tax'를 채택하고 있으며 톤당 5만 7,000원을 과세한다. 맥주에 부과되는 세율이 72%이고, 500밀리리터 출고 가격이 1,000원 수준이기에 720원, 만일 1톤으로 본다면 20만 원의 과세를 적용받는 것에 비하면 상당한 저율과세다. 결국 소주 공급을 원활하게 하기 위하여 저율과세를 하는 것이라 보아야 한다.

그렇다면 맥주는 어떠한가? 일단 보리가 기본이다. 보리를 물에 넣어 서서히 불려 맥아麥芽를 만든다. 여기에 효모를 투입하면 맥아의 전분을 당으로 바꾸는 당화糖化를 거치고 이후, 정화–여과–발효의 과정을 거치며 맥주가 되는 것이다. 통상 맥주의 독특한 쓴맛이나 향을 내기 위해 홉을 함께 섞어서 제조한다. 맥주의 생산주기는 통상 21일 정도가 최적이라 한다. 와인과 비교하면 쉽게 이해가 간다. 와인은 숙성기간만도 몇 년씩 걸린다. 특정한 빈티지 와인은 몇천만 원을 호가하지 않는가? 결국 맥주의 생산주기를 고려하면 대량생산 시설을 구비하고 원료만 저렴하게 공급받을 수 있다면 맥주도 얼마든지 저렴하게 소비자에게 보급할 수 있다.

맥주의 원료를 둘러싼 우리나라의 실정은 어떠한가? 현재 우리나라에서는 맥주보리 생산량이 급격히 떨어졌다. 통계청의 농업면적조사를 살펴보면 2006년 2만 3,520헥타르 수준이던 맥주보리 생산면적이 2015년 8,030헥타르로 3분의 1 이상 줄어들었다. 전남지역을 제외하고는 거의 생산되지 않는다. 수입개방화로 경쟁우위에서 밀린 탓이다. 8,030헥타르는 대한민국의 맥주 소비량인 197억 8,000톤(2016년 국세청 주세 신고 현황)엔 어림도 없는 면적이다. 그래서 우리나라 맥주 생산에 사용되는 맥주보리나 홉은 대부분 수입산이다.

이때도 최대한 많은 양을 수입해야 단가가 맞는다. 국내에서 대량수매가 가능한 맥주회사는 오비, 하이트, 롯데 3개 회사 정도다. 반면 최근 유행인 수제맥주를 생산하는 하우스 양조장이나 중소 맥주회사들은 이와 같은 대량수매가 불가능하기에 생산단가 자체가 높을 수밖에 없다.

근대 산업화와 주류 독과점의 형성

소맥 현상은 단순한 사회문화 현상이 아니라 그 뿌리에 깊은 경제사회적 이해관계가 자리 잡고 있다. 소주와 맥주의 단가, 유통구조는 모두 대규모 생산자에게 유리하게 설계되어 있다. 이러한 흐름은 1960년대부터 비롯했다. 원래 대한민국은 '소맥 공화국'이 아니었다. 일제강점기 때만 해도 다양한 자가양조自家釀造가 있었다. 당시 사람들은 전통주뿐만 아니라 포도주까지 직접 담가 마셨다. 보릿고개를 넘어가는 와중에도 집집마다 술은 익어갔다. 이를 가양주家釀酒라 했으며 문중 술의 전통을 간직한 집도 있었다.

하지만 경제개발이 시작되면서 이러한 가양주는 거의 자취를 감춘다. 1963년 박정희 정부의 경제개발 5개년계획이 시작될 무렵, 대한민국의 GDP는 40억 달러 수준이었다. 그 당시 인도의 GDP가 478억 달러 수준이었으니 대한민국은 세계 최빈국 중 하나였다. 당시에는 국가의 산업 기반이라 할 만한 것이 없었다. 머리카락을 잘라 가발을 팔고 봉제인형을 만드는 원시적인 산업 수준에 머물러 있었다. 6·25전쟁 이후 그나마 있던 산업 기반마저 모두 무너진 상태였다. 박정희 정부의 베트남 참전 결정으로 인한 미 군수자금 유입(1964), 한일국교 정상화 이후 일본의 유·무상 3억 달러 경제원조(1965)로 경제발전 자금 유입이 가속화되면서 경공업화를 이룩해나가던 시절이었다.

법인이 없으니 법인세가 걷힐 리 없고, 국민소득이 없으니 소득세가 걷힐 리 없었다. 박정희가 대통령이 된 1963년 중앙정부의 일반 재원은 국세가 311억 원(40.9%)이었던 반면 외국 원조는 263억 원(34.6%)을 차지할 정도였다. 국가재정이 너무 빈약했다. 또한 지금은 사라진 영업세나 물품세처럼 후진국적인 조세의 비중이 21.5%나 되었다.

그렇다면 당시 주세의 비중은 어떠했을까? 1963년만 하더라도 11.2%(34.8억) 수준에 달했다. 국가 세수의 10% 정도를 주류 제조에서 충당한 셈이다. 이렇게 세제가 열악하다 보니 박정희 정부에서는 세금징수를 효율적으로

하기 위하여 여러 수단을 사용했다. 우선 세금 집행의 효율화를 위해 1966년에 국세청을 설립했다. 당초 재무부 산하에 있던 사세국司稅局의 조직을 독립시켰다. 지금도 국세청의 주요 업무 중에는 주세 관리가 있다. 주요 양조장의 계량기 눈금에 따라 세금을 매기는 업무인데 그때부터 지금까지 계속되고 있다.

또한 박정희 정부는 주세징수 목적으로 다양한 소주 양조장들을 모두 통폐합하는 조치를 시행하였다. 농촌진흥청의 〈우리나라의 전통소주와 그 친구들〉이라는 보고서에 따르면 1909년만 해도 소주 양조장의 수는 2만 8,000여 곳에 달했다고 한다. 일제는 1909~1934년까지 5회 이상 주세령을 발표해 소주 등 전통주를 일정한 규모 이상의 공장에서만 제조할 수 있게 했다. 그럼에도 1960년 당시만 해도 소주업체는 500여 개까지는 생존해 있었다. 하지만 1965년 양곡 부족에 따라 곡물로 소주를 만드는 것을 금지하는 양곡관리법이 시행되자 증류식 소주는 1976년에 전멸했다. 1990년 양곡관리법 개정으로 증류식 소주에도 쌀을 사용할 수 있게 하기 전까지 한국에서는 소주에 쌀을 사용할 수 없었다. 산업화를 위한 이촌향도 정책으로 저곡가低穀價를 유지하기 위해서였다.

하지만 술 없이 어떻게 힘든 노동을 견뎌낼 수 있을까. 수요 때문에 희석식 소주를 대량으로 보급할 필요성이 대두되었고 이에 따라 전국 10개 시도를 대표하는 소주업체를 지역독점기업으로 육성했다. 주조 신규 면허를 금지하고 주정 원료 역시 정부가 배정해주는 대로 사용해야 했다. 생산량이나 시설 기준을 대폭 상향조정하여 중소업체는 아예 꿈도 꾸지 못하게 했다. 생산된 소주는 해당 시도에서만 판매하도록 하였고 1977년에는 각 도매업체로 하여금 매월 50% 이상 소속 시도의 소주업체가 생산한 제품을 의무적으로 구입하도록 하는 자도소주구입제를 실시했다. 이 제도는 정부의 대표적인 규제악법으로 1996년 헌법재판소의 위헌 결정으로 폐지되었다.

막걸리는 일반 서민이 즐겨 마시는 술이라는 이유로 1961년부터 시·군·구 독점판매제를 실시했다. 이렇다 보니 막걸리 양조장은 판로를 확장하기 어려워 매출을 올리는 데 제한이 생길 수밖에 없었고 신제품 개발은 꿈도 꿀 수 없었다. 결국 막걸리 생산량은 1974년 170만 킬로리터에서 2015년 40만 킬로리터까지 감소했다. 그나마 2011년 들어 '웰빙' 붐으로 막걸리 소비량이 크게 늘어났지만 2000년대 초중반에는 20만 킬로리터 아래까지 생산량이 내려갔다.

그렇다면 맥주는 어떠했을까? 원래 맥주는 일제강점기 때 한반도로 유입된 술이다. 1933년 대일본 맥주회사가 서울 영등포에 조선맥주주식회사를, 현재의 기린맥주주식회사가 소화기린맥주주식회사(동양맥주의 전신)를 설립하면서부터 한반도에서 본격적으로 맥주 생산을 시작했다. 1945년 광복에 따라 두 맥주회사가 적산관리공장敵産管理工場으로 지정되었다가 1951년 민간에 불하되면서 현재의 오비-하이트맥주 양대체제로 자리 잡게 되었다.

1960년대까지만 해도 맥주는 상당한 고급 주류에 속했다. 1965년에 출고된 맥주 한 병의 가격은 107원 수준이었다. 실제 식음료점에서 파는 가격은 이보다 훨씬 비쌌을 것이다. 당시 공무원 평균임금은 월 5,350원 수준이었다. 현재 맥주 500밀리리터 한 캔에 2,500원 수준이고, 1인당 평균 실질임금이 2016년 기준으로 342만 원인 점을 감안할 때 당시 맥주 가격이 얼마나 비쌌는지를 알 수 있다. 당시 양조주 중 1킬로리터 기준으로 탁주의 주세는 1,470원이었던 반면 맥주는 77,830원에 달했다. 맥주의 주세율은 1997년 1월까지도 150%를 유지했을 정도다. 맥주의 진입장벽 또한 상상 이상으로 높았다. 당시 탁주는 인구 100만 명 이상 시에 한해 300킬로리터, 시골 읍면 단위에선 50킬로리터 이상의 생산시설을 요구한 데 비해 맥주의 경우는 3,000킬로리터의 시설을 요구하였다.*

이렇게 산업화 과정을 거치며, 한국의 작은 양조장들은 설 자리를 잃어갔다. 대형 양조장 중심의 주류산업 재편에 대한민국의 '술맛'이 표준화되어버린 것이다. 근대 산업화는 이처럼 표준화, 효율화를 통한 세수 관리의 체계화를 이뤄냈지만 반대로 단순화, 획일화의 부작용도 낳았다.

한국 맥주는 정말 대동강맥주보다 맛이 없나?

이런 대한민국의 술맛에도 큰 변화의 흐름이 찾아왔다. 2012년 말 영국의 주간지 《이코노미스트》에서 대한민국의 술맛, 특히 맥주 맛에 문제를 제기한 것이 시작이었다. 다니엘 튜더 기자는 한국 맥주가 북한의 대

---

* 3,000킬로리터가 어느 정도 규모인지 살펴보면, 500밀리리터 맥주 600만 캔을 생산할 수 있는 용량이다. 주세법 시행령이 큰 폭으로 개정되기 직전인 2011년 전만 해도 맥주의 시설 규모는 저장조의 경우 1,850킬로리터를 요구했는데, 1960년대 3,000킬로리터 기준을 요구했다는 것은 조선맥주나 동양맥주의 독과점을 사실상 용인했다는 것이다.

동강맥주보다 맛이 없다며 두 가지 이유를 들었다. 하나는 정부의 규제로 인한 산업 독과점을 들었고, 다른 하나로 정부의 주세가 중소기업 맥주에 불리하게 되어 있다고 지적했다.

소주·맥주산업이 산업화시대를 거치며 자도소주제도나 주세, 시설기준 장벽의 영향으로 이미 독과점이 심화되어 있다는 것을 모르는 사람은 거의 없다. 오비나 하이트맥주를 모르면 간첩일 것이다. 시장상황에 따라 차이는 있지만, 두 맥주회사의 시장점유율은 대략 2012년 기준 96% 수준이다. 수입 맥주의 비중은 3.6%, 나머지 중소기업이나 하우스맥주의 비중이 0.3% 수준이다. 최근 롯데맥주가 등장하며 시장점유율을 4% 수준까지 높여가고 있지만, 오비와 하이트 두 맥주회사의 시장점유율은 공고하다.

주세법이 중소기업 맥주에 불리하다는 주장이 제기되자 시장의 반응은 뜨거웠다. 수제맥줏집이 있다는 이야기는 들어봤어도 중소기업 맥주가 있는지도 몰랐다는 사람이 많았다. 맥주와 소주는 출고가격(공장도가격)에 먼저 72%의 주세가 부과된다. 그다음으로 교육세로 주세액에 30%가 붙고 여기에 부가가치세가 붙는다. 공장에서 1,000원에 출하한 맥주가 있다고 가정할 때, 최종 소비자가격은 얼마가 될까? 간단하게 표로 설명해보자.

1,000원(공장 출고가격) + 1,000원×72%(주세) + 1,000원×72%×30%(교육세) + 1,000×72%×30%×10%(부가가치세) = 2,112.96원

즉 출고가격은 1,000원인데 세금만 2,112원이 붙는다. 배보다 배꼽이 더 크다고 생각하겠지만 담배도 이런 식으로 세금이 붙는 건 마찬가지니 이 문제는 넘어가자. 어디까지나 이것도 다 죄악세라는 이유 때문이니까 말이다.

앞에서도 간단히 설명했지만 A회사는 출고가격이 1,000원이니 2,112원을 소비자가격으로 책정할 수 있겠지만, B회사는 출고가격이 2,000원이니 가격은 두 배인 4,224원으로 뛴다. 중소기업이나 하우스맥주 영업체일수록 당연히 인건비나 재료비 부담이 크고 대기업만큼 구매력을 갖기 어렵다. 따라서 중소기업 맥주는 기본적으로 단가가 비쌀 수밖에 없는 구조이며 영세한 전통주 생산업체도 사정은 비슷하다.

다니엘 튜더 기자의 문제 제기로 화제가 되긴 했지만 과거에도 이와 같은 문제 제기가 없었던 것은 아니다. 맥주·소주 등의 독과점 문제를 해결해야 한다는 일각의 지적이 있었고, 2002년 한일월드컵을 계기로 하우스맥주 붐이 일었던 것도 사실이다. 제도개선이 아예 이루어지지 않았던 것도 아니다. 2011년에도 주세법 시행령을 개정하여 맥주의 경우 저장조를 1,850킬로리터에서 200킬로리터로 낮추는 등 시설기준을 대폭 완화하는 조치가 있었다.

그 이전에도 여러 차례 세법개정이 있었다. 특히 한동안 맥주는 고급주로 분류되어 150%에 달하는 세율이 부과되었으나 점차 세율을 낮추어 2007년에 72%까지 인하되었다. 반면 소주는 서민주라는 이유로 1991년까지 35%로 저율과세되었지만 1997년 EC(현 EU)는 대한민국의 소주와 위스키의 세율 차이를 이유로 WTO에 제소했다. 당시 소주는 35%, 위스

<표 27> 주류세율 현황

주종		주세(A)	교육세(B)	합산세율 (C=A+B)	합산세율 (부가세 포함)
발효주	탁주	5%	-	5%	15.5%
	약주		-	30%	43.0%
	청주	30%	주세액의 10%	33%	46.3%
	과실주				
	맥주	72%	주세액의 30%	93.6%	112.96%
증류주	소주				
	위스키				
	브랜디	72%	주세액의 30%	93.6%	112.96%
	리큐어				
	일반				
주정		57,000원/㎘	-	57,000원/㎘	62,700원/㎘

키는 100% 세율이었다. 여기에서 패소한 뒤 정부는 2000년에 소주의 세율을 72%까지 인상했다.

눈치가 빠른 애주가 독자들은 무언가 이상하다고 느낄 것이다. 맥주와 소주의 주세율이 똑같이 72%라는 것이 이상하지 않은가? 소주 도수가 더 높은데도 말이다. 탁주는 알코올 도수가 통상 5도 정도이고, 약주나 청주는 10~13도, 맥주는 4~5도(물론 유럽의 수도원 맥주 등은 13도에 달하기도 한다!), 소주는 17~18도 정도의 도수다.

술이란 기본적으로 도수가 높은 것이 빨리 취하고, 많이 마실수록 알코올중독, 음주운전 등 사회적 부작용을 낳는다. 그렇다면 국민건강과 사회안전이란 공익적 가치를 달성하기 위해선 상대적으로 알코올 도수가 낮은 술은 낮게 과세하고, 높은 술은 높게 과세하는 것이 사회통념상 당연하다. 하지만 정책당국으로서는 독과점과 규제가 뿌리 깊은 데다가 이미 국민주로 자리매김한 소주에 세금을 높이 부과하기는 어려울 것이다.

하지만 원론적으로 따지면 소주와 맥주 세율에 대한 재검토가 필요하다. OECD 국가들은 대부분 '저도주 저율과세, 고도주 고율과세' 정책을 취한다. 적어도 맥주에 대해서는 기업의 규모와 상관없이 세율 인하를 전향적으로 검토할 때가 되었다.

중소기업·하우스맥주업계의 구세주가 나타나다

다니엘 튜더의 지적처럼 2012년까지만 해도 중소기업 맥주나 하우스맥주는 세율 및 규제상 불리한 처지였다. 또한 중소기업 맥주와 하우스맥주는 시장에서 인지도도 낮은 상태였으므로 규제 개선은 그저 이들 업체의 민원을 세제당국이 조금씩 땜질해주는 식에 그쳤고 언론의 큰 관심을 받지도 못했다.

그런데 소규모 맥주업계에는 기적 같은 일이 벌어졌다. 경제민주화를 하겠다며 국회에 들어온 홍종학 의원(현 중소벤처기업부장관)이 2013년 초부터 중소기업·하우스맥주에 관심을 가지고 주세법개정안을 발의한 것이다. 중소기업 맥주의 주세율을 30% 수준까지 인하하여 절반 이하로 경감하고, 시설 기준도 절반으로 낮추고, 하우스맥주의 유통채널을 대폭 열어주겠다고 나섰다. 홍 의원은 2013년 3월에 공청회를 열어 중소기업·하우스맥주 회사들의 민원을 다양하게 경청하였다.

이 자리에서 중소기업·하우스맥주 제조업자들이 제기한 문제는 다양했다. 물론 주세 인하가 최우선 순위였지만 판로 문제도 제기되었다. 생산은 했지만 대형마트나 편의점에서 팔아보려 해도 높은 판매수수료에 진입조차 못하고, 하우스맥주는 아예 유통 자체를 업장 내로 제한하고 있었다. 심지어 맥주 시판행사를 위한 가판대도 열 수 없다고 했다. 주류 산업에 대한 규제가 정도를 넘어 업계의 사활까지 좌우했다.

세제당국과 국세청은 처음에는 난색을 표하다가 홍종학 의원의 지속적인 설득과 노력으로 세제 경감조치를 단행했다. 중소기업 맥주와 하우스맥주 출하 상품 중 300톤 분량에 대해 출고가격에서 각 30~40%, 하우스맥주는 300톤을 넘는 경우에도 20%를 빼주어 과세표준을 낮추었고 시설기준도 절반 수준으로 완화해주었다. 비록 홍종학 의원이 처음에 제시한 법안에는 못 미치지만 중소기업·하우스맥주업계는 열렬히 환영했다.

홍종학 의원은 세율경감조치 법안을 발의한 이후에도 하우스맥주의 어려움을 해소하고자 추가로 세금을 감면해주었고, 유통채널을 업장에만 한정짓던 것을 도매업자(특정주류도매업)에게까지 판매할 수 있도록 하였다. 그는 하우스맥주가 외부에 유통되지 않는 현실을 알리기 위해 국회에서 중소기업·하우스맥주 시음회도 열었다. 최근에는 홍 의원의 이름을 딴 '홍종학 페일에일'이라는 맥주가 한 하우스 양조장에서 출시되었다고 한다. 소규모 맥주업계에서는 홍 의원의 업적을 기려 그를 '맥통령'이라 부르며 칭찬일색이다.

발상의 전환, 규제에서 육성으로

이렇듯 여러 규제 개선 조치는 최근 몇 년 사이 의식 있는 한 의원의 관심에서 가속화되었다. 2014년 49개 정도 되던 하우스맥주 양조장이 2015년에 64개로 늘었고, 생산량도 2,374킬로리터에서 4,376킬로리터로 2배 가까이 늘어났다. 그사이 롯데가 2014년 에일*맥주를 시장에 출시하였고 신세계그룹은 강남에 데블스도어Devil's Door라는 대형 수제맥주 매장을 열었다. 이른바 여피족**들은 종로, 광화문, 여의도, 마포, 강남 일대에서 중소기업 맥주와 하우스맥주를 거리낌 없이 찾는다. 여전히 가격대가 두 대기업의 맥주보다 훨씬 비싸지만 맥주가 가진 젊고 시원한 문화를 즐기기 위해서다.

주세법의 대대적 개정이 시작된 지 4년이 경과한 2017년, 문재인 대통

---

* 맥주는 상면발효 방식으로 생산한 에일과 하면발효 방식으로 만든 라거로 나뉜다. 에일이 묵직하고 과일 맛이 나는 것이 특징이라면 라거는 그보다는 가볍고 시원한 맛이 특징이다.
** '젊은 도시 전문직young urban professional'의 약자로서, 대도시 또는 그 인근을 거주 및 직장으로 삼으면서 대학 수준의 학력을 갖추고 고소득 직업에 종사하는 젊은 성인을 일컫는다.

령은 중소기업 맥주 '세븐브로이Seven Bräu'를 대기업 총수 만찬 간담회에 청와대 안뜰로 불러들였다. 중소기업이지만 전 직원을 정규직으로 고용하여 사회에 모범을 보였고 새로운 맥주 맛을 불러일으키며 사회풍토를 바꾸어준 것에 대한 고마움의 표시였을 것이다. 중소기업 맥주가 대기업 총수 간담회에 초청받으리라고 어느 누가 생각이나 했을까. 이후 소규모 맥주 양조장에 대한 추가 지원 법안이 정부 세법개정안에 반영되었고 하우스맥주 역시 편의점에서 시판할 수 있도록 법이 개정되었다.

하지만 여전히 소규모 맥주회사와 지역 특산주·민속주를 만드는 전통주 회사가 시장에서 고전하는 것은 매한가지다. 이들이 2015년 납부한 주세는 각 28억, 49억 수준으로 맥주·소주 회사가 납부하는 전체 주세액 2조 7,700억 대비 0.1%와 2.7%에 불과하다. 이 간극을 어떻게 극복할 수 있을까? 국민의 관심 못지않게 정부의 별도 지원 및 육성 대책으로 산업의 프레임을 규제에서 육성으로 전환할 때가 아닌가 싶다.

산업화 과정에서 정부 규제와 높은 세율이 우리나라 주류산업에 미친 영향은 긍정적인 면과 부정적인 면이 함께 존재한다. 보릿고개를 넘기던 시절 세금을 한 푼이라도 더 걷기 위해 양조장을 대형화하고 통합한 결과 한국 사람들의 술맛은 표준화되었다. 이제는 그 획일화된 표준을 허물고 다양성과 창의력을 갖춘 젊은 세대들의 입맛을 살려줘야 한다. 술맛이 살면 인생도 산다. 퇴근 후 한잔, 수천 가지 맛난 술이 독자들과 함께할 때가 되지 않았을까? 이제 규제가 아닌 육성이 필요한 시기가 되었다.

주류산업은 관광산업 발전에도 크게 기여할 수 있다. 독일에서는 매년 뮌헨에서 옥토버페스트란 행사를 통해 11억 유로 이상의 경제적 효과를 창출한다. 일본은 2만 개가 넘는 사케(일본에서는 일본술日本酒이라는 뜻의 '니혼슈'라는 표현을 사용)를 지역 곳곳에서 생산한다. 관광은 최고의 내수 창출효과가 있고 주류산업이 거기에 큰 역할을 할 수 있음에도 우리나라에는 아직 외국인들을 매료할 만한 관광상품이 많지 않다. 대한민국도 이제 대표적인 맥주축제를 한번 만들어볼 때가 되지 않았을까?

7

세정기관

국세청, 국민을 위한 기관인가

세리, 고대부터 존경받지 못한 직업

성경에는 세리稅吏, 즉 세무공무원에 관한 기록이 꽤 많다. 신약성경인 〈마태복음〉에는 예수가 세리들과 함께 식사하는 것을 본 바리새인들이 예수를 비난하는 장면이 묘사되어 있다. 〈마태복음〉 9장 11~13절에는 이런 구절이 있다.

바리새인들이 보고, 그의 제자들에게 이르되 어찌하여 너희 선생은 세리와 죄인들과 함께 잡수시느냐. 예수께서 들으시고 이르시되 건강한 자에게는 의사가 쓸데없고 병든 자에게라야 쓸데 있느니라. 너희는 가서 내가 긍휼을 원하고 제사를 원하지 아니하노라 하신 뜻이 무엇인지 배우라. 나는 의인을 부르러 온 것이 아니요 죄인을 부르러 왔노라.

사람들에게 세금을 걷는 일을 하는 세무공무원은 예수 그리스도가 살던 시대에도 그리 존경받지 못하는 직업이었음이 분명하다. 당시 세무공무원은 로마제국의 번영을 위해 이스라엘 동족의 혈세를 착취하는 지탄의 대상으로 인식되었다. 오죽하면 세금 걷는 사람을 죄인과 동일시했을까. 하지만 예수는 이처럼 당시 죄인처럼 취급받는 세금 걷는 사람을 제자로 삼기도 했다.

예나 지금이나 세무공무원은 두려움과 기피의 대상인 듯하다. 지금도 사람들은 세무공무원을 '국가의 권력을 집행한다는 명분으로 나의 재산을 합법적으로 빼앗아가는 나쁜 사람'으로 생각하는 경우가 적지 않다. 국가를 유지하기 위한 세금을 확보하기 위해 세법에 따라 세금징수라는 중요한 역할을 수행하는 사람, 반면 국민 개개인의 재산을 강제로 거두어가면서 미움을 동시에 받아야 하는 사람. 바로 그들이 세무공무원이다.

과세관청의 역할

국세청 같은 과세관청은 한마디로 세금을 거두는 곳이다. 즉 세금 부과의 대상으로 삼을 세원稅源을 발굴하고, 그 세원을 관리하며 세금 부과 대상을 추려 세금을 징수하는 일을 한다.

과세관청에는 국세를 징수하는 국세청 외에 관세를 징수하는 관세청, 지방세를 징수하는 지방자치단체도 있다. 관세청은 주로 수출입 통관에 따른 관세나 수입 부가가치세 등의 징수업무를 수행하고, 지방자치단체는 재산세·취득세 등 지방세의 징수업무를 맡는다.

세금을 부과할 때는 세법에서 정한 세목에 따른 재산이나 소득, 거래단계에서 과세할 물건을 확정하고 여기에 필요경비나 취득가액 등 비용을 공제하여 세금을 부과할 과세소득을 정한다. 그리고 소득공제나 이월결손금을 공제하여 세율을 적용할 과세표준을 산정하고 여기에 세율을 곱하여 세금을 계산한다.

과세대상은 크게 세 가지로 나뉜다. 첫째, 과세대상물품 거래행위, 둘째, 물건(동산, 부동산) 등 재산의 소유행위, 셋째, 영리 추구행위로 발생한 소득 발생행위 단계에 부과된다. 하지만 실제적인 과세를 위해서는 과세대상을 특정해야 하고, 이를 포착할 수 있는 인프라가 갖춰져야 한다. 예를 들어 A가 B에게 부동산을 팔아 시세차익을 남겼지만 계약서 등을 작성하지 않았다면, 부동산 거래 과정을 중개하는 공인중개사 없이 일을 진행했다면 양도소득세를 쉬이 과세할 수 있을까? 사실상 불가능할 것이다.

세원을 제대로 관리하지 않는다면 당연히 과세대상은 축소될 수밖에 없다. 저개발국가나 개발도상국들이 겪고 있는 가장 큰 문제는 바로 세원의 불투명성이다. 세원을 찾아낼 수 없기 때문에 과세대상을 확정할 수 없다. 이 일을 수행해야 할 세무공무원들의 수준이 낮고 과세제도나 기법도 뒤처진 경우 강제수탈로 이어지는 경우가 많다. 세무행정 수준이 낮아 세원을 투명하게 관리할 수 없는 저개발국가에서는 공무원에게 뇌물을 주어 과세대상을 축소하거나 심지어 없애는 경우도 있고, 신속한 업무 처리의 대가로 급행료急行料를 받기도 한다.

반대로 세원을 투명하게 관리하기 위하여 부동산이나 고가의 동산에 대한 등기등록제도, 거래행위를 포착할 수 있는 세금계산서나 서면계약서 공증, 과세대상 물건의 가격을 공시할 수 있는 공시제도 등 과세 기반을 형성하는 제도가 잘 갖추어지고 이것을 국민 대다수가 일반적인 상식으로 받아들인다면 과세대상은 명확해지고 세원은 투명하게 관리된다.

세금을 부과하는 단계도 투명해야 한다. 세원을 발굴하였다고 하더라도 법령이 불명확하여 자의적인 잣대로 과세대상을 확대하거나 줄이게 된다면 국민들은 세정을 신뢰하지 않는다. 과세요건을 정한 세법의 표현과 해석이 명확해야 하고 만약 과세관청이 세법 해석을 잘못한 경우에 이를 시정할 수 있는 제도도 다양하게 열려 있어야 한다. 납세자는 과세당국의 잘못된 처분을 수정할 수 있어야 하고, 과세당국이 이를 해결해주지 않으면 다른 행정기구나 법원을 통해 이를 교정받을 수 있게 해야 한다.

마지막으로 과세대상이 되는 재산의 거래나 소득이 발생하였음에도 이를 누락하거나 은닉하는 납세자에 대해서는 납세자와 과세대상을 조사하여 세금을 제대로 부과해야 한다.

또한 불성실한 납세자에게는 벌칙을 부과할 수도 있어야 한다. 신고·납부 불성실 가산세는 물론 고의적으로 세금을 누락하거나 탈세 금액이 지나치게 많아 국가재정을 훼손할 우려가 있는 납세자는 형사처벌도 할 수 있어야 한다. 다만 세무조사과정에서 세법에서 정한 절차를 준수하여 납세자의 권익이 침해되지 않도록 해야 하고, 개인정보를 유출하거나 명예를 훼손하는 행위도 철저히 방지해야 한다. 설사 탈세 혐의를 두었다 해도 헌법이 보장한 국민으로서 기본권과 세법에서 보장하는 절차는 언제나 존중되어야 한다.

이처럼 세금의 부과와 징수, 세무조사 기능을 수행하기 위해 국세청은 지역별로 6개 지방청과 125개 세무서를 설치하고 있으며 각 일선 세무관서에는 법인세과, 소득세과, 부가가치세과 등 세목별 세원관리부서와 세무조사를 담당하는 조사과, 민원과 불복청구 업무를 전담하는 납세자보호과를 두고 있다. 6개 본부 세관을 두고 있는 관세청도 관세를 부과하기 위한 통관업무가 추가될 뿐 기능은 대체로 비슷하다.

하지만 국세청은 세금을 걷기만 하는 것이 아니라 세금과 직접 관련이 없는 일을 맡아 처리하기도 한다. 소득이 낮은 계층을 지원하고 국가적 과제인 출산을 장려하기 위하여 근로자나 사업자에게 근로장려금(EITC, Earned Income Tax Credit)이나 자녀장려금(CTC, Children Tax Credit)을 직접 지급한다. 세금과 직접 관련은 없지만 대학생에게 학자금을 대여해준 뒤 장기상환을 받는 학자금 상환(ICL, Income Contingent Loan)제도도 관리한다. 또한 주세 납부대상인 주류의 면허업무를 수행하는 주류면허지원센터를 운영한다. 이처럼 국세청은 소득과 연계되어 할 수 있는 일은 거의 모든 일을 한다고 해도 지나친 말이 아니다.

과연 국세청은 정의로운가?

과세관청은 나라 살림을 책임지고 있으므로 세법이 정한 바에 따라 공정하게 조세를 징수하여야 한다. 세원 관리, 세무조사, 조세징수, 납세자보호 등 본연의 역할과 기능만 제대로 수행하고 권한을 오남용하지 않는다면 달리 문제가 있을 리 없다. 하지만 국민의 재산권을 침해할 수밖에 없는 과세권을 국민으로부터 위임받은 국세청은 지난 수십 년간 그 권한을 오·남용함으로써 국민들의 지탄을 받는 경우가 종종 있었다.

특히 국민의 신뢰를 받아야 하는 국세행정의 최고 수뇌부이면서도 뇌물 수수, 정치 개입, 직권남용 혐의 등 과세권을 오·남용한 혐의로 구속된 역대 국세청장이 많다. 1998년에는 당시 이회창 대통령 후보를 위한 선거자금 불법 모금을 직간접적으로 지원한 이른바 '세풍사건'으로 임채주 전 국세청장과 이석희 전 국세청 차장이, 2003년엔 썬앤문그룹과 SK그룹에 대한 감세를 지시하며 뇌물을 수수한 혐의로 손영래 국세청장이 구속되었다. 2007년엔 세무조사 무마 청탁과 부하직원 인사 청탁으로 거액의 뇌물을 수수한 혐의로 이주성, 전군표 전 청장이 구속되었으며 2009년엔 정권 실세에 접대 골프와 그림로비를 한 의혹으로 한상률 전 국세청장이, 2013년엔 CJ그룹에 대한 세무조사 무마 청탁 대가로 거액의 뇌물을 수수한 혐의로 2007년에 이어 전군표 전 청장과 허병익 전 국세청 차장이 줄줄이 구속됐다.

국세청장의 연이은 구속과 사법처리 사태를 보면서 국민은 마치 고양이에게 생선을 맡겨놓은 듯한 심정이었을 것이다. 이른바 국세청의 '흑역사'를 단절하기 위한 노력이 없었던 것은 아니지만 그 성과가 일반 국민들에게는 잘 알려져 있지 않다. 반면 최근까지도 세무조사를 무마하거나 정치적으로 세무조사를 실시하는 경우, 뇌물을 수수한 사례는 끊이지 않고 있다. 아무리 국세청 스스로 자정 노력을 기울여도 이처럼 잊을 만하면 불거져 나오는 비리 때문에 국민들은 과세관청을 신뢰할 수 없는 노롯이다. 《국세청은 정의로운가》라는 책을 쓴 안원구 전 대구지방국세청장은 국세청이 불신받는 원인을 다음과 같이 밝히고 있다.

국세청이 어떤 시스템으로 세금을 매기는지, 세금징수 외에 국세청이 어떤 일을 하는지 등은 베일에 싸여 있기 때문에 국세청을 불신하는 경향이 있다. 정상적인 세금징수와 별개로 정권 유지를 위해서, 또는 집권세력의 사적인 목적에 부합하기 위해서 세무조사권을 남용하기 때문에 국세청이 특정 정권 유지를 위한 '표적 세무조사' 수단으로 전락했다는 비판이 끊이지 않는 것이다.

국세청에 대한 이러한 지적은 크게 두 가지 원인 때문인 듯하다. 하나는 국세청 특유의 비밀주의, 즉 국세청이 정보와 자료를 가지고 있음에도 이를 제대로 공개하지 않았기 때문이다. 세금 징수와 관련된 국세청의 활동내역은 철저하게 베일에 싸여 있어서 일반 국민이나 다른 국가기관이 쉽게 접근할 수 없다. 또 하나는 '정치적 세무조사'에 대한 통제 방안을 갖추지 못했기 때문이다. 그동안 권력자는 정권교체 이후에 자신의 정치적 목적을 달성하고자 정적이나 그 후원자로 여겨지는 대상에게 의도적인 세무조사를 실시한 사례가 많았던 것이 우리의 현실이다.

국세청, 우리 사회의 빅브라더

언급한 대로 국세청은 국민들의 호주머니 사정도 어렴풋이 알 수 있다. 국세청이 가진 방대한 정보 때문이다. 사례를 들어 쉽게 설명해보자.

사례 1

김똑똑 씨는 전자회사 직원으로 2017년 중 총 8,000만 원의 급여를 받았다. 우선 소득세 산정과 신고를 위해 연말정산 프로그램을 시작하였다. 연말정산 화면을 띄우니 근로소득 수입 금액인 급여항목이 나왔다. 클릭. 김 씨는 급여 외에도 '서울 소재 H대학'에서 전산학 특강을 하고 기타소득으로 100만 원을 받았고 원천징수 세액을 제외한 금액을 지급받았다. 하지만 일시적인 강연료로 80%의 필요경비를 공제하면 300만 원에 미달하기 때문에 따로 종합소득 확정신고는 하지 않았다.

다음으로 두 아들의 학교 수업료 300만 원에 대해 15%의 교육비 세액공제를 적용했고, 올해 김 씨 부인이 허리가 아파 K정형외과를 수차례 다니며 부담한 진료비 300만 원에 대하여 총급여 (8,000만 원×3%)를 초과하는 60만 원의 15%인 9만 원을 의료비 세액공제액으로 적용했다. 김 씨가 노후를 위해 들어놓은 우체국 연금저축계좌 불입액 400만 원에 대하여 12%인 48만 원을, 김 씨가 올해 기부한 지정기부금 단체인 'A시민연대' 회비 12만 원에 대하여는 15%를 기부금 세액공제액으로 계산했다.

사례 2

나진료 씨는 K성형외과를 운영한다. 올해 병원 매출은 약 12억 원이었는데, 의료 수입을 위해 지출한 마취제 등 진료 재료비는 약 5,000만 원이 소요되었고 이것저것 비용을 빼니 3억 원 정도의 수익이 났다. 나 씨는 외제 승용차를 한 대 구입했고, 이를 사업용 차량으로 등록해서 비용처리하고 있다. K성형외과의 직원은 5명으로 약 2억 원의 급여를 지출하였고 병원건물 임차료는 연간 약 1억 원이다. 나 씨는 서울시 M지역 의사협회 회장을 맡고 있어 접대비를 카드로 약 5,000만 원을 사용하였다.

〈사례 1〉에서 보듯 김 씨의 소득내역, 배우자나 자녀 유무, 전통시장 방문 내용, 교육비 사용내역, 기부금과 같은 거의 대부분의 개인정보나 신용정보 항목은 국세청이 수집하여 보유하고 있다. 그리고 이를 연말정산 간소화시스템으로 알려주기 때문에 극히 일부 항목 등을 제외하고는 납세자가 연말정산에 필요한 자료를 별도로 어렵게 일일이 수집할 필요가 없다. 〈사례 2〉에서 나오는 나 씨의 소득내역, 비용처리 내역(임대료, 직원 인건비, 주사제 등 원재료), 외제 승용차 구입 및 사용, 접대비 법인카드 사용 여부도 국세청이 모두 보유하고 있다. 사업과 관련한 지출이었는지, 공제 대상이 아닌데 공제를 받았는지 등을 국세청은 바로 점검할 수 있다.

이렇듯 국세청이 가진 정보량은 개인정보부터 신용정보에 이르기까지 방대하다. 나의 아침에서 저녁까지의 신용카드 소비, 일정 기간의 병원 진료 내용, 금융거래명세 등 눈뜨고 일어나서 생활하는 모든 개인정보를 국세청이 보유하고 있다고 해도 지나친 말은 아니다.

하지만 국세청은 자신들이 보유한 정보의 수준이 어느 정도인지 일반인에게 공개하지 않고 국회의원들의 자료 요구에 한해 간헐적으로 해당 자료를 제출할 뿐이다. 조지 오웰은 소설《1984》에서 '빅브라더'라는 존재가 텔레스크린telescreen으로 일거수일투족을 감시하는 가상의 국가를 그려냈다. 다소 과장일지는 모르겠으나 국세청이 보유하고 있는 방대한 정보와 그로 인해 국민 개개인의 삶을 속속들이 알고 있다는 점은 빅브라더에 비유될 수 있을 것 같다. 따라서 국세청은 그 어떠한 국가기관보다도 국민의 삶과 밀접하게 연관되어 있으며 국민의 프라이버시까지 보호할 책임이 있다.

과세정보 비밀 유지, 양날의 검

국세청은 방대한 양의 정보를 수집하는 만큼 납세자의 엄격한 개인정보 및 신용정보 관리는 필수적이다. 현재 국세기본법은 국세청이 개인정보를 사적인 목적 또는 법에 허용된 범위를 벗어나 사용하는 것을 엄격히 금지하고 있다. 이를 어길 경우에는 징계를 받고 형법에 따라 공무상 비밀 누설로 처벌받을 수도 있다. 이른바 국세기본법 제81조의 13에 따른 비밀유지 조항이다.

예외적으로 납세자의 과세정보를 제공할 수 있는 경우가 법으로 정해져 있다. 1) 조세부과를 위해 지방자치단체나 다른 세무공무원들이 요청한 경우(제1호), 2) 조세범 처벌을 위해 검찰이 요구하는 경우(제2호), 3) 재판을 위해 법원이 제출명령을 행사하는 경우(제3호), 4) 통계청장의 국가통계 작성 목적(제5호), 5) 사회보험료 징수를 위한 과세정보자료 요구(제6호) 등의 경우에만 엄격하게 예외적으로 허용할 뿐이다.

즉 세무공무원이 직무로 취득한 개별 납세자에 대한 과세정보의 비밀은 엄격히 유지되어야 한다. 그러나 이는 개인이 식별할 수 없도록 가공된 통계자료까지 제공하지 말라는 의미는 결코 아니다. 하지만 국세청은 국책연구기관이나 외부 연구기관 내지는 국회에서 자료를 요구하는 경우에도 이 조항을 들어 제출을 거부하거나 지연하는 경우가 종종 있다. 납세자나 시민단체 등의 지속적인 노력과 요청으로 2012년에 〈소득분위 100분위 측정을 위한 근로·종합소득세 납부 자료〉, 2017년에 〈소득분위 1,000분위 측정을 위한 근로·종합소득세 납부 자료〉가 공개되었으나 아직 갈 길이 멀다.

과세정보 데이터를 공공의 이익을 위하여 활용할 길은 많다. 공익적으로 소득분배 지표를 가지고 재분배 정책을 강화할 수도 있고, 부동산 거래내역을 파악하여 지역별 부동산시장의 과열 여부를 파악할 수도 있다. 또 최근 빅데이터 산업의 발전에 따라, 국세청이 가진 여러 데이터를 산업에 접목할 수도 있을 것이다. 예를 들어 지역별 전통시장 신용카드 사용 데이터를 분석하여, 전통시장 내에서 어떠한 소비가 많이 이루어지는지를 살펴 전통시장 지원정책을 특화할 수도 있다. 또는 소득별 개인연금보험료 납부자료를 파악하여 생애주기별 노후소득보장 정책에 좀 더 짜임새 있게 활용할 수도 있다. 여러 산업에 이와 같은 비식별화*된 빅데이터를 제공하여 신서비스산업 육성에 기여할 수 있다.

반면 과세정보가 부정적으로 사용될 경우 여러 부작용이 발생한다. 특히 위에서 언급한 정치적 세무조사가 그렇다. 국세청은 여러 개별과세정보를 가지고 있기 때문에 권력자로서는 불리한 정치상황을 타개하기 위해 국세청을 악용할 여지가 있다. 개인의 신용카드 사용내역, 즉 호주머니까지도 들여다볼 수 있으니 마음만 먹으면 개인의 과세정보를 악용하는 것은 얼마든지 가능하지 않겠는가. 정권의 시책 또는 권력자의 비위에 거슬리는 기업들에 불이익을 주기 위한 방법으로 세무조사는 강력한 수단이다.

---

* 이름, 주민등록번호 등 개인의 고유식별정보를 삭제하여 개인을 식별할 수 없도록 만들어 데이터를 일반화하는 데이터 가공 형태를 의미한다.

이런 불법 세무조사(과거에는 '세무사찰'이란 용어를 사용하기도 했다)를 통제하기 위한 수단으로 국회에서 '국세기본법 제81조의 13' 비밀유지조항을 완화해야 한다는 시도가 2000년대 후반부터 여러 차례 있었다. 이를 개정하여 국회의원들이 불법 세무조사가 의심되는 경우 위원회의 의결을 통하여 과세 정보를 보고 이를 국민에게 공개해야 한다는 것이 주요 요지다.

국세청은 일관되게 이를 반대해왔다. 다른 나라의 경우 개별 과세정보를 공개하는 사례가 없다는 이유를 가장 많이 들었으며, 그다음으로는 이 또한 정치공방의 대상이 되어 과세당국은 물론 납세자의 혼란을 가중할 수 있다는 것이었다. 국회의원들은 개별 과세정보를 개별 의원이 아닌, 상임위의 의결에 따라 공개할 수 있다면 공정하게 운영될 수 있다는 점을 강조했다. 미국의 경우처럼 의회의 상하원합동조세위원회Joint Committee on Taxation 위원장이 서면으로 요청할 경우 개인의 신상자료를 비공개회의에 한하여 제공할 수 있다는 것이었다.

이를 반영해 2017년 세법개정 결과 비교적 전향적인 입법이 이루어졌다. 뒤에서 자세히 설명하겠지만 과세당국의 불법 정치 세무조사를 통제하기 위한 방안으로 첫걸음을 내디딘 셈이다. 국정조사처럼 상임위의 의결이 있는 경우에는 개별 과세정보를 제공할 수 있도록 한 것인데, 오랜 논의의 결과가 긍정적으로 일단락되었다고 평가할 만하다. 개별 과세정보가 공개되더라도 국회의 의결을 거쳐야 하고, 무단공개 시에는 형사처벌의 우려가 있기 때문에 여야 모두 신중하게 처리하지 않을 수 없을 것이다. 물론 실제 작동 여부는 오롯이 국민과 국회의 운용의 묘에 달려 있다.

세무조사, 탈세 교정의 수단

계속 강조하지만 국세청이 일반인들로부터 받는 작금의 불신은 불법 세무조사에서 비롯했다. 그렇다면 이번에는 그렇게 말 많고 탈 많은 불법 세무조사가 무엇인지 살펴볼 필요가 있다.

사실 일반인들이 세무조사를 두려워할 이유는 없다. 1,800만 명에 가까운 근로소득자들은 원천징수로 연말정산을 통해 소득세 납부 의무가 종결되는 경우가 대부분이라 세무조사가 개입될 여지는 거의 없다. 반면 법인사업자나 개인사업자에 대한 세무조사는 정기·비정기 조사를 포함해서 연간 1만여 건에 달하는데, 이는 사업자들로서는 상당한 부담이다. 물론 유사 세무조사인 현장확인現場確認의 경우까지 합치면 더 많지만 이는 공식적인 통계에 잡히지 않는다.

세무조사가 두려운 이유는 강제처분적 성격 때문이다. 국세기본법 제81조의 2항에 따르면 세무조사는 '세금의 과세표준과 세액을 결정 또는 수정하기 위하여 질문을 하거나 관련 장부와 서류, 물건을 검사·조사하거나 제출을 명하는 경우'로 규정되어 있다. 쉽게 말해 과세신고한 금액이 누락되었거나 잘못되었으면 조사를 해서 바로잡아 다시 세금을 고지하는 행위를 말한다.

세금을 누락하는 행위에는 여러 가지가 있을 수 있다. 매출을 누락하기도 하고, 비용을 과다하게 산입하여 수입을 축소시켜 소득세 또는 법인세를 탈루할 수도 있다. 거래 횟수를 줄이거나 허위 세금계산서를 수취하여 부가세를 탈루할 수도 있다. 상속·증여의 대상이 된 현금을 누락하거나 주식의 평가가치를 속여 상속·증여세를 탈루할 수도 있다. 법인사업자가 법인카드로 접대가 아니라 개인적으로 부인에게 선물로 다이아몬드를 사주는 것도 엄연한 탈루다. 이외에도 가지각색의 탈루가 존재하며, 이를 다 언급하는 것조차 힘이 든다.

어쨌든 이처럼 다양한 탈세행위가 이미 이루어진 경우, 우선 국세청이 가진 다양한 과세정보 또는 과거의 데이터를 가지고 분석하는 것이 가장 기본이다. 예를 들어 3년 동안 매출이 꾸준히 늘었던 기업이 갑자기 올해 수입이 급감하여 결손상태가 되었다. 하지만 시장에서 동종업계의 매출은 증가하였고, 이 기업만 특별히 나쁠 이유가 전혀 없다. 반면 기업 오너는 개인 명의의 고가 빌딩을 구입하기도 하고, 미성년 자녀가 회사의 상장주식이 평가절하된 틈을 타 주식을 대량 매입했다. 이러한 경우 이 회사의 비정상적인 상태의 원인을 다양한 정보를 이용해 유추한다. 회사가 제출한 회계장부, 특히 공시 대상 회사라면 금융감독원 전자공시시스템 DART의 정보를 유심히 살펴볼 것이다. 개인의 부동산 거래내역, 미성년자 자녀의 주식 대량 매입 등 주식 변동 내역을 종합적으로 살펴볼 것이다. 그리하여 최종적으로 회사의 수입이 부당하게 낮아진 이유를 밝혀내 새롭게 과세 처분하면 될 것이다.

과거 자료나 타 업종 데이터만으로도 탈세 혐의점을 찾기 어렵다면, 다양한 자료를 추가로 확보할 수밖에 없다. 우선 회사에 직접 가서 이중장부를 찾아내야 할 수도 있고, 회사의 거래 상대방 자료를 확보하여 대조할 수도 있다. 이를 위해서는 직접 세무공무원이 탐문조사를 하여 세무조사를 개시하여야 할 것이다.

또한 규모가 커서 상시적인 감시가 필요한 기업에 대해서는 정기적인 세무조사를, 탈세 혐의가 명백한 기업에 대해서는 수시로 세무조사를 해야 한다. 우리나라는 대기업에 대해서는 4년에 한 번씩 정기 세무조사를, 신고의 성실성이 떨어진다고 판단하거나 탈세 제보 등으로 혐의가 명백한 경우는 수시 세무조사 또는 비정기 세무조사를 실시할 수 있도록 하고 있다.

마지막으로 탈루 내역이 방대해 세무조사 이후에 회계장부와 각종 거래 자료들을 보관할 필요성이 있다면 모두 가져와 분석하는 작업도 필요할 것이다. 이를 세무용어로는 영치조사領置調査 또는 예치조사預置調査라 한다. 최근 들어서 '서류의 일시보관'이라고 명칭이 바뀌었지만, 업계 관계자들은 대부분 아직도 영치조사라는 표현을 사용한다. 이는 납세자들이 가장 불만이 많은 조사방식이다. 탈세 혐의가 조세범처벌법에 따른 범칙조사 수준까지 이르지 않는 이상 법원의 압수수색 영장을 발부받을 수 없다. 하지만 이는 형사처벌을 전제로 한 것이고 과세당국도 자칫하면 큰 실수를 범할 수 있기 때문에 처음부터 범칙조사를 개시하는 경우는 흔치 않다. 또한 조사 개시 전부터 탈세 혐의가 있는 경우를 명백히 밝혀내기는 어렵다. 조사과정에서 밝혀지는 경우가 대부분이다. 따라서 영치조사는 필요악일 수밖에 없다.

세무조사가 개시되면 국세청은 세무조사에 따른 여러 불이익을 조사 대상자에게 사전 고지해야 한다. 또한 세무조사로 부당행위가 있었다는 사실이 발견되면 과세 경정更正 처분을 할 수밖에 없다는 사실 또한 납세자에게 안내해야 한다.

하지만 이와 같은 국체청의 일련의 행위를 규제할 수 있는 방법이 없고 이로써 납세자들의 권익이 침해당한다는 지적이 국회를 비롯한 시민사회 각계각층에서 제기됐다. 이에 납세자의 권익 보호를 위해 국세기본법이 여러 차례 개정되어왔으며, '조사사무처리규정'이라는 국세청 내부 훈령 또한 마련되었다. 납세자보호관, 납세자보호위원회 조직을 두어 세무조사의 개시 과정과 그 이후의 부과고지까지, 전 단계에서 조사 중지나 종결을 명할 수 있는 길이 열렸다. 따라서 현행 국세기본법, '조사사무처리규정'에 따라 세무조사 개시부터 종결에 이르기까지 전 과정이 엄격한 법 규정에 따라 통제된다. 하지만 그럼에도 여전히 일반인들의 불만은 많다.

세무조사, '세금공포증Tax Phobia'을 야기할 수밖에 없는가?

세무조사를 담당한 공무원들을 만나보면 자신은 하나같이 항상 법 규정을 지켜가며 조사했다고 말한다. 이에 반해 납세자나 세무사 등 전문가들은 항상 정반대로 세무조사로 인한 어려움을 토로하고 푸념하기 일쑤다. 불만의 종류도 다양하다.

우선 조사과정에서 조사공무원의 태도를 문제 삼는 경우가 많다. 예전과 같이 험한 말이 오가지는 않는다 하더라도 여전히 고압적으로 자료를 요구하거나 "원칙대로 세금을 부과하면 당신 업체가 살아남을 수 있겠느냐"는 압박을 가하는 경우도 적지 않다고 한다. 또한 "당신과 거래하는 업체까지 조사한다면 당신 업체가 살아남을 수 있겠냐"고 하면서 압박하거나 세무조사 범위를 법인세 등 고유한 항목에서 증여세나 소득세까지 확대하겠다고 압박한다며 하소연하기도 한다.

반대로 세무공무원들은 세법에서 정한 절차대로 했을 뿐이라고 주장하는 경우가 적지 않다. 탈세자들이 장부를 은닉하는 경우, 자료를 누락하고 폐기하는 경우, 재산을 숨겨놓고 찾을 수 없도록 명의신탁을 하는 경우 등 다양한 탈세 유형에 대처하려면 어쩔 수 없다는 푸념을 늘어놓는다.

사실 세무조사가 아무리 강제적 성격을 갖고 있다 해도 이로써 벌어지는 문제들은 법과 원칙에 따라 처리하고, 세무공무원이 품위를 갖추어 납세자의 인격을 보호하고 존중한다면 상당 부분 해소될 것이다. 실제로 국세청이 문재인 정부 들어 역사상 처음으로 국세행정 개혁을 위해 설치한 국세행정개혁 TF를 비롯한 대부분 전문가 의견은 가급적 과세관청 공무원의 재량을 줄이고 조사 진행과정을 납세자 친화적으로 좀 더 엄격하면서도 투명하게 관리해야 한다는 게 대다수이다. 세무조사 처리 과정에서 납세자와 협상을 벌여 세금을 줄여주겠다고 하는 이른바 '택스 바기닝tax bargaining'이나 고압적 세무조사 등 조사과정에서 발생하는 문제점들을 현장감독하고 이를 강화하는 방안에 대한 논의가 설득력을 얻고 있다.

또한 일반적인 세무조사는 조사에 착수해서 종결할 때까지 일정한 절차와 기준을 따라야 하지만 그 대신 '현장확인'이나 '사후검증' 등 유사 세무조사 행위를 광범위하게 활용함으로써 국세청이 책임을 피해가면서 납세자에게 상당한 부담을 주고 있다는 비판도 제기된다. 이들 유사 세무조사는 세무조사처럼 현장에 나가 세무자료를 확인하거나 신고 이후 사후적인 검증을 통해 세무조사와 동일한 효과를 얻는 행위를 말한다.

과세관청은 세무조사를 과도하게 실시한다는 비난을 받지 않기 위해서 유사 세무조사를 활용해왔는데 최근 대법원이 세무조사와 유사한 기간과 방법에 따라 실시한 현장확인이라면 납세자에게 세무조사와 다를 바 없다고 판단했다. 2017년 3월 대법원은 이것이 중복조사금지원칙에 위반되므로 위법하다는 결론(대법원2014두8360판결)을 내렸다. 이처럼 세무조사 종결 후 일방적으로 과세를 예고·통지하는 것이 아니라 공식적으로 납세자에게 조사 결과를 설명하고 납세자의 소명을 받는 '조사결과 설명제'나 세무조사 결과에 따른 과세에 앞서 수정신고를 우선적으로 권장하도록 한 것은 바람직하다. 이는 납세자가 과세관청의 일방적인 세무조사 진행으로 피해를 당하지 않고 권익을 확보할 수 있게 하기 위한 것이다.

국세청 불신의 가장 큰 원인, 정치적 불법 세무조사

일반 납세자들이 국세청에 갖는 불신의 가장 큰 원인은 다름 아닌 정치적 불법 세무조사다. 가장 상징적이며 비극적인 사건은 2008년의 태광실업 세무조사 사건이다. 태광실업 대표이사 박연차 씨는 노무현 전 대통령의 오랜 후원자이기도 하였는데, 그에 대한 세무조사가 이루어진 것이다. 이에 대해서는 최근 안원구 전 청장이 본인의 저서 《잃어버린 퍼즐》과 《국세청은 정의로운가》에서 자세히 밝혀놓았는데, 그 내용을 간단하게 요약하면 이러하다.

2008년 당시 한상률 청장이 나를 청장실로 불러 '노무현 대통령의 자금줄인 태광실업을 조사하는데, 박연차(태광실업) 회장의 베트남 신발공장 계좌를 까야 한다. 안 국장을 VIP(당시 이명박 대통령)에게 이야기하여 명예를 회복시켜 주겠다'고 했다. (중략) 태광실업 세무조사는 2008년 7월부터 시작되었는데, 이는 2008년 봄 미국과의 FTA 타결과 광우병 소고기 파동으로 대대적인 촛불 시위가 이어진 사태를 타개하기 위한 것이었고, 노무현 전 대통령을 겨냥한 지인들의 세무조사가 진행되었다. (중략) 국세청은 태광실업뿐만 아니라 노 전 대통령과 가까운 제피로스, 우리들병원, 유명한 삼계탕집 토속촌을 세무조사하여 압박했는데, 이는 순수한 세무조사라기보다는 노무현 전 대통령을 향한 표적 세무조사였다고 생각한다.

요지는 한상률 전 세무청장이 2008년 광우병 촛불시위를 타개하기 위한 정치적 목적으로 태광실업에 대한 세무조사를 기획했다는 것이다. 한 청장이 기업의 탈세를 밝혀내기 위한 목적과는 무관하게 세무조사를 지시하였고, 이를 통해서 본인의 유임이라는 목적을 달성하였을 뿐만 아니라 이명박 정권을 보위했다는 주장이다. 결국 노무현 전 대통령은 임기 후의 순탄한 삶을 보장받지 못하고 2009년 5월 비극적으로 서거했다. 이는 정치적 세무조사의 부작용이 가장 극명하게 드러난 사례다. 하지만 한상률 전 청장과 관련자들 모두 불법적 세무조사로 인한 어떠한 처벌도 받지 않았다. 그 이유는 무엇인가?

우선 권력기관이 가진 비밀주의 속성 때문이다. 권력기관의 내사, 수사, 세무조사와 관련된 정보는 비공개가 원칙인 데다 이러한 자료는 일반인은 물론 국회의원도 확보하기 어렵다. 정권이 교체되고, 수사 및 조사 담당자가 바뀌고, 그 담당자를 지휘하는 라인이 교체되어 과거 정권의 비리 내지는 적폐를 청산하는 과정에서 이러한 불법적인 세무조사 행태가 밝혀지는 경우가 대부분이다. 따라서 정권이 바뀌기 전까지는 그와 같은 정보는 공개될 수도, 통제되기도 어렵다. 야당에서 정보를 취합하여 정치공세의 대상으로 삼을지언정 잘잘못을 공식적으로 밝혀내기는 어려운 구조인 것이다. 정권이 권력을 불법적으로 활용하려는 의지를 갖는 이상 권력기관이 정권의 실력자에게 줄을 대는 관행은 사라지지 않을 것이다. 태광실업 세무조사는 이런 참담한 일들의 대표적 사례인 셈이다.

 박근혜 정부 들어서도 이런 흐름은 계속된 것으로 보인다. 최근 문재인 정부에서 적폐청산 과제를 수행하기 위해 출범한 국세청 산하 국세행정개혁 TF가 김대중 정부 이후 정치적 세무조사 실태를 발표하고, 5건에 대해서는 중대한 법 위반 사실을 밝혀냈다는 사실은 주목할 만하다. 국세행정개혁 TF는 우선 이명박 정부의 태광실업 및 정산개발 세무조사(2008), 광우병 촛불시위 관련 연예인 김제동과 윤도현 소속 기획사 다음기획 세무조사(2009), 최순실 게이트 관련 DW어드바이저리 세무조사(2015) 과정에서 중대한 법 위반 행위가 있었다는 사실을 발표했다. 이들은 관련 기업인을 추가로 세무조사하고, 특별조사 전담 조직인 서울지방국세청 조사4국을 임의로 교차조사하거나, 조세 탈루 혐의가 없는 대상도 '명백한 조세 탈루 혐의가 있다'는 서류를 꾸며 수시 세무조사 대상으로 선정하기도 했다. 이에 따라 국세행정개혁 TF는 중대한 법 위반을 이유로 검찰 수사나 감사원 감사를 의뢰했다.

'권력기관'에서 '국세서비스청'으로, 개혁의 갈림길에 선 과세관청

이렇듯 국세청 스스로 외부 압력으로부터 조직을 지켜내지 못하고, 권력의 비위에 장단을 맞추어 정치적 목적의 세무조사를 하는 행위와 이를 통제하는 방안은 우리 사회의 오랜 숙제다. 우선 앞서 보았듯 납세자보호관 및 납세자보호위원회 조직을 두어 세무조사 시작부터 결과까지 전 과정을 통제하고, 국세청장 임기를 2년으로 제한하기도 하였다. 또한 국세행정개혁 TF라는 조직을 만들어 외부 의견을 참고해 국세행정을 개혁하려고 하는 등 다양한 노력을 기울였던 것이 사실이다. 그럼에도 국세청에 대한 대국민 신뢰도가 낮은 이유는 여전히 국세청이 베일에 싸여 있는 집단이라는 인식과 권력기관의 속성이 불식되지 않았기 때문이다.

가장 중요한 것은 과세관청이 스스로 권력기관의 속성을 내려놓는 것이다. 그리고 대국민 세금 서비스 기관으로 자리매김하기 위한 조직개편을 우선적으로 단행해야 한다. 현재 일선 세무서까지 세무조사 권한을 갖도록 한 국세기본법을 개편하여 청 단위에서만 할 수 있도록 해야 한다. 일반인에게 친근하게 다가갈 수 있도록 일선 세무서는 구청이나 주민센터처럼 '납세서비스센터'로, 국세청은 '국세서비스청'으로 명칭을 개편하는 것은 어떨까? 이미 오래전에 국세청의 영문 이름이 National Tax

Service로 변경된 것에 걸맞게 환골탈태하자는 것이다.

각종 신고납세와 조세불복제도를 납세자 친화적으로 개편해나가는 것도 한 방법이다. 그동안 세무조사 시 원천적으로 납세자가 세금을 수정 신고할 수 있는 기회를 주지 않았으며 과세 또한 과세관청이 고지를 통해서 했다. 하지만 앞으로는 신고납부제도의 취지를 살려 세무조사를 하더라도 납세자가 세금을 스스로 정정할 기회를 갖도록 할 필요가 있다. 아울러 조사·추징 실적 등 세무조사 관련 성과지표를 조사공무원과 관서를 평가하는 기준으로 사용하는 것도 지양해야 한다.

또한 언제든지 국세청을 '어항 속 물고기'처럼 투명하게 살펴볼 수 있도록 세무행정과 각종 과세정보에 대한 정보공개청구제도도 실효성 있게 개편해야 한다. 이는 비단 국세청만의 문제는 아니지만 국세청이 가진 정보의 방대함을 고려할 때 우선적으로 시행되어야 한다. 민원조직이나 통계조직을 특별히 개편하여 민원인의 정보공개 요청이 있는 경우에는 개별 납세정보가 아닌 한 신속하게 2주 내로 답변할 수 있도록 하고, 답변하지 않는 경우 과태료 등 벌칙을 부과하는 방법도 고려할 만하다. 그렇게 되면 연구자들이 소득계층별 불평등을 분석하기 위해서 1만 분위, 10만 분위의 데이터 자료를 확보할 수 있고 방대한 빅데이터를 이용한 통계분석 컨설팅 사업도 활성화할 수 있을 것이다.

마지막으로 국세청에 대한 외부의 감시감독 기능을 강화하는 방안도 필요하다. 최근 국세기본법 개정에 따라 국회가 정치적 세무조사를 제어할 수 있는 방안이 생겨났으나 여전히 부족하다. 이를 위해서 미국에서 시행하고 있는 국세청감독위원회를 도입하자는 방안까지 활발하게 논의되고 있지만 아직 결실을 맺지는 못하고 있다.

또한 지금처럼 납세자보호관은 물론 납세자보호위원회를 국세청 내부에 두는 것은 과세권에 대한 견제와 균형이라는 관점에서도 바람직하지 못하다. 납세자의 권익 보호와 과세관청의 과세권 남용을 방지하기 위한 최후의 보루로 도입한 납세자보호관제도와 납세자보호위원회는 독립기관으로 만들거나 상급기관인 기획재정부 산하에 두는 것이 바람직하다. 필요하다면 국회에서 납세자보호관을 3~5명 선출해 각 지방국세청을 감독·운영하게 한다면 정치적 세무조사의 남용을 방지하고 중립적인 역할을 수행할 수 있을 것이다. 또한 단계적으로 납세자보호위원회 구성원 또한 전원 외부 위원으로 구성해 전심前審 절차의 재심뿐만 아니라 납세자보호에 관한 모든 사항을 심의하게 함으로써 국세청 내부로부터 국세청의 독립성을 강화하는 방향으로 운영해야 한다.

과세관청이 방대한 과세자료를 수집하고 이에 따라 자연스럽게 권력기관이 되는 것은 세계 어느 나라나 공통된 현상이다. 하지만 국세청이 스스로 권력기관으로 자리매김하고 만족한다면 국민 어느 누구로부터도 신뢰받지 못하는 불신의 대상이 되고 말 것이다. 우리 사회가 복지국가로 나아가기 위해서도 국세청의 역할은 중요하다. 증세의 전제조건은 세부담이 공평하고 세금 납부에 따른 반대급부가 누구에게나 보편적으로 보장되는가, 세무행정의 투명성이 그만큼 보장되는가에 달려 있다. 과세관청이 이만큼 절박한 국민적 요구 수준을 이해하고 정치는 이러한 과세관청의 제 역할을 찾아주는 작업을 게을리해서는 안 된다.

8

탈세

**살아 있는 지하경제,
탈세하는 대한민국**

정부의 올바른 조세정책, 국민은 안다

　세금은 죽을 때까지 꼬리표처럼 국민 모두를 따라다닌다. 사람들은 세금을 피할 수 있다면 무슨 일이라도 할 것이다. 게다가 정부의 수탈까지 더해지면 국민들은 기꺼이 세금을 회피한다. 예나 지금이나 세금회피 문제는 매한가지다. 다산 정약용은 〈애절양哀絶陽〉이라는 시를 써서 조선시대 후기의 공납貢納과 병역제도의 불합리함을 알렸다. 전라남도 강진의 갈대밭 마을에 사는 백성이 아이를 낳은 지 사흘 만에 군보에 편입되고, 못 바친 군포 대신 소를 빼앗기자 칼을 뽑아 자신의 성기를 자르는 내용이다. 조선 후기 세금 폭정의 참상은 이러했다. 이처럼 세금정책이 잘못되면, 개인도 국가도 비극이 생긴다.

　그렇다면 현재 우리나라 조세정책에 대한 국민들의 인식은 어떠한가? 2014년 JTBC의 여론조사에 따르면 국민의 57.9%는 보편적 증세에 반대하였다. 그러다 3년이 지난 2017년 여론조사업체 리얼미터가 조사한 결

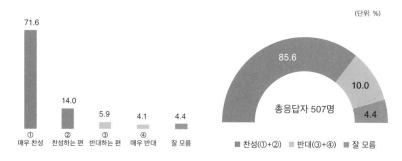

〈표 28〉 대기업·부자 증세 방안에 대한 국민여론

(단위: %)

71.6
①
매우 찬성

14.0
②
찬성하는 편

5.9
③
반대하는 편

4.1
④
매우 반대

4.4
잘 모름

85.6
10.0
4.4
총응답자 507명

■ 찬성(①+②)   ■ 반대(③+④)   ■ 잘 모름

출처: 리얼미터

과 대기업·부자증세에 대한 찬성여론이 85.6%나 되었다. 반대는 10%에 불과했다. 2017년 8월 한겨레-한국리서치의 여론조사는 좀 다르게 나타났다. 더 나은 복지를 위해 세금을 추가로 부담할 의향이 있느냐는 설문에는 72%가 복지를 위해 세금을 더 낼 수도 있다는 결과가 나왔다.

위의 여론조사에서 두 가지 의미를 찾을 수 있다. 하나는 적어도 대기업이나 부자에 대한 증세의 필요성을 공감하는 여론이 높아지고 있으며, 국민들의 사고방식이 목적 없는 보편적 증세보다는 복지예산 확충 등 목적 있는 증세의 필요성에 공감하는 쪽으로 전환된 것으로 볼 수 있다. 누리과정 예산 지원, 기초연금 인상 등 최근 몇 년간 복지혜택이 늘어난 것의 영향으로 볼 수 있겠다. 현 정부가 새롭게 공약으로 내건 아동수당 도입, 기초연금 추가 확대 등도 마찬가지다. 그만큼 국민의 복지에 대한 인식이 전환되고 있다. 이러한 정부의 재정정책 확대가 분명 시민들의 인식 변화를 가져오는 것은 사실이지만 아무리 그래도 구체적인 금액이 명기된 세금명세서가 개별 납세자에게 도달한다면 달가워할 사람은 없을 것이다.

조세저항은 크게 두 가지 이유에서 비롯한다. 우선 정부정책의 실효성 또는 부패에 대한 국민의 인식수준이 바뀌지 않았기 때문이다. 박근혜 정부가 벌인 '국정원 특수활동비 청와대 상납 사건'을 보라. 국가가 내가 납부한 세금을 내 삶을 개선하는 데 사용한 것이 아니라, 대통령과 대통령 참모의 쌈짓돈으로 썼다는 사실에 국민들은 분노했다. 방위산업 비리는 또 어떠한가? 나라를 지키라고 걷은 세금으로 만든 수리온 헬기가 온통 부실 덩어리라는 감사원 감사 결과에 또한 분노했다. 이명박 정부가 국운을 걸고 추진했다던 4대강사업과 해외자원개발사업은 어떤가? 이처럼 세금 누수가 곳곳에서 일어난다면 국민들은 절대로 세금을 더 내지 않으려 할 것이다.

다른 하나는 세금징수기관이 납세자에게 친근하게 다가오지 않는다는 점이다. 세금 납부는 강제력이 뒤따르는 행정처분이다. 세금징수기관이 신뢰성과 중립성을 확보하는 것은 물론, 대국민 서비스기관으로 자리매김해야 하는 필요성은 이 때문이다. 하지만 세무당국이 물리력을 동원해 세금을 걷어내는 데만 초점을 맞춘다면 납세자는 조세저항에 나선다.

개혁 없는 성장은 없다

결국 정부정책의 신뢰성과 일관성, 공무원의 청렴성 그리고 행정청의 징세능력이 한 박자를 이뤄야 세제가 바뀌고, 나라가 바뀐다. 지도자와 엘리트층이 변하지 않는다면 나라는 반석 위에 설 수 없다.

최근 인도는 나렌드라 모디Narendra Modi 총리 집권 이후 화폐개혁을 단행했다. 인도는 현금거래 비중이 높고 탈세가 많아 전격적인 화폐개혁 없이는 선진국으로 나아갈 수 없다는 판단 때문이었다. 정부관료들뿐만 아니라 국민들도 부패해 벌어들인 소득이 100이면 50은 감춘다. 나머지 50 중 20은 관료들에게 뇌물로 먹이고, 30은 은닉한다.

또 최근 물러난 짐바브웨 로버트 무가베Robert Mugabe 대통령 집권 37년 동안의 행적을 보라. 외국기업들이 운영하던 다이아몬드 광산업을 정부가 몰수했지만, 정작 본인은 다이아몬드를 판매해 막대한 부를 쌓았다. 사후가 두려워 부인한테 권력을 세습하려 시도하기도 했다. 짐바브웨는 최근 물가상승률이 200%, 실업률이 90%에 이르며 1인당 국내총생산소득은 1,100달러 수준이다. GDP 순위는 전 세계 114위다. 정부 부패가 나라를 망친 것이다. 상황이 이러니 정부재정의 역할도 기대하기 어렵다. 빈부격차는 말할 것도 없다. 대통령부터 해외에 재산을 도피하는 판인데 무슨 할 말이 있겠는가?

한 나라의 경제성장은 그 나라의 국민수준에 달려 있기도 하다. 시민 스스로가 윤리의식을 가지고 정부정책에 순응하는 것이 중요하다. 아무리 정책이 좋아도 시민들이 자발적으로 납세와 병역의 의무를 이행하지 않는다면 정부의 공권력 집행에서 생기는 부작용이 더 크다.

그런 면에서 볼 때 대한민국은 전환기의 기로에 서 있다. 압축적 경제성장 과정에서 확립된 재벌대기업으로의 경제력 집중과 정경유착이라는 큰 틀이 바뀌지는 않았지만, 행정관료의 전문성과 윤리의식 수준은 높아졌고, 국민들 역시 정치에 관심을 많이 갖고 사회부패에도 더 엄격해졌다. 2016~2017년 사이에 일어난 촛불시위는 바로 사회개혁에 대한 국민적 염원과 정치·경제혁신에 대한 기대감에서 비롯했다고 할 수 있다. 마찬가지로 조세 분야에서도 개혁이 필요하다. 소득재분배를 위해 세제가 그 역할을 다할 수 있도록 세금이 엉뚱한 곳으로 새어나가지 않게 하고, 탈세를 바로잡기 위한 노력도 계속되어야 한다. 결국 국민의 신뢰는 제대로 된 개혁에서 싹튼다.

지하경제가 GDP의 25%라고?

이른바 지하경제Shadow Economy를 바로잡기 위한 노력은 전 세계 어디에서나 비슷하다. 지하경제는 여러 의미로 정의되는데, 공식적으로는 통계상 파악되지 않는 모든 경제활동을 말한다. 통계상 파악되지 않기 때문에 세금을 부과할 수 없는 소득 내지는 자산이다.

지하경제는 다양한 형태로 존재한다. 예를 들면 음식점에서 벌어들인 현금매출의 일정 비율을 장부에 기록하지 않고 누락시키는 행위, 불법적인 마약 거래로 발생한 자금을 수수하는 음성 소득, 상품 및 용역거래 이후 거래자 상호 간 세금계산서를 수취하지 않는 세금 탈루 등 형태나 방법 모두 다양하다.

세계은행은 2010년 7월 프리드리히 슈나이더Friedrich Schneider 박사 주재하에 1999~2007년까지 세계 162개국의 지하경제 추정치를 연구했다. 한국의 지하경제 규모는 2007년 기준으로 GDP 대비 25.6%로 162개국 중 32위를 기록하였다. 물론 지하경제에서는 오로지 현금으로만 거래가 이루어진다는 등 비현실적인 가정을 바탕으로 했지만 지하경제를 논하는 대표적인 참고자료로 많이 사용된다. 이 통계는 각 나라의 지하경제 수치를 미국 8.4%, 일본 10.3%, 영국 12.2% 정도 수준으로 보았는데 이에 비하면 대한민국의 지하경제 규모는 상당히 크다.

한국 조세재정연구원에서 2010년 12월 〈지하경제 규모의 측정과 정책 시사점〉이라는 자료를 발표했는데, 이 연구에서는 한국의 지하경제 규모가 점점 감소하고 있고, 2008년 기준으로 GDP 대비 17.1%라는 결과를 발표했다. 사실 지하경제 규모를 정확하게 추정하기는 불가능하다. 학자에 따라서, 추정방법에 따라서, 사용한 데이터에 따라서 결과의 편차가 매우 크다. 우리나라의 경우에도 학자들이 몇 차례 추정하여 결과를 발표한 적은 있지만 정확한 규모는 아무도 모른다. 하지만 현재 우리나라 각종 세법과 금융실명제법상의 허점을 고려하면 지하경제 규모가 상당하다는 것만은 누구나 짐작할 수 있다. 물론 이런 지하경제를 축소하기 위한 노력은 수십 년 전부터 계속되어왔다. 몇 가지만 살펴보자.

가. 금융실명제와 부동산실명제

1993년과 1995년에 각각 시행한 금융실명제, 부동산실명제가 대표적이다. 김영삼 대통령은 1993년 8월 12일, 긴급재정경제명령緊急財政經濟命令을 발동하여 지하경제를 수면 위로 끌어올렸다. 1990년대 초반만 하더라도 금융기관에서는 실명확인 없이 은행금융계좌 거래가 가능했다. 자신의 소득과 거래를 감추기 위해서 부인, 친족, 친구 명의를 빌려 금융거래를 하는 경우가 파다했다.

워낙 이 문제가 심각하다 보니 정부는 일반적인 법령 제정의 방식으로는 도저히 지하경제를 동결하기 어렵다고 보고, 긴급재정경제명령이라는 강수를 두었다. 이로써 모든 금융기관은 개인의 금융거래 시 반드시 실명을 확인하도록 하였으며, 기간 내에 신고하면 세무조사 유예 등으로 자금 출처를 조사하지 않을 수 있도록 했다. 또한 기간 내에 금융자산에 대해서 실명으로 전환토록 하고, 이를 어긴 경우는 위반 후 5년 경과 시 금융자산 가액의 최대 60%까지 과징금을 부과했다. 실명전환이 경과된 후 발생한 이자나 배당소득은 90% 세율을 적용해 전부 환수조치하도록 하는 초강수를 두었다.

최근 삼성그룹 이건희 회장의 차명주식이 문제되었는데 만약 사실이라면 금융실명제법 위반이다. 차명주식 재산의 상당수를 국고로 환수하지 않을 수 없는 상황이다. 뒤늦게 금융위원회와 국세청이 나섰다. 2018년 3월 이명박 전 대통령도 뇌물 수수 혐의와 '다스' 차명주식 보유 혐의로 구속됐다. 대한민국 기득권 지도층들의 현주소가 이렇다.

1995년에는 부동산실명제가 도입되었다. 1995년 이전에는 부동산 역시 본인 명의의 부동산 등기가 되어 있지 않은 경우가 많았다. 물론 불법적으로 취득한 자산을 은닉하거나 소득세, 상속·증여세 등의 세금을 회피하기 위한 목적으로 많이 활용되었다. 이에 정부는 명의를 타인에게 맡기고 대내적으로는 자신이 소유권을 갖는 행위, 즉 명의신탁 역시 무효로 하고 명의신탁에 의한 등기도 무효로 처리하게끔 하였다. 다만 명의신탁 재산을 수탁자가 제3자에게 넘기는 행위에 대해서는 선의이든 악의이든* 불문하고 거래질서의 안정을 위해 제3자가 소유권을 취득하게 하였다. 법을 위반한 경우 부동산 가액의 30%를 과징금으로 환수하였으며 과징금을 부과받고도 이행하지 않는 경우를 대비해 이행강제금履行强制金을 최대 20%까지 부과하였다. 형사처벌의 강수도 두었다. 유예기간은 법 시행일 이후 1년으로 두었다. 명의신탁 재산에 대해서는 상속·증여세법상 증여의제규정을 두어 세금까지 부과하였다.

금융실명제와 부동산실명제는 지하경제 양성화라는 측면에서는 획기적인 조치였다. 대부분 차명재산 거래행위를 억제하는 효과를 가져왔고, 거래행위와 실제 소유자를 일치시키면서 탈세 가능성을 크게 낮춘 혁명적인 일이었다.

나. 신용카드 소득공제제도와 현금영수증제도의 도입

독자 중에서 음식점·상점에서 신용카드를 잘 받지 않는 경우를 종종 목격한 적이 있을 것이다. 현금영수증을 발급해달라고 요청하면, 이를 거부하는 대신 10% 정도 깎아주겠다고 흥정하는 상인들도 있다. 현행법상으로는 모두 처벌대상이다.

---

* 법률에서는 선의, 악의라는 말이 통상의 의미와는 다르게 사용된다. 선의는 알지 못하고 행한 행위를 말하고, 악의는 반대의 경우를 말한다.

김대중 정부는 자영업자의 과표를 양성화하여 봉급생활자와 세 부담 형평성을 제고하고 조세정의를 구현하기 위하여 신용카드에 대한 소득공제제도를 도입하였다. 그러나 예상과 달리 초기부터 신용카드 거래 규모가 폭발적으로 증가하였고, 당초 그 효과에 반신반의하던 정부는 신용카드 활성화를 소비진작의 수단으로 이용하기 위하여 소득공제비율을 상향조정하였다. 당시로서는 자영업자의 과표를 양성화하는 데 이만큼 강력한 제도가 없었다. 국세청이 신용카드회사의 거래내역 자료를 받아 이를 바탕으로 근로소득자들의 연말정산에 활용하게 하고, 이를 공급자의 거래내역과 대조하여 거래내역을 정확히 파악할 수 있게 되었다. 사업자로서는 불만이 많을 수밖에 없었는데, 자영업자의 급격한 세 부담 증가를 완화하기 위하여 신용카드 사용에 따른 매출액의 최대 2.6%를 부가가치세액에서 공제하도록 하였다. 그 뒤로 사업자들 사이에서도 신용카드를 받는 관행이 정착되었다.

다른 하나는 현금매출액 탈루를 잡아내기 위해 세제당국이 만들어낸 현금영수증제도이다. 2003년 당시 국세청이 만든 '현금영수증 발급해주세요'라는 문구가 새겨진 파란색 카드를 받았던 기억을 간직한 독자들도 많을 것이다.

소비자가 거래 직후 사업자에게 현금영수증을 요청하면 사업자가 이를 발급해준다. 소비자에게는 현금영수증 사용에 따른 높은 소득공제 인센티브(사용금액의 30%)를 주고 사업자는 소비자가 요구 시 의무적으로 현금영수증을 발급하도록 하였다. 고소득 전문직 등 사업자나 법인은 건당 10만 원 이상 현금거래 시 소비자 요청과 상관없이 현금영수증 발급이 의무화되어 있다. 만일 발급하지 않는 경우는 미발급 금액의 50%에 상당하는 과태료를 부과한다.

그 결과 2015년 기준으로 민간소비지출 771조 2,000억 원 중 신용카드, 체크카드, 현금영수증 발급 금액은 685조 4,000억 원으로 88.9%를 차지했다. 종합소득자의 과세자 비율도 덩달아 상승했다. 1999년만 해도 과세자 비율은 36.6% 수준이었으나, 2016년 기준으로 약 78%까지 올랐다. 신용카드 사용 확대나 현금영수증 발급이 한국 경제에 기여한 바는 매우 크지만 그 여파로 최근 영세 자영업자의 가맹점 수수료 부담이 늘어나자 정부는 이들에게 우대수수료를 적용하여 수수료 부담을 낮추어 주었다.

다. 성실신고제도

이외에도 자영업자의 소득 탈루를 막기 위해 도입된 제도는 여러 가지가 있다. 전년도 매출이 3억 원 이상인 개인사업자는 의무적으로 전자세금계산서를 발급하게 하였다. 신용카드 가맹점이나 현금영수증 가맹점으로 하여금 판매시점정보관리시스템 설비(POS) 또는 전사적 기업자원관리 설비(ERP)를 도입해 복식부기장부 등을 비치하게 하였으며, 사업용 계좌를 별도로 신고하는 경우 성실신고사업자라 하여 의료비, 교육비 등에 근로소득자와 마찬가지로 15%의 특별세액공제 혜택을 부여하였다.

2011년 도입된 성실신고확인제도는 세무신고제도의 대표적인 사례다. 매출이 업종별로 일정 규모 이상인 사업자가 종합소득세를 신고할 때 장부기장 내용의 정확성을 세무사, 공인회계사, 세무법인, 회계법인 등 세무전문가에게 확인받은 후 신고하게 함으로써 사업자의 성실성을 담보하게 하는 제도다. 성실신고 확인대상은 개인 도·소매업은 매출액 15억 원 이상, 제조업은 매출액 7억 5,000만 원 이상, 서비스업은 5억 원 이상으로 규모를 달리 설정하고 있고 최근 일부 법인까지 확대되었다. 성실신고확인제도는 사업자의 매출누락이나 비용 측면의 탈세를 모두 확인할 수 있고, 가공경비나 업무무관경비 등의 탈세도 방지할 수 있게 한 제도다. 사업자가 성실신고확인서를 제때에 제출하지 않을 경우 가산세를 부과하며, 성실신고확인서 제출 등의 납세협력의무를 이행하지 않을 경우 수시 세무조사 대상으로 선정될 수 있다. 이 경우 세무대리인에게도 무거운 책임이 따른다. 제대로 확인하지 못했다면 최대 2년까지 직무정지 징계를 받을 수 있기 때문에 세무대리인으로서는 신중을 기하지 않을 수 없다.

세금 좀도둑, 자료상

지하경제를 축소하기 위한 위와 같은 노력으로 사실 대한민국의 세제나 세정은 이전과 비교할 수 없는, 선진국 수준으로 상당 부분 투명해진 편이다. 국세행정 역시 나날이 진화하고 있다. 이제는 예전과 달리 소득세, 법인세의 모든 신고서류를 전자문서로 송부한다. 세무대리인을 제외한 일반인이 세무서에 가서 신고하는 경우는 거의 없다. 모든 서류가 전

산화되어 있고, 기업들도 전사적 자원관리시스템(ERP) 도입으로 체계적인 회계나 세무관리가 가능하다. 하지만 국세청의 세무행정이 진화하듯이 탈세범들의 수법 역시 점차 고도화되어간다. 대표적으로 앞서 언급했던 이른바 폭탄거래 업체, 자료상 등이 있다. 이들은 부가가치세 거래에서 많이 사용되는데, 개요는 이렇다.

부가가치세법상 세금계산서는 공급자나 공급받는 자를 순차로 엮어 거래를 상호검증하기 위해 사용된다. 따라서 사업자는 공급을 전제로 매출세액에서 매입세액을 차감한 금액을 기준으로 거래 단계별로 부가가치세를 납부한다. 그런데 만약 공급받는 자(생산자)가 매출은 있으나 매입금액이 적어 부가세를 많이 납부하게 된 경우, 이른바 '자료상 거래'를 통해서 가짜 매입세금계산서를 발급받는다. 국세청이 공급자로부터 매출세액을 걷으려 할 때, 이 업체는 폐업 또는 도산 처리를 하고 사업자는 자취를 감춘다. 이러한 자료상 거래는 조세범처벌법상 엄중 처벌하는데, 전자세금계산서를 수수하지 않는 경우에는 특히 이러한 부작용이 두드러진다.

이러한 자료상들은 기가 막히게 세금을 빼먹는데, 업종을 바꿔가면서 계속 사업등록을 하고, 사업자와 짜고 공급했다고 거짓말을 한다. 일종의 트렌드가 형성되어 있다고 해도 지나치지 않을 정도로 구리, 금, 철 등 현금거래가 많고 거래내역이 투명하지 않은 업종에서 이러한 일들이 많이 발생한다.

부가가치세의 허점을 이용하여 폭탄업체를 통한 탈세가 심각해지자 EU 차원에서 대책을 마련한 것이 이른바 매입자 납부특례제도Reverse-charge

다. 이는 부가세 신고를 거래징수자(공급자)가 하는 것이 아니라 매입자(소비자 내지는 최종공급자)가 하게끔 하고 매출세액을 매입자가 바로 국세청에 납부하게끔 하는 방식으로 전환한 것이다. 최근에는 연간 10조 원 가까이 달할 정도로 체납 및 탈루가 심각해져서 정부는 특히 탈루가 많은 유흥주점 업종에 대해서 제한적으로 신용카드회사가 가맹점의 부가세를 대신 납부하는, 부가가치세 대리납부제까지 고안됐다. 이 두 가지 제도에 대해서는 앞에서 이미 다루었으니 상세히 설명하지 않겠다.

역외탈세, 해외금융계좌신고제의 도입

우리나라는 원래 수출주도형성장으로 경제성장을 이룩한 나라이다 보니, 무역거래가 많은 구조다. 수출 규모로는 세계 6위가 아니던가. 2016년 기준으로 명목 GDP 1조 4,110억 달러 가운데 수출입거래로 인한 것은 9,016억 달러로, 우리 경제의 무역의존도는 63.9% 수준이다. 또한 세계화가 진전되면서 우리 기업들의 해외거래 비중도 증가하고 해외에 자산을 보유한 기업의 수도 점차 늘어나게 되었다. 또한 웬만한 대기업이라면 해외 자회사·지점을 두고 있는 경우가 많다.

국내의 소득은 여러 세무제도의 정비와 세무조사라는 무기를 가지고 대응할 수 있다. 하지만 국외에서 벌어들인 소득이나 국내-국외 법인 간 거래에서 매출-매입금액을 조작하여 거래가격을 높게 또는 낮게 책정하거나, 원자재 가격을 조작하거나, 환율 변동을 조작하는 경우는 대처하기가 어렵다.

쉽게 설명해서 대한민국에 A라는 기업이 있는데, 올해 국내(법인세율 22%)에서 아일랜드(법인세율 15%)에 소재한 해외 자회사인 A'기업으로부터 2,000억 원을 영업이익으로 얻었다고 가정하자. A는 A'기업으로부터 원료를 공급받고, 완제품을 국내에 공급해 영업이익을 올리는 경우가 대부분인데, A기업은 A'기업으로부터 받은 원료의 공급가를 허위로 높여 A기업의 실제 이익을 2,000억 원에서 1,000억 원으로 낮추었다. 이로써 A기업은 국내에서 법인세를 220억 원 절감하는 효과를 얻을 수 있다. 이를 이른바 이전가격조작transfer pricing이라 한다. 이러한 이전가격조작은 여러 거래사례를 비교하거나, 실제 원가를 계산해보는 등의 방법으로 잡아낼 수밖에 없다. 그리고 이 일에는 엄청난 품이 든다. 특히 그 거래업계에 있는 사람이 아니고는 실제 거래를 알기 어렵고, 과세당국도 탈세 혐의점을 쉽게 찾아내기 매우 어렵다.

이러한 거래도 문제이지만 해외에서 벌어들인 소득에 대해선 우리 과세당국의 정보가 미치기 어렵다는 점이 가장 큰 문제다. 우리 과세당국이 2017년 3월 기준으로 조세조약을 체결한 나라는 91개국이다. 조세조약체결이나 금융정보자동교환협정 체결로 세계 각국과 조세정보를 교환하고 있지만, 이른바 조세피난처에 페이퍼컴퍼니(유령회사)를 설립해놓고, 그곳에 소득과 자산을 쌓아놓는 경우*는 찾아내기 어렵다.

---

* 세법상으로는 '유보' 또는 속칭 '파킹Parking'이라고 표현한다. 조세피난처는 대부분 소득을 숨기는 데 목적이 있기 때문에 언젠가는 이 돈을 꺼내 다시 자본순환을 한다는 의미에서 이렇게 표현한다.

이러한 이른바 저세율국가 내지는 조세회피처 국가에 소득을 쌓아놓는 '유보留保'는 비단 우리나라만의 문제는 아니다. 다국적기업이나 고액 자산가들로선 자국의 세율이 높을 경우, 조세회피처에 법인을 설립해 벌어들인 소득에 낮은 세율을 적용받고자 하는 경우가 허다하기 때문이다.

영국의 조세정의네트워크Tax Justice Network에서는 2012년 공개 보고서를 통해 전 세계 부호들이 2010년 말 기준으로 조세피난처에 최소 21조 달러의 자금을 숨겨놓았다는 충격적인 사실을 발표한 바 있다. 이때 연 3% 수익을 올린다고 가정하고, 30% 소득세를 물리면 매년 조세피난처로부터 1,900억~2,800억 달러의 세수를 확보할 수 있다고 했다. 우리나라에서도 최근 몇몇 기업의 해외비자금 사례가 밝혀진 바 있으나 이에 대해 어떠한 조치를 취했는지는 알려지지 않았다. 과세당국의 적극적인 대처가 필요하다.

우리나라에도 관련 기사들이 심심치 않게 등장한다. 국내주식이 조세회피처로 케이맨제도The Cayman Islands를 가장 선호한다는 기사가 2017년 3월에 보도된 바 있다. 케이맨제도는 중남미 카리브해에 있는 영연방 자치국으로 인구가 5만 명이 채 되지 않는다. 이러한 소규모 나라에서 어떻게 9조 원이라는 돈을 대한민국 주식에 투자할 수 있겠는가? 국내든 해외든 큰손들은 케이맨제도에 페이퍼컴퍼니를 설립하고 그곳에 설립한 특수목적법인을 통해 국내에 투자자금을 유입시킨다. 케이맨제도의 법인세율은 0%이기 때문이다. 케이맨제도가 지구상에서 사라지지 않는 이상, 세계의 부호들은 그곳에 영원히 소득을 유보할 것이다. 카리브해의 따뜻한 공기를 마시며, 호화 크루즈에서 시원한 칵테일을 들이켜며 전 세계의 과세당국을 비웃을 것이다.

우리나라 대기업들 역시 이러한 관행을 닮아가는 듯하다. 국회 기획재정위원회 박광온 의원에 따르면 2008년부터 2016년까지 국내 대기업들이 케이맨제도, 버진아일랜드, 버뮤다, 바하마, 리히텐슈타인 등 조세회피처 국가들에 2017년 환율 기준 594조 858억 원을 송금했다고 한다. 이 중 다시 국내로 들어온 수취액은 428조 4,518억 원인데, 송금액보다 무려 166조 원이나 적다. 국내의 대형 법률회사들은 고객기업에게 조세회피처에 페이퍼컴퍼니를 설립하라고 자문하는, 이른바 절세설계tax planning로 돈을 번다고 하니 유리지갑인 봉급생활자들이 알면 기가 막힐 일이다.

결국 해외에 소득을 쌓아놓는 것을 밝혀낼 방법은 조세정보교환협정을 체결해 정보를 파악하는 공식적인 방법 외에는 국세청 직원을 파견하여 현지에서 자료를 수집하는 방법, 해외의 금융계좌 또는 자산에 대해서 신고의무를 부과하는 방법밖에 없다.

우리나라도 2011년부터 내국민(법인 포함)이 해외금융계좌에 10억 원 넘게 갖고 있는 경우, 다음 해 6월에 납세지 관할 세무서장에게 신고하도록 하는 해외금융계좌신고제도를 도입한 바 있다. 신고의무위반금액이 50억 원을 넘을 경우 형사처벌도 가능하고, 50억 원 이하인 경우에는 20% 이하의 과태료를 부과한다. 해외 금융계좌 신고의무위반행위 신고자에 대해서는 20억 원 한도로 포상금도 지급한다. 2011년 도입 당시에는 신고인원 525명, 신고금액은 11조 5,000억 원이었으나 2016년에는 신고인원 1,053명, 신고금액 56조 1,000억 원까지 늘어났다.

미국은 해외금융계좌신고법(FATCA, Foreign Account Tax Compliance Act)을 의

무화하였다. 미 국민이 보유한 5만 달러 이상의 해외은행계좌에 대해서 미 국세청에 금융계좌신고를 의무화한 것이다. 만일 미신고 시 과세대상 소득의 40%를 강제 원천징수한다. 우리나라 역시 해외금융계좌 신고한 도도 축소하고, 미신고 대상자에 대한 처벌을 강화할 필요가 있다. 최근에 신고한도 10억 원을 5억 원까지 낮추기로 하는 세법개정안이 발의되어 국회의 문턱을 넘었지만 장기적으로는 1억 원까지 낮추는 것이 바람직하다.

이외에도 개인은 10만 달러 이상, 법인은 50만 달러 이상 해외 자본거래를 할 때 외국환거래법에 따라 한국은행장에게 신고할 의무가 있는데 이 역시 추가로 범위를 확대하는 것이 필요하다고 보인다. 우리나라도 점차 해외 자본거래가 많아지는 만큼, 또 중소기업들 역시 해외로 눈을 돌려 판로를 개척하게 해야 하는 만큼 해외 금융계좌·소득·자본거래 신고를 통합해 관리하는 부서, 가칭 '해외금융자본거래지원센터'를 설립해 세수를 체계적으로 관리하게 하는 것은 어떨까 생각해본다.

지하경제 양성화 정책, 추가 세수확보인가 쥐어짜기인가?

박근혜 정부 들어 유독 '지하경제 양성화'란 말이 세간에 회자되는 경우가 많았다. 박근혜 전 대통령이 공약재원 조달 방안으로 이를 공식화한 탓이다. 박 전 대통령은 지하경제 양성화를 통하여 취임 초 27조 2,000억 원의 세수를 확보하겠다고 했다. 매년 5조 4,000억 원가량을 세율인상이나 세제개편 없이 과세관청의 노력으로 짜내겠다는 뜻이었다.

이를 속칭 '노력세수努力稅收'라 표현한다.

이러한 공약이 발표되자 여야 양쪽으로부터 비판이 쏟아졌다. 당시 여당이었던 새누리당에서는 "노력세수란 결국 세무조사 내지는 유사 세무조사를 통해 세금을 짜내겠다는 것 아니냐"며 선거 패배로 이어질 것이란 우려를 지속적으로 표명했다. 야당인 더불어민주당은 "세무조사는 결국 중소기업 짜내기로 연결될 것"이라며 지하경제 양성화 정책을 비판하였다.

실제로도 박근혜 정부에서 세무조사 건수는 증가하였다. 이명박 정부에서 2012년 법인사업자에 대한 조사 건수는 4,549건이었으나 2013년 5,128건, 2014년 5,443건, 2015년 5,577건으로 지속적으로 늘어났다. 세무조사를 해서 부과한 세액도 2012년 4조 4,000억 원, 2013년 6조 6,000억 원, 2014년 6조 4,000억 원, 2015년 5조 5,000억 원으로 상당했다는 것을 알 수 있다.

특이한 점은 사업자들이 가장 무서워하는 특별 세무조사가 많이 늘어났다는 것이다. 2012년 조사 건수 1,557건 부과금액 2조 3,000억 원에서 2013년 1,767건 3조 5,000억 원, 2014년 1,917건 3조 3,000억 원, 2015년 2,161건 3조 5,000억 원으로 늘어났으니 사업자들로서는 볼멘소리가 나올 수밖에 없었다. 2016년 4월 국회의원 총선거가 끝나고 자유한국당 이종구 의원은 선거 패배 원인을 과도한 세무조사에서 찾기도 했는데 전혀 일리 없는 말은 아닌 것 같다.

하지만 이렇게 조사실적은 늘린 반면 실제 세입으로 연결된 것은 실적에 못 미친다. 2016년 이언주 국회의원이 국세청 국정감사에서 요구한 자료에 따르면 연도별로 지하경제 양성화 정책으로 얻은 실제 세수는 국세청이 내세운 실적의 30~40% 수준에 그친다. 세무조사를 통하여 부과한 실적은 2013년 7조 7,000억 원, 2014년 9조 6,000억 원, 2015년 10조 원이었으나, 최종적으로 세수로 연결된 것은 각각 2조 1,000억 원, 3조 7,000억 원, 3조 9,000억 원이었다. 역외탈세域外脫稅나 대기업·대자산가의 변칙적 탈루, 고소득 자영업자의 고의적 탈세, 민생 침해행위, 숨긴 재산 추적 강화 등 온갖 노력을 다 합쳐도 실제 세금으로 연결된 것은 40%도 안 되니 과세관청으로서는 노력에 비해 양두구육羊頭狗肉이 됐다.

물론 지하경제 양성화 정책을 추진하지 말아야 한다는 뜻은 아니다. 하지만 어디까지나 가장 좋은 세수확보 방안은 국민의 동의에 따라 세율 인상이든 세법개정이든 솔직하게 상황을 밝히고 추진하는 것이지 지하경제 양성화 실적 강화를 전면에 내세우는 것은 무책임한 짓이다. 실제로 국세청에서 가장 자랑스럽게 내세우는 역외탈세 실적 중 '3대 왕 탈세 사건'이 있다. 이른바 '완구왕', '구리왕', '선박왕' 사건인데, 이 사건들은 모두 국세청이 패소하거나 과세 전 적부심사에서 납세자 주장이 받아들여져 인용되는 등 좋은 결실을 맺지 못했다. 무리하게 역외탈세 과세 실적을 부풀린 사례로 비판받아 마땅하다.

국세청의 사전성실신고유도제를 통해 최근 들어 세수가 더 많이 확보되고 있는 측면을 볼 때, 세무조사 등을 통한 사후적 조치보다는 사전에 납세자의 주의를 촉구하고 의식을 개선하는 일이 세수확보에 더 긍정적인 효과를 발휘하고 있음을 알 수 있다. 물론 이에 대해서 쥐어짜기 논란이 없는 것은 아니지만 말이다.

탈세, 어떻게 줄일 것인가?

탈세는 곧 국가의 재정과 직결된다. 탈세가 만연하게 되는 계기는 국가와 위정자에 대한 국민의 불신, 부패방지시스템의 미비, 이로 인한 국민들의 도덕적 해이 등 종합적인 원인에서 비롯한다.

탈세 방지는 모든 과세당국이 직면한 영원한 과제이다. 이론적으로는 범죄경제학을 탈세이론에 처음 적용한 알링햄Allingham, 샌드모Sadmo가 1972년에 발표한 논문이 가장 많이 인용되고 있다. 그들은 납세자가 성실 신고할 경우와 탈세하여 적발되었을 경우를 비교하는 효용극대화 방정식으로 탈세문제의 해법을 제시하였다. 그들은 탈세 적발 확률을 높이고 적발 시 가산세를 인상하면 탈세율이 감소한다는 것을 수학적으로 증명하였다.

그러나 이 논문 이후 지금까지 발표된, 탈세 원인을 분석한 논문 수백 편을 보면 탈세는 이들의 주장과 달리 경제학적 요인만 영향을 미치는 것이 아닌 것으로 보인다. 나이·성·직업·교육수준 등 인구학적 요인과 문화·윤리·사회적 가치 등 개인적 요인, 조세제도의 공정성, 주변인물의 영향 등 상황적 요인 등이 모두 영향을 미친다.

우선 개인적 요인을 구체적으로 분석해보자. 납세의식에 영향을 미치는 요인으로는 양심 및 도덕적 요인, 사회적 규범과 탈세할 때의 죄책감 등이 있다. 제도적 요인으로는 정부에 대한 신뢰와 민주주의에 대한 지지, 부패 정도, 체계적인 납세교육이 영향을 미치는 것으로 나타났다. 사회경제적 요인으로는 결혼 여부, 종교, 성별, 나이, 교육수준, 고용상태

등이 영향을 미친다. 다음으로, 조세의 공정성에는 세 부담의 수직적·수평적 형평성과 교환의 형평성,* 납세 순응에 대한 교육, 사회·인구통계학적 요인 등이 영향을 미치는 것으로 나타났다.

따라서 탈세를 방지하기 위해서는 처벌 위주의 행정에서 벗어나 조세제도의 수직적·수평적 형평성 제고, 부패 방지, 민주주의 정신의 구현, 사회 전반의 양심 및 사회적 규범을 고양하는 정책이 수반되어야 함을 알 수 있다.

우리나라도 탈세를 방지하기 위해서 다양한 사회제도의 기틀을 갖춰 왔다. 1990년대의 금융실명제와 부동산실명제부터 2000년대의 신용카드 소득공제, 현금영수증제도, 성실신고제도, 해외금융계좌신고제도까지 과세당국의 세수손실을 막기 위한 노력은 훌륭했으며 앞으로도 이를 좀 더 정비하고 속도를 가함이 마땅하다.

국민들의 선진적인 납세의식을 고취하는 일 못지않게 감시자 역할과 인센티브를 부여하는 것도 중요하다. 2012년부터 시행하고 있는 탈세제보포상금제도**도 확대할 필요가 있다. 또한 탈세자들이 국민의 한 사람으로서 책임을 다하지 못한 것에 대한 부끄러움을 느끼게 하는 것도 한 방법이다. 국세청은 2004년부터 현재까지 매해 고액체납자 명단을 공개하고 있는데, 이 경우 납세자들이 창피해서 미납 세금을 납부하는 경우도 상당하다. 2015년 기준으로 명단이 공개된 납세자 중 1,500명가량이 세

---

* 세금을 납부하는 만큼 정부로부터 공공재와 서비스의 혜택을 받는 여부를 말한다.
** 시행 당시는 1억 원으로 시작했으나, 이제는 30억 원까지 늘었다. 접수 건수도 2012년 1만 1,000건이던 것이 2015년엔 1만 건 가까이 늘었다. 포상금 지급액도 26억 원에서 103억 5,000만 원까지 늘어났다.

금을 자진 납부했으니 말이다.

하지만 가장 중요한 것은 성실납세사회를 구축하는 일이다. 이는 국민의 정부에 대한 신뢰, 부패를 사전에 방지하고 사후에 엄격하게 처벌하는 공정한 세무행정제도의 구축, 국민의 납세의식이 3박자를 맞출 때 가능한 일이다. 그에 못지않게 중요한 것은 정치와 국가행정에 대한 국민의 신뢰, 그리고 국민의 돈을 함부로 누수하지 않는 정치인과 관료의 책임의식이다.

9

복지증세

과연 증세 없이
복지국가 진입은 가능한가

왜 복지국가를 향해 가야 하는가?

2030년, 김지영 씨의 하루

김지영 씨(35세)는 오늘도 회사에 출근한다. 아침 7시 30분에 일어나자마자 남편 홍길동 씨(38세)와 간단한 샌드위치를 먹고, 4살 아이 영재를 어린이집에 맡긴다. 영재는 요새 신이 나 있다. 어린이집 음악교실에서 영재에게 피아노를 가르친 지 3개월 만에 베토벤의 <엘리제를 위하여>를 치기 시작하였다. 그 노래를 배운 적도 없는데 말이다. 어린이집 원장님이 영재가 재주가 뛰어난 것을 발견하고 특성화교육 추천 서류를 교육청에 제출하자 교육청은 영재의 음악학원 비용을 신청하라는 서류를 김지영 씨에게 보냈다. 학원비는 걱정하지 말라고 하면서 말이다.

6개월 전 홍길동 씨가 다니던 컴퓨터 부품업체가 문을 닫자 김지영 씨는 걱정이 많아졌다. 집세, 식비, 영재의 교육비까지 생각하면 부담이 이만저만이 아니었다. 하지만 홍길동 씨는 크게 걱정하지 않는 눈치다. 실업급여가 지난해 최장 20개월까지 늘어났고, 실업급여액 역시 이전 직장에서 받던 350만 원의 80%까지 늘어났기 때문이다. 비록 홍길동-김지영 부부의 총급여는 줄었지만, 홍길동 씨가 오후에도 영재를 돌봐주는 덕분에 김지영 씨의 마음은 뿌듯하기만 하다. 게다가 지난주에는 홍길동 씨에게 새로운 컴퓨터 수리회사 '다고쳐'에서 면접을 보자는 전화가 왔다. 고용센터가 '다고쳐'사에 홍길동 씨의 이력서를 1개월 전에 보내준 덕분이다. 홍길동 씨는 고용센터의 소개로 3개월 전에도 다른 회사로부터 연락을 받았으나 그가 원하는 포지션을 주지 않는다는 이유로 거절한 바 있다.

김지영 씨도 회사에서 과장 승진을 앞두고 있다. 하지만 큰 걱정이 없다. 회사에서는 정부의 여성고용촉진 우대제도에 따라 육아휴직을 1년이나 사용했지만 모든 경력을 남자 입사동기와 동일하게 인정받아 과장으로 승진시키기로 한 것이다. 게다가 정부에서 지급하는 아동수당 50만 원 외에도 정부와 회사, 김지영 씨가 사전에 아동발전기금에 10만 원씩 납입하여 아동보전수당 30만 원을 받을 수 있게 되어서 든든하다.

김지영 씨의 어머니 김인자 씨(68세)도 최근에 초등학교 방과 후 돌보미 선생님으로 취직했다. 지난해 남편과 사별한 이후 남편이 받던 국민연금만 갖고는 생활하기 어렵다는 생각 때문이었다. 김인자 씨는 과거에 유치원 교사를 했던 덕분에 방과 후 돌보미 선생님이 되기에는 적격이었다. 비록 10년의 경력단절에도 불구하고, 김인자 씨가 고용센터에 재취업을 요청한 지 3개월 정도 지나 고용센터가 김인자 씨에게 재취업을 알선해주었다.

미래에 있을 법한 가상의 사례를 들어 복지국가의 미래상을 그려보았다. 우리 사회는 2030년에 이와 같은 사회가 될 수 있을까? 교육, 취업, 결혼, 육아, 노후 걱정이 없는 세상, 현재에는 불가능하지만 왠지 미래에는 있을 것만 같기도 한 이런 세상이 과연 우리 사회에도 올까?

우리나라는 6·25전쟁의 폐허 속에서도 정부 주도의 강력한 경제성장 정책으로 단기간에 세계 11위 수준의 경제 규모로 성장했다. 하지만 정작 국민은 지금 행복한가? UN이 발표한 〈2017년 세계행복보고서〉에 따르면 국민의 행복은 GDP뿐만 아니라 1) 건강한 삶의 수명, 2) 어려움에

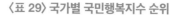

〈표 29〉 국가별 국민행복지수 순위

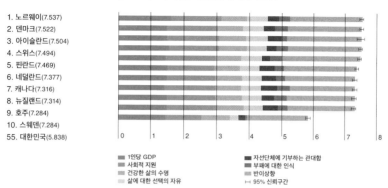

1. 노르웨이(7.537)
2. 덴마크(7.522)
3. 아이슬란드(7.504)
4. 스위스(7.494)
5. 핀란드(7.469)
6. 네덜란드(7.377)
7. 캐나다(7.316)
8. 뉴질랜드(7.314)
9. 호주(7.284)
10. 스웨덴(7.284)
55. 대한민국(5.838)

■ 1인당 GDP
■ 사회적 지원
■ 건강한 삶의 수명
□ 삶에 대한 선택의 자유
■ 자선단체에 기부하는 관대함
■ 부패에 대한 인식
■ 반이상향
⊢ 95% 신뢰구간

출처: UN, ‹2017년 세계행복보고서›.

처했을 때 사회적으로 도움받을 수 있는지 여부, 3) 자선단체에 기부하는 관대함, 4) 삶에 대한 선택의 자유, 5) 부패에 대한 인식 등 생활의 질에 따라 결정되는데 우리나라 국민행복지수는 고작 세계 55위다. 국민행복지수가 높은 국가는 노르웨이, 덴마크, 스웨덴, 네덜란드, 핀란드 등인데, 이들 국가는 모두 전통적인 보편적 복지국가이다.

우리나라 복지의 현주소는?

그렇다면 누구나 한마디씩 이야기하는 복지란 무엇인가. 우선 그 개념부터 알아보자. 복지는 사회복지지출, 총사회복지지출, 순사회복지지출로 단계적으로 살펴볼 수 있는데, 이 가운데 어느 기준으로 보나 우리나라의 사회복지지출은 OECD 회원국 중에서 제일 낮다.

가. 사회복지지출

OECD에 따르면 사회복지지출Social Expenditure이란 "가정이나 개인의 불리한 상황을 돕기 위하여 공공기관, 그리고 민간기관이 그들에게 제공하는 각종 급여나, 이들 계층을 대상으로 하는 재정지원"으로 정의한다.* 이러한 급여는 현금으로 지급할 수도, 현물現物로 줄 수도 있다. 사회복지지출은 크게 다음 네 가지로 분류된다 ① 연금(노령연금급여, 유족급여)급여, ② 근로연령인구에 대한 소득지원(장애급여, 업무상 재해, 질병급여, 가족급여, 실업급여, 주거급여, 기타), ③ 공공보건지출, ④ 기타 사회적 서비스(노인과 장애인에 대한 서비스, 가족서비스, 적극적 노동시장정책) 등이다.

사회복지지출은 총사회복지지출Gross Social Expenditure과 순사회복지지출Net Social Expenditure의 개념으로 구분된다. 총사회복지지출이란 '사회복지지출의 민간지출 중 재분배기능을 가진 자발적 급여를 포함한 총괄적인 사회적 급여'를 의미한다. 공공지출은 사회보험이나 공공부조처럼 정부와 공공기관에서 지급하는 경우를 의미하며, 민간지출은 법률에 따라 지급하는 법정지출과 그렇지 않은 자발적 지출로 분류한다. 우리나라에서 자발적 지출은 민간모금, 기업의 복지재단, 고용주의 자발적 급여를 의미하며 비자발적 지출은 시장가격으로 지급되는 개인연금 등을 예로 들 수 있다. 총 사회복지지출은 세금의 비용이나 조세혜택은 고려하지

---

* 단, 해당 급여의 제공이나 재정지원이 특정 재화나 용역에 대한 직접적 대금 지급이 아니어야 하며 개인적인 계약이나 이전지출이어서도 안 된다.

않는다.

순사회복지지출은 총사회복지지출에서 이전소득에 대한 직접세와 소비생활에서 부담하는 간접세를 차감하고 '사회적 목적을 위한 조세혜택'을 추가한 개념이다. 순사회복지지출은 정부가 사회복지 차원의 재분배 노력을 얼마나 기울이는지를 평가하기 위해 빈번히 사용하는 지표 중 하나다. 따라서 조세혜택의 총액이 조세징수총액(직·간접세의 합)과 같다면 총사회복지지출과 순사회복지지출은 동일하게 되며, 반면에 조세징수총액이 조세혜택보다 크다면(작다면), 그 차이만큼 순사회복지지출은 총사회복지지출보다 작게(크게) 된다. 다소 어려울 수도 있지만 독자들의 이해를 돕기 위해 〈표 30〉으로 정리해보았다.

나. 총사회복지지출

우리나라 총사회복지지출은 1990년에는 6조 300억 원 수준이었으나, 2014년에는 약 178조 4,320억 원으로 30배가량 증가하였다. 총사회복지지출의 GDP 대비 비율도 1990년에는 3.05% 수준이었으나, 2014년에는 12.01%로 약 4배 증가하였다(〈표 32〉). 그러나 GDP 대비 비율은 10.1%로 OECD 회원국 중에서 가장 낮다(〈표 31〉).

〈표 30〉 사회복지지출 통계의 분류와 범위

일반정부지출 (공공부조, 사회서비스) ①	사회보험지출 (공적연금, 건강·고용보험) ②	민간지출		이전소득자의 조세부담과 감면 (조세혜택, 조세징수총액) ⑤
		법정지출 (법정퇴직금, 출산휴가급여) ③	**자발적 지출** (가족수당, 학비지원) ④	

공공사회복지지출 : ① + ②	법정민간사회복지지출 : ③	자발적 민간 사회복지지출 : ④

사회복지지출
: ① + ② + ③

총사회복지지출
: ① + ② + ③ + ④

순사회복지지출
: ① + ② + ③ + ④ + ⑤
조세징수총액 – 조세혜택 = 0이면, 총사회복지지출과 순사회복지지출은 같다.

출처: 고경환 외, ‹2014년 한국의 사회복지지출›를 저자가 재수정.

다. 순사회복지지출

우리나라의 순사회복지지출은 2000년 44조 5,470억 원 수준이었으나, 2014년에는 177조 1,530억 원으로 약 4배 증가하였다. GDP 대비 순사회복지지출은 2000년에는 약 8.36%를 차지하였으나, 2014년에는 13.24%로 증가하였다(표 34). GDP 대비 순사회복지지출 규모는 11.5%로 이 또한 OECD 회원국 중에서 가장 낮다(표 33).

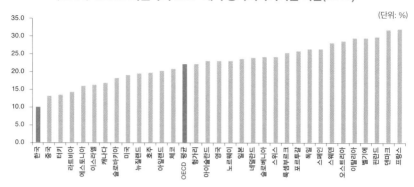

〈표 31〉OECD 회원국의 GDP 대비 총사회복지지출 비율(2013)

출처: 보건복지부, 한국의 사회복지지출.

〈표 32〉우리나라 총사회복지지출 규모 추이

출처: 보건복지부, 한국의 사회복지지출.

〈표 33〉 OECD 회원국의 GDP 대비 순사회복지지출 비율(2013년)

(단위: %)

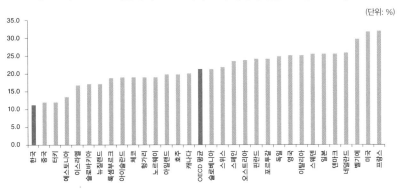

출처: 한국보건사회연구원, 한국의 사회복지지출.

〈표 34〉 우리나라 순사회복지지출 규모 추이

(단위: %)

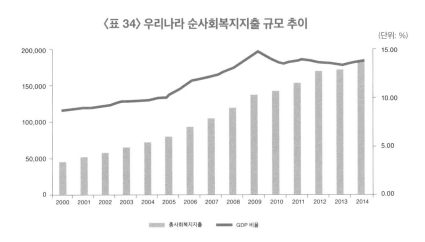

총사회복지지출 ▬ GDP 비율

출처: 한국보건사회연구원, 한국의 사회복지지출.

〈표 35〉근로형태별 사회보험가입률(2017. 08)

(단위: %)

근로형태별	국민연금	건강보험	고용보험
임금근로자	69.0	74.2	71.2
○ 정규직	85.0	88.4	85.9
○ 비정규직	36.5	45.3	44.1
- 한시적	52.2	64.7	61.3
· 기간제	52.9	67.2	62.3
· 비기간제	49.6	55.3	57.9
- 시간제	17.1	21.7	23.0
- 비전형	20.2	33.3	30.0
자영업자	국민연금	건강보험	고용보험
○ 가입 및 수급	73.3		
- 직장가입자	19.6		
- 지역가입자	39.9		
- 국민연금 등 수급권자	13.9		
○ 미가입자	26.7		

출처: 경제활동인구조사, 근로 형태별 사회보험가입자 비율·국민연금 가입 현황.

통계에서 보는 것처럼 우리나라 복지지출은 어느 기준으로 보나 OECD 회원국 중에서 최하위다. 경제 규모에 비하여 턱없이 낮은 수준이다. 우리나라는 특히 임금근로자의 4대보험 평균 가입률이 70% 정도 수준으로 매우 낮고, 비정규직 노동자가 지속적으로 증가하는 가운데 이들의 4대보험 가입률은 정규직 노동자의 절반에도 못 미친다〈〈표 35〉〉. 비정규직 노동자의 4대 사회보험 가입률은 매우 낮아서 은퇴, 건강 악화, 실업, 산재 등의 위험에 처할 경우 그들의 삶은 심각한 위기를 맞이한다. 하지만 저출산·고령화, 소득양극화, 임시·일용직의 증가, 잠재성장률의 하락으로 인한 일자리 감소, 4차 산업혁명 등으로 비정규직 일자리는 앞으로도 더 증가할 가능성이 높다.

조세부담률과 국민부담률

복지국가를 위한 사회복지지출을 높이기 위해서는 결국 정부의 조세·재정기능이 강화될 수밖에 없다. 하지만 우리나라의 조세부담률과 국민부담률 모두 OECD 평균에도 훨씬 못 미친다. 역시 이해를 돕기 위하여 개념을 알아보자.

조세부담률은 경상 GDP에서 조세(국세+지방세)가 차지하는 비중으로 특정 국가 국민들의 조세부담 정도를 측정하는 지표이다. 국민부담률은 경상 GDP에서 조세와 사회보장기여금이 차지하는 비중을 의미하는데, 조세부담률(조세/GDP)에서 사회보장부담률(사회보장기여금/GDP)을 합한 것이다.

〈표 36〉 OECD 회원국의 조세부담률

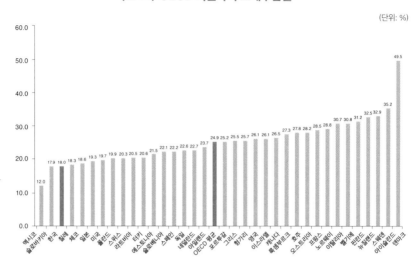

(단위: %)

출처: OECD 세금 데이터베이스(2014년 기준).

〈표 37〉 OECD 회원국의 국민부담률

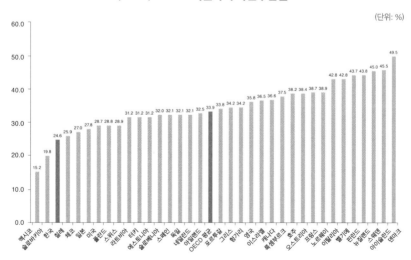

(단위: %)

출처: OECD 세금 데이터베이스(2014년 기준).

우리나라 조세부담률은 2014년 기준 18%로 OECD 회원국 평균 24.9%를 크게 밑돈다. 국민부담률은 역시 2014년 기준 24.6%로 OECD 회원국 평균 국민부담률 33.9%를 크게 밑돈다. 우리나라 국민부담률과 조세부담률 격차가 OECD 회원국 평균에 비하여 큰 이유는 바로 우리나라 국민의 사회보험 가입률이 낮기 때문이다.

현실은 저부담·저복지인데 원하는 것은 저부담·고복지?

통계로 살펴본 바와 같이 우리나라 복지수준은 OECD 국가 평균에 비하면 매우 낮다. 저부담·저복지 국가라 할 수 있다. 즉 OECD 평균에 비하여 세금도 훨씬 덜 내고, 복지혜택도 그만큼 덜 받는다. 조세부담률과 국민부담률도 낮지만 복지지출 수준은 이에 비하여 상대적으로 더 낮은 최하위 수준이다.

그런데도 아직까지 복지비용을 국민이 얼마만큼 부담해야 하는지에 대한 사회적 합의는 없다. 이른바 경제학에서 말하는 '공유재common goods의 비극'이다. 선거철마다 정치권에서는 복지공약을 내세우지만 이에 수반되는 증세에 대해서는 정작 말하기를 꺼린다. 복지비용은 증가할 수밖에 없는데도 오히려 감세를 공약으로 내걸거나, 지난 정부처럼 '증세 없는 복지'라는 이율배반적인 공약을 내건다. 이는 사실상 국민을 기만하는 것이다. 복지가 확대되면 누군가 그 비용을 부담하는 건 당연한 일이다. 만약 현재세대가 지불하지 못한다면 미래세대가 부담하게 될 것이다.

이러한 현상은 우리나라의 문제만은 아니다. 1980년대 미국의 로널드 레이건Ronald Reagan 대통령이 감세 공약으로 대통령에 당선되었지만 그 결과 미국 정부의 재정적자는 크게 증가했다. 그 후 1988년 당선된 조지 부시George Bush 대통령도 미국 공화당 대통령 후보 수락연설에서 자신이 대통령에 당선되면 절대로 세금을 인상하지 않을 것이라고 천명하였고, 그 결과 대통령에 당선되었다. 하지만 1996년 미국 대통령선거에서는 공화당 대통령 후보였던 밥 돌Bob Dole이 만약 자기가 대통령에 당선된다면 모든 세목의 세율을 기존보다 15% 인하하겠다고 공약하였지만 선거에서 패배하였다. 감세공약은 결국 대규모 재정적자로 치닫고 그 결과 더 높은 증세 없이는 재정적자 해결이 불가능하다는 것을 미국 국민이 깨닫게 된 것이 아닐까?

우리나라 정부 역시 과거의 근시안적 사고를 버려야 한다. 국민들에게 나라의 재정 현실과 복지비용 확충의 필요성을 솔직하게 알려주고 설득해야 한다. 누가 얼마만큼 세금을 더 부담하게 되는지부터 논의해야 한다. '공짜 점심free lunch'은 없다는 것을 말이다. 정부는 국민들로부터 권한을 위임받았지만 그 자신이 곧 국민이 될 수는 없다. 세금을 부담할지 말지에 대한 최종결정은 국민들이 할 일이다. 미국 대통령 시어도어 루스벨트Theodore Roosevelt는 "우리, 즉 여러분과 내가 바로 정부다"라는 명언을 남겼다. 국민 개개인은 정부가 복지 확대를 해주기를 원하지만, 정부란 나를 포함한 모든 국민의 총합체이므로, 부담 또한 나와 모두가 질 수밖에 없다는 말이다.

세금을 내려 해도 돈이 없어 낼 수 없는 사회

알다시피 경제의 3대 주체는 가계, 기업, 정부다. 정부는 가계 또는 기업으로부터 세금을 거두어 다시 국민을 위해서 사용하는 역할만 할 뿐 직접 정부가 세 부담을 하지는 않는다. 그래서 복지를 확대하기 위해 증세할 경우 이는 가계와 기업이 부담해야 한다. 문제는 가계와 기업도 전반적으로는 추가적인 세 부담을 할 수 있는 여력이 많지 않다는 사실이다.

구체적으로 살펴보면 가계의 경우 이미 부채가 1,400조 원을 넘어섰고, 이는 GDP 대비 약 87.2% 수준이다. 기업의 부채는 GDP 대비 106%이며, 정부부채는 D2 기준으로 672조 2,000억 원으로 GDP의 약 43.4% 수준이다. D3 기준으로 하면 1,003조 5,000억 원으로 GDP의 약 64.4%에 달한다.* 가계나 기업은 이미 부채규모가 상당하여 추가적인 세 부담을 하기가 용이하지 않다. 문재인 정부가 이른바 '핀셋증세론'을 제시한 이유도 이러한 현실을 반영한 것으로 보인다.

가계의 전체 부채규모도 상당하다. 하지만 고소득층은 상대적으로 여유가 있다. 그래서 정부가 고소득층의 소득세율을 인상하는 것으로 방향을 잡은 것으로 판단된다. 기업의 경우도 전체적인 부채규모는 크지만, 세부적으로 들어가면 대기업은 상대적으로 여유가 있는 편이다. 2016년 말 기준으로 상위 10대 대기업의 사내유보금은 약 350조 2,000억 원, 100대

---

* 국가채무를 D1, D2, D3 기준으로 분류하는데, D1은 중앙정부 및 지방정부의 회계 및 기금상 채무, D2는 D1 + 비영리공공기관의 채무를 말하고, D3는 D2 + 비금융공기업 부채(금융공기업 제외)를 의미한다. D3까지 고려하는 이유는 공기업의 부채는 결국 공공요금의 인상을 가져오고 가계의 부담이 증가할 수밖에 없기 때문이다.

〈표 38〉 국가채무 추이

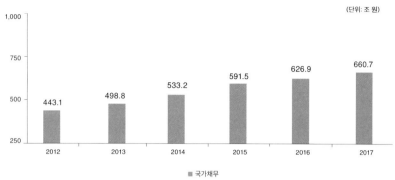

(단위: 조 원)

출처: 기획재정부, 2018.

〈표 39〉 자영업자(개인사업자) 폐업 현황

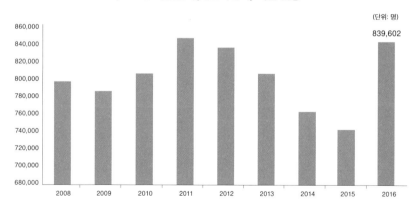

(단위: 명)

출처: 국세청, 2017.

기업의 사내유보금은 약 627조 3,000억 원에 달한다. 중산층 이하의 근로자나 자영업자, 소상공인, 중소기업은 추가적인 세 부담 여력이 거의 없다. 자영업자의 경우에도 매년 80만 개 사업자가 폐업하고 있다《표 39》. 근로자의 경우도 임시·일용직의 증가로 고용과 소득이 불안한 경우가 많다.

아쉬운 것은 지난 10년간 정부는 우리 재정을 튼튼히 하여 저출산·고령화, 성장잠재력 저하, 양극화 등으로 앞으로 증가할 복지수요에 대비해야 했지만 불행하게도 당장의 인기에 영합하여 감세를 추진하다 보니 결국 복지국가를 위해서는 현재 더 많은 증세를 해야 하는 상황에 이르렀다는 것이다. 결과적으로 지금에 와서는 중부담·중복지는 가능할지 몰라도, 고부담·고복지는 현재의 세수 구조로는 어림도 없다.

또 다른 문제점은 우리나라 잠재성장률이 계속 하락하고 있다는 것이다. 2010년 이후 한국 경제성장률은 3% 이하로 정체되어 있다. 정부와 국제기구 추정치를 종합해보면 우리나라는 10년 단위로 잠재성장률이 1%p씩 하락한다. 2016년 경제성장률이 2.6%였고, 2017년에는 3.1%, 2018년에는 3% 내외가 될 것으로 예상하고 있다. 실질성장률이 3% 이하로 떨어질 때는 사회가 퇴조 분위기로 접어든다. 특단의 대책이 필요하다.

IMF, 세계은행, OECD 등 국제기구에서는 우리나라에 소득양극화 해소, 경제성장률 제고, 사회안전망 확충 등을 위하여 재정을 적극적으로 활용해야 한다고 충고하고 있다. D2 기준으로 일본의 GDP 대비 국가채무가 약 242%이고, 미국은 126%, 영국은 97%, 독일은 71% 수준인 것으로 볼 때 우리나라의 국가채무 비율 43%는 상대적으로 건전하다. 국제기구의 처방대로 정부는 지출을 과감히 늘려 일자리를 창출하고 복지를 확충할 필요가 있다. 그렇게 된다면 근로자들은 늘어난 소득으로 소비를 늘릴 것이고, 경제도 원활히 돌아갈 것이다.

점화된 복지비용 논쟁, '공짜 점심'은 없다

복지에 대한 일반 국민들의 인식이 크게 개선된 계기는 2010년의 서울시장 선거다. 당시 민주당과 민주노동당은 무상급식, 무상의료, 반값등록금 등 이른바 '3무無정책'을 내걸었다. 무상급식은 2011년 오세훈 서울시장이 시장직을 내걸며 반대하다가 주민투표에 부쳐졌고 결국 투표정족수 미달로 그는 시장직을 사임했다. 무상의료는 막대한 재원이 소요된다는 이유로 시행되지 못했다. 지난 대통령선거에서 문재인 대통령은 대선공약으로 '건강보험 하나로정책'을 내세워 국민의 의료비를 최대 100만 원 이하로 줄이겠다고 주장하여 무상의료논쟁이 재점화되었다. 반값등록금은 제대로 실현되지 못했지만 시민들의 의식수준은 해가 지날수록 높아졌고 대선 과정마다 복지비용을 어떻게 부담할 것인가가 선거 쟁점이 되었다.

박근혜 정부는 대선 과정에서 '증세 없는 복지'를 공약으로 내걸었고, 중산층·서민에게 추가 세 부담은 절대 없다고 약속하였다. 이를 달성하기 위한 방안으로 지하경제 양성화, 비과세·감면 축소, 금융소득 과세 강화를 추진하였다. 하지만 이는 전반적인 세제정책의 균형 없이 추진한 무리한 공약이었던 것으로 보인다. 국민에게 정직하게 사실을 밝히고 정공법으로 증세의 필요성을 설득하는 작업이 필요했지만 박근혜 정부는 이를 회피하였다. 소득공제제도를 개편했지만 연말정산파동을 야기했고, 담배세를 올려 시민들의 불만만 증폭시켰다.

반면 문재인 대통령은 대선 과정에서 고소득자 증세, 대기업 증세를 공약으로 내걸었다. 증세를 하되 소득세의 경우 고소득층에 한하여 증세하고, 법인세도 상대적으로 여유가 있는 대기업의 세 부담을 늘리는 쪽으로 방향을 잡았다. 공약 실현을 위한 비용은 충분히 감당할 수 있을 것으로 판단되지만 어떻게 중부담·중복지 수준으로 복지혜택을 확대해나갈지는 미지수이다.

정부는 지금부터라도 솔직하게 단계별 복지확대 시나리오를 제시하고 필요한 재원을 조달하기 위한 증세 방안을 제시해야 한다. 다수 국민이 동의하는 방안으로 추진하는 것이 가장 민주적인 절차일 것이다. 물론 증세에 호의적인 여론을 형성하는 것은 어려운 측면이 있고 결코 모든 국민이 동의하는 방안은 있을 수 없다. 하지만 민주적인 절차에 따라서 국민의 의견을 최대한 수렴하고, 최대 다수 국민이 선호하는 방안으로 추진하는 것이 복지를 확대하기 위한 정공법일 것이다.

중부담·중복지국가로 가기 위한 과제

정치권이나 언론에서 중부담·중복지 이야기를 많이 하지만 실제로 이에 대한 명확한 기준이나 정의는 없다. 단지 우리나라가 OECD 회원국임을 감안하여 OECD 평균 수준의 복지를 중복지, OECD 평균 수준의 조세부담을 중부담으로 가정하고 논의해보자.

2014년 기준 OECD 회원국의 평균 조세부담률은 GDP 대비 24.9%이고, 우리나라는 18% 수준이므로, 약 6.9%p 차이가 난다. 따라서 중부담을 위해 추가로 필요한 조세수입은 약 110조 원(=약 1,600조 원×0.069)이 된다. 1972년부터 현재까지 우리나라 조세부담률은 연평균 약 0.3%p씩 증가하였고, 2000년 이후에는 연평균 약 0.25%p씩 증가하였다.

정부의 추가적인 증세 노력 없이 지금까지의 이러한 추세가 앞으로도 지속된다고 가정하면 우리나라 조세부담률이 OECD 평균인 25% 수준이 되기 위해서는 23~28년이 소요될 것으로 추정된다. 국민부담률은 한국이 GDP 대비 약 24.6%이고, OECD 회원국 평균이 33.9%이므로 약 9.3%p 차이가 난다. 따라서 국민부담률을 OECD 평균 수준으로 끌어올리기 위해서는 지금보다 약 148조 원가량(=약 1,600조 원×0.093)이 필요하다.

비록 문재인 정부가 고소득자의 최고 소득세율과 고소득법인의 최고 법인세율을 인상하였지만 이러한 방법을 통한 추가 세수입은 OECD 평균 수준으로 복지를 끌어올리기에는 턱없이 부족하다. 그렇다면 좀 더 과감한 증세방안으로 복지제도의 확충을 조기에 달성할 것인가, 아니면 좀 더 천천히 달성하는 방안을 강구할 것인가? 추가 증세를 한다면 어떠한 방식으로 할지도 공론화하여 여론을 수렴할 필요가 있다. 부가가치세율 인상은 대안으로 검토할 수 있는가? 아니면 통일 시 필요한 재원으로 남겨둘 것인가? 이런 문제들 또한 고려해야 한다.

대안은 기본적으로 '넓은 세원, 낮은 세율'에서 찾아야 한다. 상속세 및 증여세 강화도 필요하지만 세수 비중 면에서 주요 세목인 소득세, 법인세, 부가가치세에 비하면 세수효과가 상대적으로 크지 않다. 전반적으로 소득세 부담을 지금보다 인상하는 방안, 상대적으로 더 여유 있는 기업들의 세 부담을 인상하는 방안을 찾아야 할 것이다. 하지만 이에 대한 저항은 또 어떻게 무마할 것인가?

결국 전략적인 접근이 필요하다. 소득자의 소득이 오르면, 자연스럽게 소득세를 많이 거둘 수 있을 것이고, 법인의 영업이익이 개선되면 법인세를 더 많이 납부할 수 있을 것이다. 세율을 인상하기보다 먼저 세원을 늘리는 방향을 찾아야 한다. 근로소득자 전반의 근로소득 여건을 개선하려는 노력과 법인들로 하여금 고부가가치산업으로 전환하게 하는 혁신이 우선되어야 한다. 전반적인 경제주체의 소득여건이 개선되고 있다고 대다수 사람이 판단하는 시점에 국민부담 원칙을 내세우는 것이 바람직할 것이다. 우선 비정상적으로 과다해진 소득세 면세자 비율 축소처럼 작은 부분에서부터 합의하는 전략적인 접근을 모색할 시점이다.

일부에서 부가가치세율이 40년간 동결된 사실을 들며 이제는 인상해야 한다는 주장을 펴기도 한다. 하지만 부가가치세율 인상은 물가상승을 유발하고 결국 국민의 가처분소득을 줄인다는 점에서 현재와 같이 경제가 어려운 상황에서는 바람직한 방향이라고 볼 수 없을 것이다. 게다가 부가가치세는 세 부담의 역진성 때문에 저소득자가 상대적으로 더 많은 세 부담을 한다는 문제점도 있다. 부가가치세 인상은 통일이 임박했을 때 긴급한 국가재원을 마련하기 위한 최후의 수단으로 활용할 필요가 있다.

파이를 키우는 것과 나누는 것 중 무엇이 우선인가?

　미국 조지 부시 대통령이 상속세를 폐지하려고 하자 가장 많은 혜택을 보게 될 세계 최대 부호 워런 버핏은 "민주주의에서 금권정치로 이동하는 것을 방지하기 위해서 누진적이며 의미 있는 상속세가 필요하다"며 상속세 폐지를 반대한다고 주장했다. 우리나라 자산가 중에서도 이런 사람이 나타날 수 있을까? 부자들이 세금을 내지 않는다면 국민 누가 스스로 기꺼이 세금을 내겠는가? 부자들이 앞서 세금을 납부한다면 국민들의 납세 의식도 높아질 것이다. 조세제도는 이런 노블리스 오블리주의 바탕에서 민주적 절차를 거쳐 국민이 수긍할 수 있는 방향으로 나아가야 한다. 우리나라도 대통령 직속 정책기획위원회 산하 재정개혁특별위원회에서 개혁안을 마련한 후에 국민투표를 해서 최종 결정하는 것도 한 가지 방법이라고 생각한다.

　어떤 이슈에 대해서 서로 의견이 극명하게 다르더라도 대화와 논쟁을 통하여 점차 합의점을 찾아갈 수 있다고 생각한다. 논쟁을 하면서 기존에 내가 갖고 있던 생각이 잘못되었다는 것을 깨닫고, 반대로 상대방도 내 의견을 수렴하면서 공통분모를 찾아가는 과정, 그 안에서 서로 100% 만족하는 결과를 도출할 수는 없더라도 대체로 큰 방향성에서는 공감을 이룰 수 있을 것이다.

　복지국가 건설이 모든 국가의 가장 이상적인 목표이기는 하지만 거기에 사용할 비용을 차라리 경제발전에 우선적으로 사용해야 하는 것이 아니냐는 논쟁이 있다. 쉽게 말해서 '파이를 더 키울 것이냐, 나눌 것이냐'

〈표 40〉 복지국가 유형별 경제성장률

연도	보편적 복지국가 (네덜란드, 노르웨이, 덴마크, 스웨덴, 핀란드)	자유주의 복지국가 (미국, 스위스, 호주, 일본, 캐나다)	보수주의 복지국가 (독일, 벨기에, 오스트리아, 이탈리아, 프랑스)
1980년대	6.15%	6.82%	5.78%
1990년대	4.19%	3.92%	3.64%
2000년대	4.18%	4.19%	3.61%

출처: ‹보편적 복지국 성장 선별적 복지국에 판정승›, 《한겨레》 2011년 1월의 기사를 토대로 저자가 재수정.

논쟁이다. 우리나라에서는 개발연대 이후 경제성장 제일주의 또는 만능주의가 경제관료뿐만 아니라 국민의 잠재의식 속에 깊게 뿌리박혀 있다. 국민들은 '경제와 복지', '성장과 분배'는 상충되는 것으로 생각하는 경우가 많다. 하나를 추구하면 다른 하나는 희생해야 한다고 말이다. 따라서 제한된 정부의 재정을 섣불리 복지에 쏟아 부으면 지금까지 쌓아온 금자탑이 하루아침에 붕괴될 수 있다고도 한다. 그 이면에는 경제성장이 먼저 이뤄져야 복지를 할 수 있다는 맹신이 자리하고 있다. 정말로 경제성장과 복지는 양립할 수 없는 것인가? 과연 복지국가로 이행하는 것이 경제성장을 저해할 것인가?

에스핑 앤더슨Esping-Anderson은 복지국가를 자유주의 복지국가Liberal Welfare State, 보수주의 복지국가Conservative Welfare State, 사민주의 복지국가 Social Democratic Welfare State 세 가지 유형으로 구분하였다. 자유주의 복지국가에는 미국, 캐나다, 영국, 호주 등이 속하는데 이들 국가는 복지에 대한 개인의 책임을 강조하며 국가가 최저수준의 공공부조를 제공한다. 보수주의 복지국가에는 오스트리아, 프랑스, 독일 등이 속한다. 이들 국가는 가족의 중요성을 강조하고, 국민의 최저소득 이상을 보장하며, 직업과 계층에 따른 복지를 강조하고, 교육과 훈련시스템 마련에 치중한다. 사민주의 복지국가에는 스웨덴, 덴마크, 핀란드 등 북유럽의 전통적인 보편적 복지국가가 속한다. 이들 국가는 사회적 평등과 연대성을 강조하며, 정부가 조세·임금·복지에 적극적으로 개입하는 특성이 있다. 이 중 어떤 유형의 복지국가가 지금까지 더 지속적인 성장과 번영을 누렸는가?

결론적으로는 보편적 복지국가 모델이 더 지속적으로 성장했다. 1980년대에는 보편적 복지국가의 경제성장률이 자유주의 복지국가보다 낮았으나 1990년대 이후 2000년대에 이르기까지, 보편적 복지국가의 경제성장률은 자유주의 복지국가에 비하여 적어도 같거나 더 높았다(《표 40》).

또한 불평등과 빈곤문제에 대한 세계적 석학인 영국의 앤서니 앳킨슨 Anthony Atkinson 교수는 1995년 발표한 논문에서 복지국가가 경제성장에 반드시 장애가 되는 것은 아니라고 주장하였다. 최근에는 미국 컬럼비아대학교 해럴드 가핑클 교수와 위스콘신-매디슨대학교 티무티 스미딩 교수가 2015년 발표한 논문에서 공교육, 공공의료제도, 현금급여 등을 포함하는 복지국가는 자본주의의 생산성을 향상시키며 경제발전의 원동력이 된다고 주장하였다.

조앤 K. 롤링, "해리포터는 복지비용의 산물"

  복지의 사전적 의미는 좋은 건강, 윤택한 생활, 안락한 환경이 어우러져 국민이 행복을 누릴 수 있는 상태를 말한다. 즉 복지란 '행복한 삶'을 의미하고, 복지국가는 국가가 국민들의 사회적·경제적 안녕과 행복을 보장하고 고양하는 데 적극적인 역할을 하는 국가를 말한다.

  그러나 한국은 GDP에서 총사회복지지출이 차지하는 비율이 10.1%로 OECD 회원국 중에서 가장 낮으며, OECD 평균인 약 22%에 비해 그 절반에도 미치지 못한다. 우리나라는 경제 규모에 비하여 복지지출이 턱없이 부족하다. 세대별로 보면 노인빈곤율과 노인자살률은 OECD 회원국 중 가장 높다. 중·장년층도 고용불안과 은퇴 후 생계유지의 어려움에 처해 있다. 청년층은 연애, 결혼, 출산을 포기한 '3포세대'가 되어 살아가고 있다.

  전 연령층에 걸쳐서 국민이 겪고 있는 각종 어려움을 조금이라도 덜어주기 위해서는 국가의 적극적인 역할이 필요하다. 그러나 아직도 많은 국민은 경제와 복지, 성장과 분배를 상충되는 개념으로 알고 있다. 하나를 선택하면 다른 것은 포기해야 하고 복지보다는 경제성장이 더 중요하고 우선시되어야 한다고 생각한다. 이러한 인식은 지난 60년간의 성장제일주의 정책의 왜곡된 결과이다.

  우리나라 헌법 제10조는 "모든 국민은 인간으로서의 존엄과 가치를 가지며, 행복을 추구할 권리를 가진다"라고 밝히고 있으며, 제34조 2항은 "국가는 사회보장·사회복지의 증진에 노력할 의무를 진다"라고 명시하고 있다. 따라서 국가는 사회보장과 사회복지를 증진하여 구성원인 국민이 행복하도록 노력할 의무가 있다. 그러나 지금까지는 경제성장제일주의에 매몰되어 복지제도 확대는 항상 정책 우선순위에서 밀려왔다. 하지만 우리가 아직까지 경험해보지 못한 복지국가의 길이 결코 경제성장에 장애가 되지 않으며 오히려 국민에게 행복을 주는 길이라는 것을 깨달아야 한다.

〈세계인권선언문〉 제22조에서는 "모든 사람에게는 사회의 일원으로서 사회보장을 요구할 권리가 있으며, 국가적 노력과 국제적 협력을 통해, 또한 각국의 조직과 자원에 따라 자신의 존엄성과 자신의 인격의 자유로운 발전에 필수불가결한 경제적이고 사회적이고 문화적인 권리들을 실현할 자격이 있다"라고 하였다. 제25조에서는 "모든 사람에게는 의식주와 의료와 필요한 사회복지를 포함하여 자신과 가족의 건강과 복지에 적합한 생활수준을 요구할 권리가 있으며 실업, 질병, 장애, 배우자의 사망, 노령 등과 기타 불가항력적인 상황 속에서 겪는 생계곤란을 당한 경우에 사회보장을 요구할 권리가 있다"라고 하였다.

해리포터 시리즈로 유명한 작가 조앤 K. 롤링Joanne K. Rowling은 해리포터 1편을 저술할 때까지 어머니의 죽음, 첫아이의 출생, 이혼 등으로 극심한 고통을 겪으면서 직장도 없이 빈곤하게 살았다. 하지만 정부로부터 받는 편부모수당에 의지하면서 꿈을 버리지 않았기에 세계적인 작가로 성공할 수 있었다. 이처럼 조앤 롤링의 사례는 우리에게 복지에 대해 많은 것을 생각하게 한다. 우리 사회도 사회복지의 혜택을 입은 누군가의 경험담이 깊은 울림을 가져다줄 수 있는 날이 오기를 기대한다.

대한민국 세제개편, 어디로 가야 하는가

2017년 12월, 정부는 부자증세를 위한 세제개편을 단행했다. 과세표준 5억 원 초과 소득자의 세율을 40%에서 42%까지 올렸으며, 과세표준 3,000억 원을 초과하는 법인의 법인세 최고 세율을 22%에서 25%까지 상향조정하였다. 국민의당, 바른정당, 정의당이 표결에 참여한 가운데 더불어민주당은 2017년 12월 6일 2018년 예산안을 확정했다. 이에 반대해온 자유한국당은 표결에 불참하였다.

이러한 상황이 의미하는 바는 무엇일까? 향후 대한민국의 조세정책 방향을 설정하는 데 여야 간 공통된 합의를 이끌어내기가 그만큼 어려울 것이라는 뜻이다. 하지만 여야 모두 대한민국이 개발도상국 당시의 정치·사회구조를 더 이상 유지하긴 어렵다는 사실은 부인하지 않는다. 저출산·고령화·저성장으로 접어드는 대한민국을 이대로 방치해두었다간 국가 존폐의 기로에 서게 된다는 위기의식은 여야를 막론하고 매한가지다.

1960년대 이후 대한민국의 경제성장은 가히 놀라운 수준이었다. 미군에게 '기브 미 초콜릿' 하며 손을 내밀던 보릿고개의 대한민국은 이제 전 세계의 반도체와 휴대전화 생산을 책임지는 선진국이 되었다. 적어도 지금은 대한민국에서 밥 못 먹어 굶어죽었다는 이야기를 들어보긴 어렵다. 우리는 자본주의와 민주주의를 국가의 운영원리로 받아들였고, 수평적 정권교체를 통해 국민들 스스로 사회개혁의 목소리를 냈다. 그로 인해 한국은 한층 더 높은 포용사회inclusive society로 발전해왔다. 포용사회는 절대로 노력 없이 주어지지 않는다. 1987년에는 군부독재정권에 맞서 싸운 '386세대'가, 2017년에는 비선실세와 함께 국정을 농락한 박근혜 정부에 맞서 평화적인 정권교체를 이뤄낸 촛불시민이 있었기 때문에 가능했다. 이제 한국 사회는 촛불시민의 대의를 받들어 사회개혁을 성공적으로 추진해내야 할 사명을 갖게 되었다.

사회개혁의 첫 단추는 사회의 틀을 다시 포용적으로 바꾸는 일이다. 누구나 열심히 각자의 분야에서 노력하면 품위 있고 윤택한 삶을 살 수 있도록 해야 한다. 경쟁을 통한 혁신이 보장될 수 있어야 하고, 불공정한 여러 사회제도가 이를 가로막지 못하게 해야 한다. 포용적 성장은 어려워 보이지만 사실 원칙만 지켜나간다면 그리 어려운 일도 아니다. 한 걸음 한 걸음 시민들의 실질적인 주권을 되찾는 방향으로 정부가 노력하고, 사회가 이에 호응한다면 말이다.

그렇다면 그 첫 단추는 어디서 꿰어야 할까? 바로 세제개혁이다. 세제는 '국가의 조세수입'을 확보하여 재정을 확충하고, 시장의 소득을 재분배하는 중요한 역할을 한다. 세제 없는 국가는 없고, 국가 없이 세제는 작동하지 않는다. 하지만 세제는 일반인에게는 어렵기만 하고, 또한 잘 알고 싶지도 않은 영역이다. 매우 중요한 존재임에도 어렵고 골치 아픈 영역의 문제로 여겨지기 십상이다. 이 책은 그러한 세제를 다시 '일반 시민'의 것으로 되돌려야 한다는 데서부터 시작되었다.

　지난 참여정부의 종합부동산세 도입 논쟁에서부터, 최근 박근혜 정부의 중산층 소득세 인상 논쟁까지, 세제를 고치는 과정은 늘 순탄치 않았다. 여지없이 '세금폭탄론'이 등장했고 그 결과 세제의 근본적인 개혁 없이 땜질식 처방에만 그치거나 당초 의도에 비해 크게 후퇴했던 것이 사실이다. 하지만 무엇보다도 세제 관련 논의를 핵심 영역으로 끌어들이는 것부터가 세제개혁의 시작이다.

　이에 문재인 정부는 대선 당시 대통령 직속 기구로 재정개혁특별위원회를 설립하여, 이 기구가 조세재정개혁 논의를 주도할 수 있게 하겠다고 밝혔다. 이 위원회의 성격은 사뭇 중요하다. 하지만 어느 것 하나 쉬운 과제가 없다. 우선 논의의 수준을 국민이 납득하는 수준에 맞추는 것부터 쉽지 않다. 모든 조세논쟁은 정치적인 성격을 갖는다. 세제개혁은 지금까지 이루어졌던 모든 세제 논의의 장단점, 개혁의 방향을 아울러 살펴보고 추진해야 하지만 그 하나하나의 성격이 모두 민감하다.

예를 들어서 고령층의 임대소득자들이 소득세를 적게 낸다고 하여 이를 올리는 것은 가능한가? 중산층의 세 부담을 가중시킬 수 있는 근로소득자의 면세비율 축소를 이 위원회에서 논의할 수 있을까? 미세먼지를 줄이기 위해서 경유세를 인상하는 것은 타당한가? 논의한다고 하더라도 그 수준은 어느 정도여야 하고 대상자는 누구인가?

하지만 이런 문제를 극복해 합의에 도달한다 해도 위원회는 의결·집행기구가 아니기 때문에 그저 정부에 권고안을 제출할 수만 있을 뿐이다. 또한 정부가 그 권고안을 그대로 수용할지, 정부가 수용하였다고 하더라도 국회도 이를 받아들일지 불투명하다. 더구나 세제개혁은 중산층과 서민 모두에게 민감한 주제이므로 조율이 충분치 않다면 대통령과 정부가 이를 수용하기 어려운 것이 사실이다. 위원회가 권고한 사항을 정부가 받아들이지 않을 경우 언론의 뭇매를 맞기 일쑤다. 지금부터라도 위원회의 권고안과 정부의 세제개혁안을 바탕으로 국회에서 치열한 논의와 협상을 전개해야 하지만 현재까지 이러한 모습은 찾아보기 어렵다.

마지막으로 현재의 정치상황으로 미루어 짐작해보건대 여야 합의로 조세개혁의 결론을 낼 수 있을지도 의문스럽다. 이미 2017년 자유한국당이 부자증세안에 대해 '보이콧'하고 표결에 불참했고, 국민의 신뢰를 잃고 지리멸렬하다 2018년 지방선거에서 참패를 당하여 정치적인 입지가 크게 줄어든 상황이다. 자유한국당이 보수진영 전반을 대표하기 어렵다는 점도 큰 걸림돌이지지만 여당인 더불어민주당으로서는 2020년까지의 의석 구조를 볼 때 보수의 의제를 상당 부분 수용하지 않을 경우 조세 개혁을 추진하기 어려운 게 사실이다.

이러한 상황일수록 조세개혁 의제의 수준부터 명확히 정리해야 한다. 조세개혁은 원론적으로는 제대로 작동하지 않는 조세기능을 바로잡는 데서부터 시작하지만, 이를 통해 달성하려는 정책적 목표가 무엇인지 명확히 하지 않는다면 논의가 겉돌 수밖에 없다. 예를 들자면 저출산 문제 해소를 위해 다양한 저출산 대책 패키지 프로그램을 도입하는 것에 상응해 조세수입을 얼마만큼 올리겠다는 식의 목표가 뚜렷해야 한다. 재정소요 또한 마찬가지다. 그 규모를 명확히 하지 않는다면 시민들의 동의를 구하기 어려울 것이다. 이래도 저래도 상황이 어렵다면 종합적인 세법개혁안과 복지프로그램을 연결시켜 국민에게 동의를 구하는 국민투표 부의附議도 생각해봄직하다.

하지만 무엇보다도 궁극적으로는 시민들이 눈을 떠야 한다. 조세개혁은 더 이상 정치적 논쟁 차원에서만 머물러서는 안 된다. 세제개혁이 성과를 내려면 정치적 의지도 중요하지만 그에 못지않게 조직된 시민들의 깨어 있는 머리가 반드시 필요하다. 최근 원전 공론화 위원회가 좋은 모델이 될 것이다. 시민들이 치열한 논의를 통해 결론을 스스로 이끌어내고, 정부가 이 결론을 수용하는 모습이 감동적이었다는 시민들의 목소리를 국회와 정부가 인지해야 한다.

이 책이 비록 세금에 관한 모든 논쟁을 다 담아내지는 못했지만 우리 사회의 발전을 위해 반드시 필요하다고 판단되는 논쟁들은 최대한 담아내고자 노력했다. 독자들이 알기 쉽도록 가급적 평이하게 쓰려 했으나 왠지 마음만 앞선 느낌이 드는 것도 사실이다. 다만 이 책이 대한민국 조세개혁의 첫 단추를 끼우는 데 조금이라도 도움이 되기를, 깨어 있는 시민의 가슴에 잔잔한 파문을 일으키는 조약돌이 되었으면 하는 바람일 뿐이다.

2018년 7월
저자를 대표하여
박지웅

DTI(Debt to Income, 총부채상환비율)

총소득에서 부채의 연간 원리금 상환액이 차지하는 비율을 말한다. 예를 들어 연간 소득이 5,000만 원인데, DTI를 40%로 설정하면 연간 원리금 상환액이 2,000만 원을 초과하지 않도록 대출 규모를 제한한다.

LTV(Loan To Value, 주택담보대출비율)

은행들이 주택을 담보로 대출을 해줄 때 적용하는 담보 가치 대비 최대 대출 가능 한도를 말한다. 예를 들어 LTV가 60%라면 시가 5억 원짜리 아파트의 경우 최대 3억 원까지만 대출해준다.

가처분소득

개인의 의사에 따라 마음대로 쓸 수 있는 소득. 한 해의 개인 소득에서 세금을 빼고 전년의 이전 소득을 합한 것이다.

거래징수제도

사업자가 재화 또는 용역을 공급하는 때에 그 공급을 받는 자로부터 세금을 징수하는 것.

공공부조

국가 및 지방자치단체의 책임하에 생활 유지 능력이 없거나 생활이 어려운 국민의 최저생활을 보장하고 자립을 지원하는 제도를 말한다.

공적임대주택

공공기관인 LH가 직접 건설하는 공공임대주택. 시장에서 공급하지만 전·월세 상한율의 제한을 받는 준공공임대, 이미 지어진 주택을 매입하는 매입임대주택, 리츠 임대 방식을 모두 포함한다.

과세표준

당기순이익+세무조정액−이월결손금을 감안한 금액으로 과세할 수 있는 물건의 기준 금액.

과소신고가산세

고의적으로 세금을 적게 신고하는 경우 징벌로 본래 내야 할 세금의 40%분을 추가로 내게 하는 제도.

국세탄성치

경제가 성장한 만큼 통상은 세수도 이에 비례해 늘어나는데, 통상 1이면 GDP 성장률만큼 국세수입도 100% 늘었다는 뜻이다.

기준경비율

복식부기를 할 수 없는 영세사업자라도 일정 규모 이상이면 간편장부를 꾸리고 증빙서류를 꾸리는 경우 경비로 인정하고, 나머지 비용은 정부가 정한 기준에 따라 일괄적으로 적용하는 제도.

단순경비율

기준경비율 수준에 미치지 못하는 사업자의 경우는 증빙 없이도 일정 비율을 비용으로 인정하여 이를 제하여 세금 신고를 하게 하는 제도.

납부불성실가산세

우리 세법은 납세자의 성실한 납세를 위해 가산세加算稅제도를 운영한다. 신고를 하지 않거나 액수를 적게 신고하는 경우 내야 할 본세 대비 10~40%의 추가세액을 부과한다. 이를 신고불성실가산세라 한다. 납부를 하지 않는 경우에도 가산세를 부과하는데, 하루에 10,000분의 3(연 10.95%)을 더한다. 이를 납부불성실가산세라 한다.

노인빈곤율

해당 연령 집단 중 중위소득값의 50% 미만인 사람들의 비중.

면세점

세금을 면제하는 기준이 되는 한도.

명목세율

총급여에서 소득공제를 한 이후 적용하는 법정세율.

명목임금

물가의 상승을 고려하지 않고 그냥 현재의 돈을 기준으로 임금을 표시한 것이다. 즉, 근로자가 노동의 대가로 받는 화폐액을 말한다.

물납物納

상속인이 현금으로 상속세를 납부할 수 없는 사정이 있는 경우, 상속재산이 부동산이나 유가증권으로 2분의 1 이상 묶여 있다면 부동산을 상속세로 대납할 수 있다.

물품세

소비자판매가격을 기준으로 물품제조자에게 부과한 세금. 1950년에 시행되었다가 1977년 부가세 시행으로 폐지됐다.

법인세 감면율

법인세 감면액/법인세 산출세액.

별도합산과세대상토지와 종합합산과세대상토지

별도합산과세대상토지란 통상 건물 아래의 토지를, 종합합산과세대상토지란 나대지를 생각하면 쉽다. 종합합산과세대상토지는 유휴토지를 막아 경제적 생산성을 높이고자 하는 의도에서 별도합산과세대상토지 세율보다 높게 책정한다.

복식부기장부

복식부기는 자본주의의 요체인 기업회계를 가능케 한 중요한 제도로서, 기업의 자산과 자본의 증감 및 변화 과정과 그 결과를 대변(우변)과 차변(좌변)으로 구분하여 이중 기록·계산이 되도록 하는 장부의 부기형식을 말한다.

사내유보금

영리활동을 통해 얻은 자본과 이익잉여금을 합한 것으로, 잉여금은 반드시 현금성 자산을 말하는 것은 아니다.

사중손실(死重損失, deadweight loss)

재화나 서비스의 균형이 최적이 아닐 때 발생하는 경제적 효용의 순손실.

산출세액

과세표준과 명목세율에 따른 세액.

세수추계모형

세수가 얼마나 걷힐지를 여러 경제여건과 변수를 고려하여 설정하는 모형.

신고세액공제

등기제도가 완비되거나 금융실명제가 도입되기 전에는 재산을 다른 사람의 명의로 두는 명의신탁이 흔했을 뿐만 아니라 신고도 제대로 하지 않았기 때문에 신고만 하여도 산출세액에서 일괄적으로 10%를 공제했다.

신종사채

금융거래와 기법이 복잡해지고 발전하면서 새롭게 나타난 사채들을 말한다. 일반적으로 세법에서 말하는 신종사채는 전환사채, 신주인수권부사채 등 주식으로 전환될 수 있는 권리가 부여된 사채를 말한다.

실효세율

각종 공제·면세점제도·조세특별조치 등에 의하여 세법에 의하여 정해진 법정세율에 대해서 실제 세 부담률이 차이가 있을 경우, 현실적으로 납세자가 부담하는 세액의 과세표준에 대한 비율.

역외탈세域外脫稅

국외 거래, 해외 법인 투자 실적 등을 통해 국외에서 올린 소득이나 재산을 은닉하여 국내 과세당국의 과세를 회피하는 탈세 유형.

외부효과

어떤 경제주체의 행동이 제3자에게 긍정적 또는 부정적 영향을 미치고, 그에 대한 대가나 보상 같은 금전적 거래가 이루어지지 않는 것을 의미한다.

의무지출

법으로 결정되어 국가가 의무적으로 비용 부담을 해야 하는 재정지출을 말한다.

이월결손금

이월결손금이란 전사업연도로부터 이월된 결손금을 말한다. 조세는 원칙적으로 사업연도독립事業年度獨立의 원칙에 의하여 당해 사업연도의 소득에 대하여 과세되는 것이지만, 기업자본의 유지 및 계속기업으로서의 기업세원 조성을 위하여 일정한 기간 내에 발생한 결손금은 그 후 사업연도 또는 과세기간의 각사업연도소득 또는 소득금액에서 공제할 수 있도록 하고 있다.

자가보유율

전체 가구 중 주택 소유 가구의 비율.

장기보유특별공제

2주택 이상 다주택자가 조정 대상 지역 내 주택 양도 시, 주택을 10년간 보유한 경우 최대 30%까지 공제한다. 1가구 1주택자의 경우 10년 이상 보유 시 80%까지 공제하여 주택을 장기간 보유한 소유자에게 인센티브를 부여한다.

저세율국가

〈국제조세의 조정에 관한 법률〉에 의할 때 법인세율 15% 이하의 국가를 저세율국가라 한다.

적자성 채무

적자성 채무와 달리 금융성 채무는 정부의 기금 간 거래에서 발생했거나 외국환평형기금 등으로 사용된 채무관계에 의한 것이다. 국가가 임시로 빚지고 있는 것이므로 적자성 채무 급증과는 달리 취급한다.

조세지출

세제지원을 통한 비과세감면액.

조정지역

조정지역이란 주택가격 상승률이 물가상승률보다 현저히 높거나, 청약 경쟁률이 5대 1을 초과하거나, 국민주택 규모 이하 주택 청약 경쟁률이 10대 1을 초과하거나 주택 전매행위로 주택시장 과열 및 주거 불안 우려가 있는 지역을 말한다. 이 경우 정부는 주택담보대출 비율 제한, 청약 제한 등의 조치를 취할 수 있다.

종량세

과세 물건을 수량·중량·용적 등으로 표시하여 단위 수량당 세액으로 내국소비세와 관세 등에 과세하는 것을 의미한다.

주택보급률

전체 주택 수/전체 일반 가구 수.

준조세

조세는 아니지만 실질적으로 조세와 같은 성질의 공과금이나 기부금.

중과세제도

양도차익에 따라 6~38%의 기본 세율을 적용하던 것을, 2주택자는 10%p, 3주택자는 20%p 중과한 제도이며 2014년에 폐지됐다.

중위소득자

국민을 소득순으로 1등부터 꼴찌까지 줄 세웠을 때 중간에 위치한 사람.

증여의제

법률상 증여가 아니지만 경제적으로 증여와 동일한 효과가 있어 세법상 증여로 간주하는 것을 말한다.

지니계수

이탈리아의 통계학자 C. 지니가 제시한 개념으로 소득분배의 불평등도를 나타내는 수치이다. 수치가 높을수록 불평등이 심하다고 판단한다.

최저주거기준

가구원 수에 따른 최소한의 면적비율이나 방의 개수, 시설 등을 갖추었는지 여부에 따라 판정한다. 예를 들어 1인가구의 경우는 14제곱미터, 즉 최소한 4평 이상은 되어야 한다.

추가경정예산

한 국가의 1년 예산이 일단 성립하여 유효하게 된 연후에 나중에 생긴 부득이한 사유로 인하여 이미 성립된 예산에 변경을 가하는 것.

표준세액공제

근로소득자가 연말정산 시 특별세액공제(보험료, 의료비, 교육비, 기부금)나 특별소득공제(주택자금 소득공제 등)를 신청하지 않았음에도, 산출세액에서 13만 원을 공제하는 제도. 부양가족이 없는 1인가구 소득자의 경우 주로 적용대상이 된다.

필요경비

소득세의 과세대상인 소득의 계산상 공제되는 경비(소득세법 31조). 예컨대 사업소득의 필요경비는 총수입금액에 대응하는 매출원가, 기타 총수입금액을 얻기 위해 직접 소요된 비용 및 판매비·일반관리비 등이다.

필지

구획된 논이나 밭, 임야, 대지 따위를 세는 단위다. 땅에 대한 소유권이나 건물이 앉은 터를 기준으로 해서 토지 구역 경계로 갈라 정한 국토를 등록하는 기본 단위이다.